ULRIKE WOLPERS

MEIN FREMDES KIND

ULRIKE WOLPERS

Mein fremdes Kind

Wie wir die Computerspielsucht unseres
Sohnes überwanden

Über
Vertrauen und
Wege aus der
Abhängigkeit

1. Auflage 2021
Copyright © 2021 Benevento Verlag bei Benevento Publishing Salzburg – München,
eine Marke der Red Bull Media House GmbH, Wals bei Salzburg
Agentur Ulrike Wolpers: Käfferlein & Köhne GmbH & Co. KG

Medieninhaber, Verleger und Herausgeber:
Red Bull Media House GmbH
Oberst-Lepperdinger-Straße 11–15
5071 Wals bei Salzburg, Österreich

Satz: MEDIA DESIGN: RIZNER.AT
Gesetzt aus der Minion Pro, VistaSansAlt
Umschlaggestaltung: Büro Jorge Schmidt, München
Umschlagmotiv: © imageBROKER.com/Helmut Meyer zur Capellen
Printed by GGP Media GmbH, Germany
ISBN: 978-3-7109-0125-6

INHALT

VORWORT

Nie im Leben hätte ich mir träumen lassen, einmal ein Buch über die Computerspielsucht meines eigenen Kindes zu schreiben – freiwillig und aus eigener Erfahrung heraus!

»Nicht mein Thema!«, hätte ich als Wissenschaftsjournalistin und dreifache Mutter noch vor zwei Jahren dankend abgelehnt. Bis dahin hatte unsere Familie alles gut im Griff, und unsere Kinder – vor allem unsere beiden Teenie-Töchter Sophie und Franzi – waren ohne große Einschränkungen »unfallfrei« im Internet unterwegs.

Doch bei dieser Geschichte führte das Leben Regie.

Wir ahnten nichts Böses, als wir unserem Jüngsten, Lennart, zum zehnten Geburtstag ein internetfähiges Smartphone schenkten. Und doch schaltete dieses Geschenk unser Leben auf »Schleudergang«.

Innerhalb weniger Wochen hatte sich der Fünftklässler manipulieren lassen von einem bunten, harmlos wirkenden Computerspiel und war abhängig geworden.

Unser Familienleben wurde zum Albtraum. Fassungslos fragten wir uns: Warum hatte es uns – als nicht gänzlich unerfahrene Eltern – so kalt erwischt?

Die darauf folgende Suchttherapie verlangte uns als Familie alles ab. Tagsüber und abends bis tief in die Nacht, wenn ich mich auf Spurensuche begab.

Die Therapie unseres Sohnes und meine Recherchen gaben neue Denkanstöße, entlarvten Eltern- und Internet-Mythen und führten zu überraschenden Erkenntnissen und Überlebenstipps für Eltern im digitalen Zeitalter.

Das Thema »Computerspielsucht bei Kindern und Jugendlichen« geht alle etwas an und berührt sämtliche Lebensbereiche – von Erziehung, Bildung, Gesundheit und Forschung bis hin zu Wirtschaft, Politik und Medien. Das Thema ist so vielschichtig und teils widersprüchlich, dass ich begann, die Ergebnisse und Erkenntnisse meiner Recherche aufzuschreiben, um meine Gedanken zu sortieren und Klarheit zu gewinnen.

Eine der ergiebigsten Quellen für die Wahrheitsfindung war unser Sohn Lennart selbst. Ihm war klar: Es lag an den Eltern, wenn es Stress beim Zocken gab. Und damit hatte er nicht unrecht. Er war derjenige, der seine Stimme und seine selbstbewusste Haltung zu seiner Computerspielsucht als Erster fand: »Kinder sollen zocken dürfen – ohne Stress und ohne Sucht.« Wie das funktionierte, sollten ruhig alle wissen und lesen können.

Lennart, der in Wirklichkeit anders heißt, hatte nicht nur die Stärke, die Geschichte seiner Sucht öffentlich zu machen, er schrieb auch selbst mit an diesem Buch. Auf eigenen Wunsch, was unser Therapeut ausdrücklich begrüßte.

So persönlich und individuell unsere Geschichte ist, sie ist kein Einzelfall. Eine dreiviertel Million Kinder und Jugendlicher in Deutschland ist aktuell betroffen, Tendenz: steigend.

In diesem Buch erzähle ich davon, wie wir es geschafft haben, die Computerspielsucht unseres Sohnes zu überwinden und Frieden zu schließen mit einem der unbeliebtesten Elternthemen überhaupt: der »digitalen Medienerziehung«. Ich erzähle, wie Verständnis, Mitgefühl und Vertrauen aus der Abhängigkeit herausführen können, zu mehr Stärke und Zufriedenheit bei allen Familienmitgliedern: Eltern wie Kindern. Vor allem aber gebe ich denjenigen eine Stimme, die am stärksten leiden, wenn im Umfeld gute Jugendmedienschutz-Strategien fehlen: unseren Kindern.

Ulrike Wolpers,
im Februar 2021

TEIL 1

EIN SCHLIMMER VERDACHT

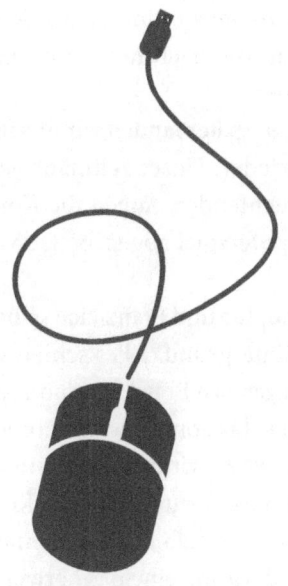

DENN WIR WISSEN NICHT, WAS SIE TUN
Von der Herausforderung, einen Digital Native zu erziehen

Es waren nur wenige Wochen im Frühling 2019, in denen wir nicht so genau verfolgt hatten, welches neue Computerspiel gerade »in« war in der fünften Klasse unseres Sohnes Lennart.

Als er freitagabends lieber mit seinen Klassenkameraden online das neue angesagte Game *Brawl Stars* zocken wollte, anstatt mit uns Eltern und seinen großen Schwestern Sophie und Franzi *Siedler von Catan* zu spielen, dachten wir uns nichts Schlimmes. Doch waren dies die Vorboten. Unsere Talfahrt hatte bereits begonnen. Und sie wurde Woche für Woche, von einem Zocken zum nächsten schlimmer, bis wir alle ins Bodenlose stürzten.

Wenige Wochen später fanden wir uns in einem absoluten Elternalbtraum wieder: Unser zehnjähriger Sohn hatte freiwillig und mit leuchtenden Augen die Kontrolle an ein manipulatives Computerspiel abgegeben, das harmloser nicht wirken könnte.

Mein Mann, Sophie und Franzi, ich selbst, der Hund – alle rückten in den Hintergrund. Alles schien sich nur noch um Lennarts Onlinezugang zu Brawl Stars und seine Zockzeiten zu drehen, von Montag bis Sonntag, von morgens bis abends.

Im Rückblick reiben wir uns noch immer verwundert die Augen, wie rasant unser drittes Kind die Kontrolle verlor und abhängig wurde. Anderthalb Jahre und eine herausfordernde Therapie später sind wir mit einem gehörigen Schrecken davongekommen. Aber wir sind gewarnt und wachsam, denn eine Sucht vergisst nicht.

Wir wissen jetzt, wie wir virtuelle Abenteuer unserer Kinder begleiten und digitale Teufelskreise vermeiden oder unterbrechen können. Indem wir uns jeden Tag Zeit nehmen und in Ruhe hinschauen, wo und wie Lennart im Internet unterwegs ist.

So wie uns im Sommer 2019 ergeht es vielen Eltern Tag für Tag. Wer weiß schon, was unsere Kinder im Schulbus, bei ihren Freunden oder in ihren Zimmern auf YouTube anschauen? Ahnen wir, wie es ihnen geht, wenn sie nachmittags oder abends völlig vertieft im Internet surfen, chatten, streamen oder gamen?

Nein. Wir Eltern sind zwar in ihrer Nähe, aber wir haben keine Ahnung. Wir sitzen auf dem Sofa oder im Auto neben ihnen, wenn sie auf ihr Handy starren. Wir respektieren ihr Recht auf Privatsphäre und verlassen uns auf unser Gefühl und unsere Erfahrung, dass schon alles in Ordnung ist, ohne genau zu wissen, wie es um die Medienkompetenz unserer Kinder bestellt ist.

Wir Eltern lassen uns von unserer Lebenserfahrung leiten, um Risiken in einer uns nicht vertrauten Welt abzuschätzen. Ein Denkfehler macht dabei vielen im digitalen Zeitalter einen Strich durch die Rechnung. Denn auf welche Lebenserfahrungen berufen wir uns hier eigentlich? Erfahrungen aus unserer Jugend, in der es noch kein Internet gab?

Woher wollen wir wissen, wie TikTok, YouTube und YouPorn auf ein heranwachsendes Hirn wirken? Unsere Hirne waren längst erwachsen, als das Internet »kam« und wir es zum ersten Mal erforschten. Was wir entdeckten, war ziemlich langweilig und nicht zu vergleichen mit dem, was unsere Kinder heute zu Gesicht bekommen, wenn sie online sind.

Ich weiß bis heute nicht, ob Sophie, Franzi und Lennart zu den zwei Millionen Kindern und Jugendlichen in Deutschland gehören, die in den sogenannten sozialen Medien bereits Opfer von Cybermobbing geworden sind. Sie streiten dies ab.

Aber wer weiß, ob dies nicht nur Schutzbehauptungen den Eltern gegenüber sind?

Mehr und mehr Jugendliche und Kinder kommen im Internet in Kontakt mit Hassbotschaften oder werden fertiggemacht. Immer jünger sind die Opfer, wie eine Studie der Techniker Krankenkasse 2020 ergeben hat. 41 Prozent der Jugendlichen berichten von Beleidigungen, Beschimpfungen und anderen Bosheiten: Oft werden Lügen und Gerüchte verbreitet, Freundschaftsanfragen abgelehnt, unangenehme Fotos geteilt oder Fakeprofile erstellt.

Seit der Therapie passen wir besser auf und schauen genauer hin. Trotzdem haben mein Mann und ich auch dieses Jahr wieder erst Wochen verspätet mitbekommen, dass erneut Angst einflößende und gefährliche Kettenbriefe über WhatsApp, Instagram und TikTok ihren Weg in die Zimmer unserer Kinder fanden. Diesmal vom Account eines »Jonathan Galindo«, besser bekannt als *Grusel-Goofy*. Sein Profilbild zeigt eine gruselig geschminkte Mischung aus dem Disney-Klassiker Goofy und einem Gruselclown. Vor zwei Jahren hatte bereits *Horror-Momo* zu »Challenges« aufgefordert. Erst sollte in der Nacht ein Gruselfilm angeschaut werden. Später rief der virtuelle Kinderschreck zur Selbstverletzung auf. Und am Ende sogar zum Suizid. Begleitend zum Horror-Foto gab es eine Botschaft wie:

> »Hallo ich bin Momo und bin vor 3 Jahren verstorben ich wurde von einem Auto angefahren und wenn du nicht möchtest das ich heute Abend um 00:00 Uhr in deinem Zimmer stehe und dir beim Schlafen zuschaue dann sende diese Nachricht an 15 Kontakte weiter.«

Rechtschreibfehler hin oder her: Momos Bild mit ihren langen schwarzen Strähnen, den aus dunkelsten Höhlen hervorquellenden Augen und dem verzerrten Mund war so gruselig, dass selbst mir ein Schauer über den Rücken lief. Wie erging es da erst Grundschülern, denen Momo in manipulierten *Peppa-Wutz*-Videos im Internet entgegenglotzte?

Trotz Grusel-Momo und Cybermobbing: Das Internet ist und bleibt der absolute Lieblingsort von Jugendlichen. Sie verzichteten in der Schule eher aufs Pausenbrot als auf ihr Smartphone, wie mir Lennart berichtete.

»Echt?«, fragte ich ihn erstaunt.

»Klar«, antwortete er, »Pausenbrot ist nicht so wichtig wie das Handy.« Schließlich kann man damit notfalls einen Pizza-Lieferdienst anrufen.

Kein Wunder also, dass 93 Prozent der Zwölf- bis Siebzehnjährigen ein eigenes Smartphone besitzen. Um Pizza in der Pause zu bestellen und vieles andere mehr. Für die meisten Zehnjährigen ist das Smartphone heute ein Muss. Die Quengelei nach einem Handy geht oft schon in der zweiten Klasse los.

Doch für die Handyanschaffung lautet die pädagogische Empfehlung der Initiative *SCHAU HIN! Was Dein Kind mit Medien macht*: Nicht vor dem neunten Geburtstag. Gemeint ist ein Handy OHNE Internetzugang.

Ein internetfähiges Smartphone empfiehlt sich erst, wenn das Kind die Gefahren des Internets kennt und weiß, wie es sich schützen kann. Diese Reife erreichen Kinder in der Regel frühestens mit zwölf Jahren.

Leider lasen wir diese Empfehlung erst, als wir bereits in die Spezialambulanz für computerspielsüchtige Kinder und Jugendliche eingecheckt hatten. Ein verhängnisvolles Versäumnis. Heute frage ich mich, wie es dazu kommen konnte.

Die Wahrheit ist: Wir fühlten uns damals keineswegs als Anfängereltern. Wir fühlten uns als Eltern wohl in unserer Haut –

und sicher. Wir kamen gar nicht auf die Idee, dass wir Hilfe bei der Medienerziehung benötigten. Unsere beiden Töchter Sophie und Franzi waren auch ohne die Lektüre von medienpädagogischen Ratgebern zu medienkompetenten jungen Frauen herangewachsen. Wie unsere Kinder unsere eigene Medienkompetenz einschätzten, ahnten wir nicht. Lennart verriet uns später:

> Früher dachte ich immer, meine Eltern wissen alles oder können mir wenigstens jede Frage beantworten. Aber selbst mit Google finden sie nicht immer eine Lösung, wenn ich zum Beispiel die Einstellungen bei meinem Headset oder der Kamera ändern möchte, damit ich im Gruppenchat zu hören bin. Damit muss ich selbst klarkommen, das ist aber okay. So richtig ernst nehmen kann ich meine Eltern dann auch nicht, wenn sie mich warnen vor irgendwas im Internet, weil ich dann nicht weiß, ob sie es tatsächlich selber wirklich ganz genau wissen.

Alle drei Kinder haben im Sommer Geburtstag. Immer zum zehnten Geburtstag, beim Wechsel auf die rund acht Kilometer entfernte weiterführende Schule, überreichten wir unseren Kindern ihr erstes eigenes Handy – meist ein gebrauchtes Gerät von mir oder meinem Mann. Eine Art Notfallhandy für den Heimweg, den die drei Kinder zu unterschiedlichen Zeiten auf dem Fahrrad oder mit zwei verschiedenen Linienbussen antraten, erschien uns sinnvoll. Dies empfiehlt übrigens auch die Initiative *SCHAU HIN*.

Warum war 2013 und 2015 bei unseren ersten beiden Kindern alles glattgelaufen, aber nicht 2018 bei unserem dritten Kind?

Nach dem Super-GAU, den unsere Familie erlebt hat, haben wir uns auf Spurensuche begeben und nachgeforscht, wann und warum bei unserem Sohn der erste entscheidende Fehler passierte.

Wir blätterten in unseren Fotoalben und freuten uns an den Bildern von den zehnten Geburtstagen unserer ältesten Tochter Sophie und ihrer zwei Jahre jüngeren Schwester Franzi. Wir erinnerten uns noch genau an die kleinen Geburtstagsfeiern frühmorgens vor der Schule, hatten den Duft des frischen Kuchens und der ausgepusteten roten Kerzen noch in der Nase.

An die technische Ausstattung der Handys, die die Mädchen glücklich in den Händen hielten, erinnerten wir uns hingegen nicht mehr und mussten nachfragen. Nein, ins Internet konnten unsere Töchter mit ihren ersten Handys nicht.

Als Lennart im Frühsommer 2018 die letzten Wochen seiner vierten Klasse absolvierte, gab es in unserem Alltag längst keine Handys ohne Internetzugang mehr.

Wieder stand ein zehnter Geburtstag bevor, und zum dritten Mal wickelte ich ein ausrangiertes, aber voll funktionstüchtiges Handy in buntes Geschenkpapier. Mein Mann und ich waren so in die Geburtstagsvorbereitungen vertieft, dass wir nicht eine Sekunde darüber nachdachten, dass diesmal etwas Entscheidendes anders war als bei den zehnten Geburtstagen unserer Töchter: 2018 hatte das Handy eine andere technische Ausstattung. Es war internetfähig.

Es sollte das schlechteste Geschenk sein, das wir jemals zu einem zehnten Geburtstag unserer Kinder überreicht hatten.

Das Foto vom Geburtstagsfrühstück im Sommer 2018 zeigt strahlende Gesichter, die ich mir heute nur mit Reue anschauen kann. Lenni, noch im Schlafanzug im Licht der Morgensonne und der Geburtstagskerzen, wie er stolz sein erstes Smartphone in die Kamera streckt, Sophie und Franzi recken die Daumen in die Höhe, mein Mann und ich lächeln. Ich erinnere mich noch gut: Wir dachten, Lennart sei nun mit dem Wechsel aufs Gymnasium aus dem Gröbsten raus. Dabei ging es gerade erst richtig los.

Völlig unnötig gaben wir Eltern in diesem Moment die Kontrolle ab. Ahnungslos lieferten wir unseren zehnjährigen Sohn ungeschützt dem Internet aus – samt seinen manipulativen Angeboten, gegen die Lennis kindliches Gehirn machtlos war.

SCHÖNE NEUE BRAWL-STARS-WELT
Im Bann des Spiels

Es dauerte keine drei Wochen, bis wir die Nutzungsregeln von Lennarts neuem Handy das erste Mal verschärften. Bis dahin hatte er sein Handy mit zur Schule nehmen dürfen, um notfalls erreichbar zu sein. Doch nur so lange, bis ich aus verlässlichen Quellen erfuhr, dass er heimlich und verbotenermaßen in der Pause am Handy hing. Übrigens nicht, um Pizza für seine Klasse zu bestellen.

Das Handy musste fortan zu Hause bleiben, doch Lenni schmuggelte es mit abenteuerlichen Tricks in den Schulranzen, um im Schulbus nicht einer der wenigen Loser zu sein, die kein Handy zum Rumdaddeln hatten.

Als Strafe entzogen wir ihm sein Handy. Für einen Tag, für eine Woche, für einen Monat. Doch was immer wir taten, um die Mediennutzung einzuschränken: Es nützte nichts. Unser Alltag wurde immer angespannter.

Ein Jahr nachdem wir Lennart ein Smartphone geschenkt hatten, war er uns fremd geworden. Wir hatten den gerade mal Elfjährigen ans Internet verloren.

Natürlich hatte es Anzeichen dafür gegeben, dass Lenni in eine andere, für ihn schönere Welt abdriftete und er immer stärker von den Glückshormonen abhängig wurde, die beim Zocken sein kindliches Gehirn durchfluteten. Es waren unauffällige Vorboten, die ich mit der Erfahrung von heute gänzlich anders einordnen würde.

Immer wieder überschritt er seine erlaubte Mediennutzungszeit, nahm heimlich ein Handy seiner Schwestern, wenn das eigene konfisziert war, versuchte Passwörter auszuspähen.

Im Sommer 2019 hatten wir alle Passwörter mehrmals geändert, Handys und Konsole in Tresoren weggeschlossen, In-App-Käufe auf dem Handy deaktiviert und die Betreiber des Computerspiels Brawl Stars angeschrieben, um die vom Sohn heimlich erworbenen Gold-Spielmünzen und virtuellen Juwelen wieder in richtiges Geld auf meinem Konto zu verwandeln.

Dabei fing alles harmlos an. 2010 amüsierten wir uns noch, wenn auch mit leichtem Unwohlsein, als unser zweijähriger Sohn vergebens versuchte, ein Bilderbuch umzublättern. Er hatte versucht, die Buchseiten des *Grüffelo* mit einer Wischbewegung nach links zu swipen. Eine Bewegung, die er sich offenbar bei uns oder seinen Schwestern am iPad abgeschaut hatte.

Als Fünfjähriger hielt er selbst das iPad auf dem Schoß, wischte eifrig mit dem linken Zeigefinger über den Bildschirm und bat um eine Verlängerung der Medienzeit. »Das ist gut für die Gelenke!«, beteuerte er. »Aber nicht gut für meine Nerven«, erwiderte ich.

Wenige Jahre später war es Lennart, der sich amüsierte. Ich hatte den Neunjährigen um 19:57 Uhr aus seinem Zimmer gerufen und ihm die Fernbedienung in die Hand gedrückt. Mühelos drückte der Drittklässler die richtigen Tasten und lotste mich in Sekunden vom Netflix-Account seiner zweitältesten Schwester Franzi ins lineare Fernsehprogramm der ARD zur *Tagesschau*.

Seit Kurzem hatten wir nur noch eine Fernbedienung, über die wir – oder sagen wir: »meine Kinder« – den linearen Fernseher und den mit ihm über HDMI gekoppelten Blu-Ray-Player steuern konnten. Da ich viel zu selten auf dem Fernseher Filme über Netflix schaute, kannte ich die Tastenkombination noch nicht »blind« und brauchte Hilfe.

Aus mehreren Gründen strategisch nicht schlau für eine Mutter, die von ihren Kindern als kompetent und vertrauenswürdig wahrgenommen werden möchte. War ich etwa das, was man einen hoffnungslosen Fall nennt?

Ein Jahr später, Ende 2018, konnte ich immerhin den Blu-Ray-Player bedienen, doch das sollte mir nichts mehr nützen.

Zur gleichen Zeit hatte der finnische Game-Entwickler Supercell für mobile Geräte das Action-Strategie-Spiel Brawl Stars auf den Markt gebracht, das rasch seinen Siegeszug um die ganze Welt antrat.

Das Spiel war ein Meisterwerk der psychologischen Manipulation. Seine raffinierten Spielmechanismen übten gezielt und beabsichtigt einen starken Sog aus. Nicht ohne Grund schrieben die Hersteller ein Mindestalter von 14 Jahren vor – und auch das nur mit Einwilligung der Erziehungsberechtigten. Ich nehme an, dass Lennart die Nutzungsbedingungen nicht gelesen hatte, als er das Häkchen bei »Nutzungsbedingungen akzeptieren« setzte. Wer tat das schon?

Die Altersangabe hätte mich stutzig machen müssen. Doch ich kannte sie nicht und kam nicht auf die Idee, dass das bunte Comic-Spielchen riskant sein könnte, als Lenni mich ganz nebenher fragte, ob er es mit seinen Klassenkameraden spielen dürfte.

Es war Dienstagnachmittag, ich war wenige Minuten zuvor aus meinem Kölner Büro nach Hause gekommen. Wir brachen in leicht erhöhtem Tempo zum Handballtraining auf. Ich schaute im Rausgehen auf die roten Ziffern der Herduhr und prüfte, wie viel Zeit wir noch bis Trainingsbeginn hatten: 16 Minuten. Das war zu schaffen, wenn nichts dazwischenkam.

Lenni streckte mir halb im Gehen zwischen Haustür und Auto sein Handy mit einer bunten App namens Brawl Stars vor die Nase.

»Darf ich das spielen, Mami? Spielen alle meine Kumpels in der Klasse.«

Der Moment, um ein Onlinegame zu prüfen, war nicht gerade optimal. Aber wann war schon ein guter Moment für heikle Fragen in einer lebhaften fünfköpfigen Familie mit zwei berufstätigen Eltern, drei unternehmungslustigen Kindern sowie einem knappen Dutzend kleiner und großer Haustiere, die täglich versorgt werden wollten?

Ich beugte mich über das Handy und sah auf die bunte Grafik von Brawl Stars mit seinen lustigen Cartoonfiguren, die mit fantasiereichen Superkräften wie fliegenden Koffern, Schneebällen, Bären, Fledermäusen oder Schrott in Teams in dreiminütigen Spielrunden gegeneinander antraten.

Niedlich und harmlos, dachte ich. Der Name »Brawl« – englisch für Schlägerei, Krawall – hätte mich stutzig machen können. Hatte es aber nicht. Ich kannte die Vokabel nicht einmal.

Das gelbe Logo hätte ebenfalls ein Indiz sein können: ein trotzig guckender gelber Totenkopf mit zwei Zornesfalten über den schwarzen Augenhöhlen. Doch ohne Lesebrille glaubte ich, eine Art gelbe Billardkugel zu erkennen.

Meine Gedanken waren plötzlich ganz woanders, in meiner eigenen Kindheit: Auf einmal fühlte ich es wieder, das warme und aufregende Gefühl, wenn mein älterer Bruder mich in den 1980ern *FROGGER* mitspielen ließ im abgedunkelten Fernsehzimmer unserer Eltern. Auch da starben unschuldige Lebewesen. Nicht wenige Frösche wurden auf grausame Weise überfahren, wenn man schlecht spielte. Es war trotzdem toll.

Meine Entscheidung »Ja, klar darfst du mitspielen!« traf ich »aus dem Bauch« heraus. So wie 7,8 Milliarden Menschen jeden Tag die meisten ihrer bis zu 100 000 Entscheidungen treffen. Blitzschnell innerhalb von Millisekunden, wie Forscher der Universität Harvard herausfanden. Als Grundlage diente unserem Unterbewussten eine Fülle von Erfahrungen und Erlebnissen in wichtigen Lebensphasen oder Situationen, in denen wir gelernt haben, was uns glücklich macht und worauf wir genau deshalb Wert legen.

»Mit Freunden spielen und glücklich sein«, erschien mir in diesem Moment nicht die schlechteste Wahl. Rationale Gründe für diese Entscheidung gab es natürlich keine. Und so verpasste ich an diesem unspektakulären Dienstagnachmittag gegen kurz nach vier einen dramaturgisch äußerst wichtigen Moment in meinem Leben.

Wenn ich ehrlich bin, hätte ich mir wahrscheinlich auch zu einem späteren Zeitpunkt am Abend nicht wesentlich mehr Zeit genommen, um die App sorgfältig zu prüfen. Wahrscheinlich hätte ich mich zu müde gefühlt oder einfach keine Lust gehabt, mich im Detail mit einem Game zu beschäftigen, das ich gar nicht selbst spielen wollte.

Wenn ich noch ehrlicher bin, wollte ich mir nicht eingestehen, dass ich gar keine Ahnung hatte, wie ich das Spiel hätte prüfen und beurteilen sollen.

Und auf solche beunruhigenden »bad news« hat eine müde Mutter abends nach knapp 14 Stunden auf dem Tacho echt keinen Bock.

Dabei hatte ich kurz zuvor an einer schlecht besuchten Elternfortbildung »Medienerziehung« an der Schule teilgenommen. Es war ein bunter Abend voller pornografischer Bilder und erschreckender Statistiken zu Cyber-Grooming und Selbstmordraten nach Cyber-Bullying, die an die Wand des Klassenzimmers projiziert wurden. Auch das Thema »In-App-Käufe« war unter vielen anderen Punkten besprochen worden. Aber »irgendwas ist immer«, und ich hatte aus tausend-und-keinem-guten Grund versäumt, die entsprechenden Einstellungen auf dem Handy unseres Sohnes tatsächlich vorzunehmen.

Dabei hätte mir bereits nach zwei- bis dreiminütigem Probe-spiel auffallen können, dass die Werbung »Brawl Stars ist kosten-los und harmlos!« eine Falle war. In Wahrheit ging es – lustige Cartoonfigürchen hin oder her – um nichts anderes als Geld, und zwar das der Gamer – und ihrer Eltern! Die Masche, mit der auch unser Sohn geködert wurde, nannte sich »Free-to-Play«, aber »Pay-to-Win«.

Auch wenn das Spiel gratis zum Download angeboten wurde: Alles drehte sich – eingebettet in kindlich verspielter Cartoon-Optik – um funkelnde Juwelen und glänzende Münzen, die ein Spieler brauchte, damit das Spiel spannend blieb und einen die Teamkollegen so richtig »abfeierten«. Ohne Juwelen wurde das Spiel zäh. Ohne Juwelen hatte man kaum Chancen, an-erkannt zu werden von besseren Gamern, die schon länger spielten und mehr Geld für Superkräfte und Ausstattungen ausgegeben hatten.

Das nervte aufstrebende Gamer wie unseren Sohn natürlich, der nach Anerkennung im Spiel lechzte.

Wie nett war es da von den Game-Entwicklern aus Helsin-ki, dass sie eine Abkürzung ins Glück anboten und man Juwe-len und Überraschungskisten schnell mit barer Münze kau-fen konnte!

Wie gut muss es sich für Lennart angefühlt haben, als ihm klar wurde, dass auch er als Anfänger mit ein paar Euros das Spiel leicht kontrollieren konnte! Mit ein paar Klicks war es ihm möglich, seine Spielfigur zu verbessern und seinem Team zum Sieg zu verhelfen.

Das war doppelt gut, denn im virtuellen Team waren ein paar besonders coole Klassenkameraden, die in der Pause meist ohne ihn abhingen. Sie spielten schon länger Brawl Stars, hatten bessere Spielfiguren (Brawler) am Start und lästerten im Spiel-Chat offen über Lennis mickrige Anfänger-Spielfigur.

So erleichtert Lennart gewesen sein mag, seinen schlechten Spielerstatus schnell und problemlos mit gekauften Juwelen zu verbessern und seinen Status im Brawl-Stars-Team zu erhöhen, so überrascht und schockiert war er, als sein Vater ihm verärgert die Rechnungen unter die Nase hielt, die mit mehrtägiger Verzögerung ins Haus geflattert kamen: 43 Euro für virtuelles Spielgeld am Dienstag, 56 Euro am Donnerstag, 27 Euro am Freitag.

In seiner kindlichen Naivität hatte er nicht damit gerechnet, dass seine virtuellen Juwelenkäufe echte Käufe waren und auffliegen würden. Als er die Rechnungen sah, war er sprachlos, dass sein Vater über jede einzelne In-Game-Minitransaktion informiert wurde.

Die raffinierten Game-Entwickler von Supercell, denen wir unsere Misere zu verdanken hatten, residieren im finnischen Helsinki. Die Stadt kenne ich von einem mehrjährigen beruflichen Aufenthalt recht gut. Ich hatte sie aus familiären Gründen kurz vor der Geburt unserer ersten Tochter verlassen.

Nun führten mich die illegalen Internetgeschäfte unseres dritten Kindes zumindest gedanklich wieder zurück in die schöne Stadt am Meer, und auch diesmal mit schwerem Herzen.

Die CEOs von Supercell waren fein raus: Sie wiesen erboste Eltern darauf hin, dass Kinder im Alter von Lennart nur mit Einverständnis der Erziehungsberechtigten einen Vertrag mit ihnen abschließen durften.

Sie argumentierten sauber und ungeniert: Was war denn bitte schön in der Familie los, dass das Kind die Eltern nicht gefragt hatte? Und die Eltern es einfach so spielen ließen?

Ich las mir die Rechnungsadresse durch. Supercell war in der Itämerenkatu 11–13 im futuristischen Hafenviertel Ruoholahti ansässig. Das passte.

Die glänzende Fassade des verglasten Bürokomplexes im sauberen Stadtbild täuscht Eingeweihte nicht über die berühmt-berüchtigte Vergangenheit des Viertels hinweg. Hier lagen Sucht und neue Technologien schon immer eng beieinander.

Das Hafen- und Industriegelände wurde erst vor rund hundert Jahren aus dem Boden gestampft. Sand wurde dazu zwischen mehreren kleinen Schäreninseln aufgeschüttet. Hier produzierte NOKIA seit dem Zweiten Weltkrieg Kabel in einer werkseigenen Fabrik. Schon vorher schlug die staatliche Alkoholmonopol-Aktiengesellschaft Alko hier ihr Hauptquartier auf, später folgte das legendäre Lepakko, ein altes Warenhaus, das in den 1970ern als Notunterkunft für obdachlose Alkoholiker diente.

Von hier aus also hatten die einfallsreichen und online-affinen Finnen nach *Hay Day, Clash of Clans* und *Clash Royale* einen neuen Coup gelandet und Brawl Stars entwickelt. Ein buntes Onlinestrategiegame, das Ende Dezember 2018 seinen Siegeszug um die Welt antrat.

Wie so oft nutzten die game-erfahrenen Finnen einen Kniff aus dem kleinen Einmaleins der Spieleentwickler. Jeder wusste: Geld verdienen ging mit Bezahlsystemen à la »Pay-to-win« besonders gut. Und das war ja ihr Ziel.

Zum einen spülten Onlinespiele, in denen die Gamer bestimmte Fähigkeiten, Waffen und Accessoires käuflich erwerben konnten, auf direktem Wege Geld in die Kasse. Gleichzeitig trugen diese Bezahlsysteme zur emotionalen Höherbewertung des Spiels bei, indem sie das Belohnungssystem der Gamer ansprachen und damit auch das Suchtpotenzial verstärkten, was den Spieleentwicklern aber offensichtlich keine schlaflosen Nächte bereitete.

Seine Spielschulden aus dem illegalen Juwelengeschäft musste Lennart in Haus und Garten abarbeiten. Er sortierte

Schrauben und Nägel im Werkzeugschrank im Keller, schichtete Holzscheite im Garten zu ordentlichen Stapeln und rupfte Unkraut aus den Ritzen des Natursteinpflasters in der Einfahrt. Man kann nicht sagen, dass er aus unserem Anpfiff und der wochenlangen Strafarbeit nichts gelernt hatte. Nur leider etwas anderes als erhofft. Er genoss zwar die gemeinsame Zeit und die Möglichkeit, sich zu entlasten und die Stimmung zu verbessern. Genau wie wir wollte er Ärger vermeiden.

Doch Lenni stand bereits – ohne dass wir es ahnten – unter dem Bann von Brawl Stars. An Aufhören konnte er zu dem Zeitpunkt nicht mehr denken. Zu groß war die Anziehungskraft des Spiels, das unseren Sohn förmlich einsog. Er schaffte es nicht mehr, das Spiel zu kontrollieren. Ganz im Gegenteil: Das Spiel begann mehr und mehr, ihn zu kontrollieren. Und so war er gezwungen, das Ziel »Ärger vermeiden« auf eine ungewöhnliche Art zu erreichen.

Lennart ging in den »Untergrund«. Neben sein Ziel, »erfolgreich im Brawl-Stars-Team mitspielen«, trat ein weiteres: »auf gar keinen Fall von den Eltern erwischt werden«. Er verließ unter einem Vorwand das Haus, radelte zu Rossmann und kaufte von seinem Taschengeld einen iTunes-Gutschein, um seine weiteren virtuellen Einkäufe zu verschleiern.

Es nutzte nichts. Mein Mann wurde nach drei Tagen auch über diese Transaktion informiert, nicht zuletzt, weil alle fünf Handys der Familie damals noch über eine ID liefen. Er hatte also wieder zugeschlagen: dreimal 10,99 Euro für insgesamt 710 Juwelen.

Es begann eng zu werden für Lenni, auch wenn er immer wieder technische Schlupflöcher fand, durch die er schlüpfte.

Dennoch: Ein Teil seines Selbst war immer noch der liebesbedürftige kleine Junge, der sich danach sehnte, in den Arm genommen und durchgekitzelt zu werden. Der in hellen Momenten erkannte, was nicht stimmte, und es uns deutlich sagte. Es dauerte nur, bis wir es endlich verstanden.

Als nachmittags beide Töchter unterwegs und Lennart und ich alleine waren, fragte ich beiläufig: »Warum kaufst du bei Brawl Stars eigentlich immer wieder Juwelen, wenn wir es doch verboten haben und es so viel Streit gibt?«

Er antwortete ruhig und ebenso beiläufig: »Weil ich's konnte.«

Was für eine Provokation. Ich musste mich innerlich runterzählen, um ruhig zu bleiben.

»Was meinst du damit?«

Er sagte: »Ich wollte euch keinen Ärger machen. Aber ich brauchte die Juwelen so dringend, und da war in dem Moment nichts, was mich gehindert hat. Ich konnte es einfach tun.«

Oje, er hatte ein echtes Problem.

Und wir ebenfalls. Wie es aussah, gleich mehrere.

Ich spürte, wie er unter all dem Streit und dem Misstrauen litt – genau wie ich. Trotzdem hatte er in den letzten Wochen für mehrere Jahreseinkommen an Taschengeld unerlaubt Juwelen im Internet gekauft und konnte sich offensichtlich nicht mehr davor bewahren, es wieder und wieder zu tun.

Gleichzeitig gab er mir sachdienliche Hinweise zu bestehenden Lücken in unserem technischen Jugendschutz.

Wir würden uns warm anziehen müssen.

Mein Mann und ich waren fassungslos, als wir beim dritten Kind plötzlich echt alt aussahen und technisch vor ihm hergetrieben wurden. Immer etwas zu langsam, versuchten wir die Sicherheitslücken zu stopfen, änderten Passwörter, stuften die Sicherheitseinstellungen am Fernseher und auf den mobilen Endgeräten hoch. Doch Lenni blieb uns mühelos auf den Fersen.

Als nichts mehr ging, knöpften wir ihm das Handy erneut ab bis zu den Sommerferien und verboten ihm grundsätzlich, wo und wie auch immer Brawl Stars zu spielen.

MICHEL VON LÖNNEBERGA 4.0
Ein Digital Native auf Abwegen

Früher, zu Kindergartenzeiten, nannten wir ihn spaßeshalber den Baby-TÜV, weil Lennart – noch in gestreiften Baumwoll-Bodys Größe 74 – zielsicher alle Quellen der Unterhaltung und Gefahren ortete. Zu Hause, bei Oma und Opa oder bei Freunden.

Kaum tapste Lenni durch Gärten und Zimmer, kippten krachend nicht richtig fest gedübelte Badezimmerschränke um, die ein Jahrzehnt trotz zweier kleiner Kinder im Haus sicher gestanden hatten. Als er größer wurde, brannten Deckenfluter samt Elektroleitung, auf denen er sein Kirschkernkissen hatte aufwärmen wollen. Die Kindersicherung am Gartenteich musste generalüberholt werden.

Mit damals knapp vierzig Jahren lernten wir als dreifache Eltern noch einmal richtig viel dazu, nicht nur, dass Kirschkerne unheimlich gut brennen. Nur: Lenni lernte schneller.

Man sagt, die »Arbeit« eines Kinder sei das Spiel. Es diene dazu, seine Umwelt zu begreifen und die Grenzen zu erforschen. Man könnte sagen: Lennart machte seine »Arbeit« nicht nur gut, sondern sogar sehr gut.

Der Sohn vertiefte sich an den mobilen Endgeräten in die Menüpunkte »Einstellungen« und »Verwalten«, experimentierte mit Passwörtern, vagabundierte wissbegierig durchs Internet. Nur seine zielgerichteten medientechnischen Fragen verrieten, welche Themenbereiche er gerade durchforstete. Antworten hatten wir meist keine mehr. Lennart hatte sich konsequent und konzentriert in Kürze zum Junior-Medien-TÜV empor-gearbeitet und uns ohne große Anstrengung abgehängt.

In den Sommerferien hatte Lenni wegen »guter Führung« sein Handy wiederbekommen. Ich kontrollierte immer wieder, ob er die Brawl-Stars-App nicht heimlich runtergeladen und gespielt hatte. Es sah gut aus, dachte ich. Für den Moment war der Brawl-Stars-Sog etwas abgeebbt. Dafür drehte sich nun alles um eines der beliebtesten Spiele überhaupt: *Fortnite*, das er bei einem Kindergartenfreund kennenlernte.

Der Survival-Shooter ist eines der populärsten Videospiele von Jugendlichen weltweit. 350 Millionen Nutzer hatten sich im Mai 2020 registriert, um es auf dem PC, auf Konsolen oder auch Smartphones zu spielen, wie Epic Games bekannt gab.

Befürworter heben hervor, dass Fortnite kein Ego-Shooter sei. Der Spieler erlebt die Spielwelt nicht aus der Ich-Perspektive, sondern schaut sich selbst über die Schulter, während er andere Spielfiguren abknallt.

Erst später verstand ich, warum Lennart sich damals unter der Woche so oft zum Übernachten mit seinem Sandkastenfreund verabredete. Bei ihm war das Zocken auch unter der Woche erlaubt, bei uns nur freitags und am Wochenende für je eine Stunde.

Nach zwei, drei Wochen war Lennart voll im Fortnite-Fieber. Bereits montags erzählte er von den bevorstehenden Spielsessions am Freitag und bereitete den Spielgenuss sorgfältig vor.

So auch an diesem Donnerstagnachmittag im August: Wir saßen im Wohnzimmer auf dem Sofa und chillten. Lenni bat mich, ihm seine heutige Medienzeit um 10 Minuten zu verlängern, um noch etwas Musik bei Spotify hören zu können.

Ich hatte an dem Tag bereits so oft »Nein!« gesagt und wollte meine Ruhe.

»Klar!«, erwiderte ich und freute mich auf weitere entspannte Minuten auf dem Sofa. Ich nahm das Handy meines Sohns, um die App Spotify zuzulassen. Dazu navigierte ich zum passwortgeschützten Menüpunkt »Bildschirmzeit«, um das nur mir bekannte Passwort einzugeben.

Lenni beobachtete mich dabei seltsam interessiert. Es dauerte etwa drei Sekunden, bis mein Unterbewusstsein Alarm schlug.

Warum dieser forschende Blick?

Ich fühlte, wie sich meine Haare aufstellten, das Blut im Hals pulsierte, mein Gesicht heiß wurde. Irgendetwas stimmte hier nicht. Und da sah ich es: Oben im Display blinkte ein schmaler roter Balken, den ich noch nie zuvor wahrgenommen hatte. Ich tippte drauf.

Sprachlos hob ich den Blick und schaute ungläubig in das Gesicht meines zehnjährigen Sohns. Er ließ parallel eine Videoaufzeichnung des Bildschirms mitlaufen und zeichnete gerade in Echtzeit auf, wie ich das geheime Passwort eintippte, das nötig war, um Einstellungen wie »App Store« und »In-App-Käufe erlauben« zu aktivieren.

Technisch war und wäre nicht viel passiert. Die Videoaufzeichnung hätte nur vier Sternchen gezeigt, mit denen die Ziffern des Passwortes verschlüsselt angezeigt wurden.

Trotzdem war Lennart zu weit gegangen, seine spielerische Erforschung der Grenzen hatte seine kindliche Unschuld verloren. Mein Vertrauen war dahin. Mein eigenes Kind begann, mir fremd zu werden.

Ich fühlte mich wie in einem stockdunklen Kinosaal, dessen Türen gerade abgeschlossen worden waren und auf dessen Leinwand in voller Lautstärke ein schlechter Film anlief, den ich weder gucken wollte noch anhalten konnte. Ich bekam das üble Gefühl, dass mir in Kürze der Boden unter den Füßen wegklappen würde. Ich sollte recht behalten.

Mein Mann kaufte zwei dicke Vorhängeschlösser aus Messing und zwei stabile Aluminiumboxen, die er in seinem Kleiderschrank im Fach unter den Hemden platzierte. Noch am selben Tag kamen unsere Gummibärchen und anderer Naschkram, der sich in letzter Zeit auf mysteriöse Weise wie von selbst in Luft aufzulösen schien, hinter Gitter, genau wie das Tablet und das konfiszierte Handy von Lennart. Unser Schlafzimmer duftete nach Schokolade und Lakritz.

Jeder von uns bekam ein Set der kleinen Schlüssel und reihte es neben Auto-, Haus- und Büroschlüssel an den Schlüsselanhänger.

Aber was nützten all die Sicherheitsvorkehrungen, wenn sie sabotiert wurden?

Meist kam ich nach einem arbeitsreichen Bürotag gegen 16 Uhr nach Hause, wurde stürmisch von Hund und Kindern begrüßt und pfefferte halb in der Umarmung meinen Schlüsselbund auf die Ablage oberhalb der Heizung im Eingangsbereich. Oft ging es direkt weiter ins Wohnzimmer, wo wir bei einer Kanne Tee vom Tag erzählten. Es fiel mir mehrere Male gar nicht auf, dass Lenni erst ein paar Minuten später dazukam und sich mit undurchdringlicher Miene zu uns setzte. Ich bemerkte nur, wie er höflich frage: »Und wie war dein Tag, Mami?«

Meine Fantasie und mein Misstrauen waren nicht groß genug, um mir vorzustellen, dass Lenni mich freudig begrüßte, aber dann abwartete, bis seine Schwestern – potenzielle Petzen – und ich außer Sicht- und Hörweite waren.

Er wusste, dass er jetzt ungestört einige Minuten Zeit hatte. Mit angehaltenem Atem nahm er den großen klimpernden Schlüsselbund von der Ablage neben der Garderobe, schlich auf Zehenspitzen den Flur entlang zum Elternschlafzimmer, zog möglichst geräuschlos die große Schiebetür des Kleiderschranks auf, öffnete das Vorhängeschloss, nahm sein Handy an den knisternden Gummibärchentüten vorbei aus dem Tresor, verschloss alles wieder und versteckte das Handy bis zum Anbruch der Dunkelheit.

So richtig nachgedacht habe ich bei der Aktion nicht. Ich hab mir eher Gedanken gemacht, wie ich den passenden Schlüssel zum Schloss finde – das war gar nicht so leicht. Bis ich die Ziffern 2, 1 und 5 auf dem Schloss entdeckte. Ich hob leise den Schlüsselbund vor meine Augen und guckte mir alle Schlüssel an. Wie ein Detektiv. Auf einem kleinen Schlüssel war auch eine 215 eingraviert. Und wie es der Zufall wollte: Der Schlüssel passte!

Völlig überraschend bekamen wir schließlich erneut Post von unseren Freunden in Helsinki, die höflich um die Begleichung der beiliegenden Rechnungen baten, obwohl wir Lennarts Handy sicher im Tresor verschlossen wähnten.

Mein Mann und ich begannen miteinander zu streiten, wer Lennart wann und warum das Handy wiedergegeben hatte, und wurden nur noch verwirrter, als wir feststellten, dass wir beide es nicht erlaubt hatten.

Wir knieten uns gemeinsam im Schlafzimmer vor den Kleiderschrank und öffneten den Tresor, aus dem es wunderbar duftete. Darin lag unschuldig das Handy unseres Sohnes. Wir ahnten nicht, dass Lenni es nicht nur raus-, sondern auch wieder zurückgeschmuggelt hatte. Wir fühlten, wie das Misstrauen begann, unsere Beziehung und unsere Teamarbeit zu vergiften.

Aus den Vorahnungen wurden Gewissheiten: Bei unserem dritten Kind lief etwas anders. Wir hatten es mit einem Michel aus Lönneberga 4.0 zu tun, nur der Holzschuppen fehlte.

Ich begann jeden Tag mehr zu zweifeln, ob sich alles von allein auswachsen würde und wir die eskalierende Situation auch ohne fremde Hilfe in den Griff bekommen würden.

Wir holten Lennarts Handy aus dem Tresor im Kleiderschrank und riefen ihn für eine Handyvisite dazu. Wie im Knast, stellte ich traurig fest.

Wir schauten auf dem Handy nach, konnten das auffällige gelbe Icon von Brawl Stars jedoch nirgends auf dem Homescreen erkennen. Lenni beobachtete uns mit versteinertem Gesicht. Seine Pupillen weiteten sich erst, als eine Push-Nachricht von Brawl Stars aufleuchtete: »New RARE Brawler 50 Juwelen!«

Mein Mann griff das Handy zielstrebig und schien zu wissen, wonach er suchte. Er öffnete die einzelnen grau hinterlegten Ordner und wischte in jedem einzelnen zur Seite. Ich beobachtete ihn überrascht. Mir war nicht bekannt, dass sich in den Ordnern mehrere Seiten verbargen.

Mein Mann hielt unserem Sohn traurig sein Handy hin. Versteckt auf der zweiten Seite des Ordners »Mathe« prangte fett und gelb die grimmige Totenkopffratze von Brawl Stars.

Wir löschten kurz und schmerzlos, ohne Mitgefühl, schlimmer noch mit einem unangemessenen Gefühl der Genugtuung, das Game mitsamt aller Spiel-Avatare von allen Geräten.

Wir wollten nicht wahrhaben, wie schlecht es bereits um unseren Sohn stand. Wir begriffen nicht, dass unsere Aktion – vor allem die Art und Weise – keine Lösung für das eigentliche Problem war, im Gegenteil.

Therapeuten wissen, wie viel die virtuellen Spielfiguren den Süchtigen bedeuten. Nicht selten verkörpern die Avatare all das, was die Kinder und Jugendlichen im realen Leben im Moment eben nicht sein können: mutig, mächtig, beliebt, erfolgreich, glücklich – stärkere Versionen des eigenen Ichs, die im bläulichen Licht der Zockerhöhlen zum Leben erwachen, aber im nüchternen Tageslicht der öden Wirklichkeit in sich zusammenfallen.

Kein Wunder, dass sich Abhängige nicht ohne Weiteres von ihrem »besseren Ich« lösen können. 2010 wurde in Frankfurt deshalb der erste Friedhof für Avatare eröffnet. Auch in anderen deutschen Großstädten wie Hamburg verabschieden Computer-spielsüchtige ihre virtuellen Spielfiguren in feierlichen Trauer-zeremonien, um dann zu versuchen, Gefühle der Stärke, der Überlegenheit, der Macht und des Glücks in der »echten Welt« aufzubauen.

Unsere gefühlskalte Löschaktion und die wütenden An-drohungen: »Nie wieder!«, belasteten unser Verhältnis. Lenni fühlte sich vernichtet, aber dies nahmen wir in unserer eigenen Ohnmacht nicht mehr wahr.

Wir waren in unserem eigenen Film gefangen und nur noch froh, dass uns das hässliche gelbe Totenkopf-Icon nicht mehr von Handy und Tablet entgegenstarren würde. Eine Fratze, die uns alles andere als Glück gebracht hatte.

Später erst offenbarte uns Lenni, wie er sich damals ge-fühlt hatte:

Seit den Sommerferien wurde alles schlimmer, und meine Eltern fingen an, mir überhaupt nicht mehr zu glauben und zu vertrauen. Das war schrecklich. Sie waren nur noch streng und aggro. Dabei war ich ja selbst gestresst und wusste nicht weiter! Ich konnte an nichts anderes mehr denken als daran, dass meine Kumpels gerade Brawl Stars oder Fortnite spielten und ich nicht. Ich konnte es kaum aushalten. Ich griff nach jedem internetfähigen Gerät, das mir in die Finger kam, und versuchte ins Internet zu kommen. Ich nahm mir unerlaubt Handys von meiner Mutter oder meinen Schwestern, obwohl mir danach fast schlecht war vor Angst. Ich besorgte mir Schlüssel für den Tresor. Ich musste ständig lügen, weil sonst alles noch viel schlimmer geworden wäre. In der Familie waren alle gegen mich, meine Schwestern und meine Eltern, nur unser Hund nicht. Meine Mutter hat gesagt, dass es so mit mir und meinen Onlinespielen nicht weitergehen könne, wenn die ganze Familie seit Monaten deswegen nur noch gestresst ist und darunter leidet. Das wollte ich ja gar nicht, ich hatte ein schlechtes Gewissen, weil es so viel Streit gab und Mama weinte vor Erschöpfung.

Wir Eltern fragten uns in dieser Zeit wieder und wieder, warum so viele Kinder im Bekanntenkreis scheinbar ohne nennenswerte Komplikationen Brawl Stars spielten. Antworten bekamen wir erst in den folgenden Monaten.

Mein Mann und ich haben uns immer eine große Familie gewünscht. Das Leben hat sie uns geschenkt, wofür wir aus tiefstem Herzen dankbar sind.

Doch im Oktober 2019 spürte ich in dunklen Momenten weder Dank noch Freude, Liebe oder Zuversicht. Das Lachen war mir vergangen.

Wilde Träume quälten mich in meinem kurzen Schlaf und lieferten mich dem nächsten Morgen dünnhäutiger aus als zuvor. Im Kopf ratterte ich alle möglichen Optionen rauf und runter, was mir, was unserer Familie, helfen könnte.

Unsere Sorge wuchs, ohne dass mein Mann und ich dafür Worte fanden. War das Medienverhalten von Lennart noch normal? Würde es sich von allein auswachsen? Wir stemmten uns mit der Kraft der Verzweiflung gegen den unheimlichen inneren Drang unseres Sohnes und verbarrikadierten die Zugänge zum Internet, so gut wir konnten. Doch wir kamen kaum hinterher, verloren Tag für Tag an Zuversicht und einen gesunden Abstand zu unserem Familienalltag, der immer mehr aus dem Ruder lief.

Befreundete Kollegen, denen ich beim Mittagessen in Köln von den absurden Eskapaden unseres Sohnes erzählte, lachten und waren überrascht, wie nahe mir alles ging. Sie erzählten mit leuchtenden Augen, welche Games sie früher nächtelang gezockt hatten.

Ich fühlte, wie sie darüber nachdachten, was mit mir los war – ob ich übertrieb und das normale Zockverhalten eines kleinen Jungen pathologisierte. Fast hoffte ich, dass sie recht behalten würden. Doch mein schlechtes Gefühl sollte mich nicht trügen.

BULLERBÜ BRENNT!
Mein Sohn, ein Digital Junkie?

Es war am 31.10.2019 gegen 17:30 Uhr, als unser Bullerbü nach 16 überwiegend glücklichen Jahren zusammenbrach und lichterloh brannte.

Auf Wunsch meines Sohnes hatte ich von einem Bauern auf dem Land einen großen Kürbis mitgebracht, aus dem er eine Monster-Laterne schnitzen wollte, »um Halloween so richtig schön abzufeiern«. Ich war erleichtert und freute mich, dass Lenni seit Langem wieder einmal von sich aus Lust auf eine solche – recht kindliche und vor allem handfeste –Bastelaktion hatte.

All die Wochen davor schienen sich seine Gedanken und unsere Gespräche nur noch um sein Handy zu drehen oder die Spielkonsole Switch, mit der man ebenfalls gamen konnte. Es hatte Dutzende Lügen, Grenzüberschreitungen, Tränen, Entschuldigungen und Liebesschwüre gegeben.

Nun also ein neuer Anlauf, die Liebe über das Misstrauen siegen zu lassen. Der Kürbis stand auf dem Tisch, ich suchte in der Küche nach einem Schnitzmesser. Lenni erzählte mir freudig erregt, was er gleich mit seinen Kumpels an Halloween plante: erst zum »Trick or Treat«-Sammeln etwas im Viertel herumlaufen, danach zusammen ein Stündchen die neue Fortnite-Season abfeiern.

Was wir erst später erfuhren: Passend zum amerikanischen Feiertag Halloween feierte Fortnite am 31. Oktober ein riesiges Event mit dem bezeichnenden Titel: »Fortnite Albträume«. Niemand wusste, wie lang dieses Event dauern würde. Nur, dass es coole neue Herausforderungen mit entsprechenden Belohnungen und viele gruselige Halloween-Skins im Item-

Shop zu kaufen gab. Es war für jeden Gamer absolut essenziell, dabei zu sein, und zwar nicht nur für 60 Minuten, sondern für die ganze Nacht.

Lennart schaute mich treu an und zählte die Freunde auf, die an Halloween zocken durften. Ich schaute unseren Sohn an, sah in seine glänzenden Augen, bemerkte die niedlichen Grübchen beim Lächeln und schwankte, ob ich ihm glauben konnte.

Ich wollte ihm glauben. Ich konnte und wollte nicht wahrhaben, dass Lenni in diesem Moment mit größter und letzter Kraftanstrengung eine Werbekampagne durchzog und das Blaue vom Himmel log, nur um so schnell und so lange wie möglich zocken zu können. Dass er das alles nur inszenierte, um ein »Ja« von mir zu bekommen.

Seine Fassade brach zusammen, als ich sagte: »Klar kannst du mitzocken, aber ich hole dich dann um 21 Uhr bei Tom ab.«

Ehrlich gesagt, hielt ich mich für großzügig, da ich Fortnite mit seinen Waffen und dem Rumgeballere echt überflüssig fand. Gleichzeitig sollte er in seiner Gruppe Spaß haben und nicht ausgeschlossen sein.

Meine Zeitbeschränkung war mehr, als er verkraften konnte. Sie schien der Tropfen gewesen zu sein, der das Fass zum Überlaufen brachte. Als Lenni klar wurde, dass sein nächtlicher Zockplan zu scheitern drohte und seine Mutter ihn höchstpersönlich – und als Einzigen viel zu früh – aus der Zockerhöhle seines Freundes abholen würde, brach er zusammen.

Seine Werbeveranstaltung endete abrupt und dramatisch. Mein strahlender Sohn wandelte sich binnen Sekunden zu einem körperlichen und seelischen Wrack, zu der schockierenden Fratze eines Junkies auf Entzug.

Es war das Schlimmste, was ich als Mutter je erlebt habe.

Ein Schleier aus feinen Schweißperlen überzog sein fahles Gesicht. Rote Flecken breiteten sich vom Hals aus nach oben aus.

Er richtete sich mit breiten Schultern zu seiner vollen Körpergröße auf. Baute sich drei, vier Zentimeter zu nah vor mir auf, als dass es sich für mich noch gut angefühlt hätte, und schaute mit geweiteten Pupillen zu mir hoch.

Sein Blick und seine Körperlichkeit machten mir Angst. Nicht nur UM mein Kind, sondern auch VOR meinem Kind. Ich versuchte, Kontakt zu bekommen, ihm in die Augen zu schauen. Es gelang nicht. Er konnte den Blick nicht halten, die Augen irrlichterten umher. Ich nahm seine ausgetrockneten blassen Lippen wahr.

Er zog wütend wie ein gereizter Jungbulle aus dem Wohnzimmer in den dunklen Flur. Den Oberkörper nach vorne geneigt, schlug er gegen den Türrahmen seines Kinderzimmers, griff wahllos nach zwei, drei dicken *Donald-Duck*-Heften und schleuderte sie gegen die Wand.

So hatte ich ihn noch nie erlebt. Er war außer sich, und ich hatte Angst, an diesem dunklen Oktoberabend allein mit ihm im Haus zu sein. Ich wusste nicht, was ich tun sollte. Ich wusste nicht, was Lennart tun würde. Mein Mann war telefonisch nicht zu erreichen. Ich griff mein Smartphone und rief mit gepresster Stimme meine Freundin Anne an, die wenige Minuten später eintraf.

Anne erzählte später, wie bizarr die Atmosphäre auf sie gewirkt hatte. Das Haus war inzwischen dunkel, im Wohnzimmer brannte nur eine kleine Stehlampe. Lennart kauerte kreidebleich und nicht ansprechbar mit einem *Donald-Duck*-Comic auf dem Sofa im Wohnzimmer und schlug mit starrem Blick geräuschvoll die Seiten um, ohne zu lesen. Ich selbst saß blass und reglos am dunklen Esstisch. Beide schienen wir wie erstarrt und emotional abgekoppelt.

Anne kennt sich aus mit Kriseninterventionen, das hat uns gerettet. Es war ein glücklicher Zufall, dass sie als Psychologin und Managementcoach auch eine Zusatzausbildung für »Psychische Erste Hilfe und Notfallbegleitung« absolviert hatte, worüber wir vorher nie gesprochen hatten.

Anne wusste, dass die Ruhe trügerisch war. Ein falsches Wort und es konnte erneut zur Eskalation kommen. Sie ging ruhig durchs Wohnzimmer, setzte sich mit gebührendem Abstand von Lennart aufs Sofa und sprach ihn mit normaler, entspannter Stimme an.

»Hey Lenni, darf ich mich zu dir setzen? Was ist passiert?«

Mehr als »Ja«, »Nein«, »Ist mir egal« war Lennart nicht zu entlocken. Er blätterte immer noch geistesabwesend in seinem *Lustigen Taschenbuch* von Walt Disney.

Meine Freundin stand behutsam auf und trat zu mir an den Esstisch, wo sie mit etwas Abstand Platz nahm.

Meine Erinnerung an diesen Abend ist bruchstückhaft. Irgendwie schaffte es Anne nach einer Viertelstunde, Lennart dazu zu bewegen, vom Sofa aufzustehen und sich zu uns ans hinterste Eckchen des Esstisches zu setzen. Ich wagte es nicht, irgendetwas zu sagen. Selbst der Hund hatte sich verkrochen.

Anne hatte Wasser und Gläser aus der Küche geholt und goss uns ein. Beiläufig fragte sie, ob Lennart Lust hatte, den Kürbis fertig zu schnitzen. Nein, hatte er nicht. Allein die Frage schien ihn aufzuregen.

Interessiert und mitfühlend fragte Anne: »Was ist denn los? Was regt dich so auf?«

Und endlich brach aus Lennart die ganze Empörung und Verzweiflung heraus, dass er ertappt und eingeschränkt worden war, dass er an Halloween tatsächlich nicht mit den anderen die Nacht durchzocken durfte. Dass er der Einzige war, der nicht bei dem legendären Halloween-Fortnite-Event mitspielen konnte, an dem jeder, wirklich jeder, teilnahm, nur er nicht. Dass alles sowieso nur noch scheiße war.

Er schaute Anne wie ein Häufchen Elend an.

»Och, Lenni. Darf ich dich mal drücken?«

Er nickte mit gesenktem Kopf und legte die gesamte Last seiner Kinderseele in Annes Armen ab. Nach einer Weile wandte er den Kopf, suchte Augenkontakt mit mir. Ich öffnete zaghaft lächelnd meine Arme und ging vorsichtig auf ihn und Anne zu.

Zu dritt standen wir still im dunklen Wohnzimmer und hielten uns alle drei eng umschlungen. Ich fühlte den ruhigen Atem von Anne und die flacheren, schnelleren Atemzüge von Lennart. Nach einer Weile lösten wir uns voneinander. Lennart atmete tief aus, murmelte etwas von »chillen« und trottete mit seinem Comic in sein Zimmer zurück.

Erst als Anne und ich allein waren, rannen mir lautlos die Tränen über die Wangen, die auf meinen Pullover tropften und nasse Spuren hinterließen. Anne hatte mich ruhig angeschaut und gesagt, die Situation sei jetzt halt so, wie sie sei. Aber sie wüsste zu hundert Prozent, dass unsere Familie stark genug sei, um da wieder rauszukommen.

Wir verstanden beide nicht genau, was geschehen war. Aber uns beiden war klar, dass Lennart und wir Unterstützung benötigten, professionelle Hilfe von außen.

Am gleichen Abend noch setzte ich mich an den Rechner und googelte. »Internet + Sucht + Kinder + Therapie, Umkreis von Köln: 150 km«.

TEIL 2

DIAGNOSE COMPUTERSPIELSUCHT

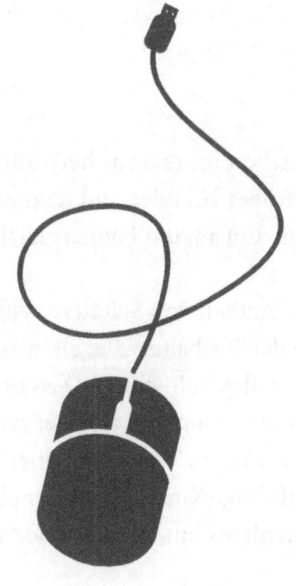

DIESER WEG WIRD KEIN LEICHTER SEIN
In der Spezialambulanz für computerspielsüchtige Kinder

Ich hab mega Schiss ... Heute Nachmittag fahren wir
direkt nach der Schule 80 Kilometer weit in ein Kran-
kenhaus für süchtige Kinder. Meine Mutter hat heute
Morgen noch nerviger gesagt als sonst, ich solle mir
saubere Klamotten anziehen und Zähne putzen und
noch irgendwas, da habe ich aber nicht mehr hingehört.
Sie hatte vor zwei Tagen einfach so bestimmt: »Über-
morgen kannst du nicht zum Tennistraining. Wir sind
nachmittags mit jemandem verabredet, der uns
hoffentlich helfen kann.« »UNS« helfen kann? Mir
muss keiner helfen!

Ich hatte meine Arbeit an diesem herbstlichen Nachmittag
Mitte November früher beendet und kam gerade noch rechtzeitig am Schulzentrum an, um Lennart nach seinem Langtag
um 15 Uhr abzuholen.

Inmitten von Trauben von Schülern winkte er vom Bord-
stein in der Nähe der Bushaltestelle, als er mein Auto sah. Er
fand es cool, dass er abgeholt wurde. Dass es dafür einen trifti-
gen Grund gab, fand er hingegen weniger cool.

Heute hatten wir einen Termin in einer Spezialambulanz
für computerspielsüchtige Kinder und Jugendliche, angegliedert
an ein Lehrkrankenhaus einer international renommierten
Universität.

Belastende Wochen lagen hinter uns. Von außen mochte
alles nach Bullerbü ausgesehen haben, aber für mich wurde

mein Leben Tag für Tag mehr zum Albtraum. Abends war ich dankbar, wenn mich endlich der Schlaf übermannte und mich von meinen kreisenden Gedanken erlöste.

Es war nicht einfach gewesen, Hilfe zu finden.

Mal war eine Ambulanz eher auf Internetsucht bei Erwachsenen und weniger bei Kindern spezialisiert. Mal erreichte ich niemanden, mal meldete sich niemand auf meine E-Mail-Anfragen zurück. Meist jedoch gab es keine freien Plätze bei den Therapeuten, alle ausgebucht mit Kindern, die Probleme hatten. Wartezeit: mehrere Wochen bis Monate.

Ich war fast euphorisch, als ich nach mehreren Telefonaten und E-Mails endlich einen Termin in einer Spezialambulanz zur Diagnostik und Behandlung von Computerspiel-, Internet- und Mediensucht in halbwegs erreichbarer Nähe gefunden hatte.

Ich hatte in einem Radius von anderthalb Stunden Autofahrt gesucht. Dies, so glaubte ich, war gerade noch in unseren Alltag zu quetschen. Ich war bereit, diesem Thema höchste Priorität im Familienkalender einzuräumen und notfalls andere Termine abzusagen. Hauptsache, uns wurde geholfen.

Beim Durchlesen der Homepage der Spezialambulanz hatte ich das Gefühl, dass die Experten vor Ort zumindest drei Fakten, die mir Sorge bereitet hatten, gleich im ersten Absatz auf den Punkt brachten. Das versprach Gutes:

1. Mediensüchtiges Verhalten ... stellt eines der großen, aktuellen Probleme nicht nur im Erwachsenenbereich, sondern zunehmend im Jugendlichenbereich, teilweise leider auch im Kindesalter, dar.
2. Dabei werden die Fälle des sogenannten schädlichen Konsums und des Abhängigkeitssyndroms in den nächsten Jahren vermutlich noch deutlich zunehmen.

3. Bisher bestehen in Deutschland keine bzw. nur wenige etablierte Versorgungsstrukturen für den Missbrauch von Medien bzw. Medienabhängigkeit.

Ich bog vom Schulzentrum ab und fuhr in nordwestlicher Richtung auf die Autobahn auf. Die Aussicht auf Hilfe entspannte mich. Für einen Moment vergaß ich meine Angst und schöpfte neue Hoffnung. Wie diese Hilfe konkret aussehen würde und was uns heute alles erwartete, ahnte ich glücklicherweise noch nicht.

Ich fluchte leise. Auf dem Navi leuchteten weite Teile der vor uns liegenden 80 Kilometer dunkelrot auf. Unser Weg führte uns kurz vor der Rushhour durch eine der schlimmsten Staustrecken Deutschlands: den Kölner Autobahnring.

In 60 Minuten mussten wir bei unserem Therapeuten sein, ich wollte auf keinen Fall zu spät kommen. Er hatte am Telefon angedeutet, was für ein unglaubliches Glück wir gehabt hatten, so kurzfristig überhaupt einen Termin bei ihm zu bekommen.

Ein Platz war unerwartet frei geworden. Ich fragte mich, warum. Vielleicht hatte ein süchtiger Teenager seine Therapie abgebrochen. Das kam vor. Oder er hatte seine Sucht in den Griff bekommen wie zwei Drittel der therapierten computerspielsüchtigen Kinder und Jugendlichen in Deutschland. Vielleicht war er aber auch ein besonders schwerer Fall und in eine der wenigen stationären Einrichtungen für die Behandlung von Computerspielsucht in Deutschland überwiesen worden.

Ich schlängelte mich durch die Kolonne der stockend hintereinanderher zuckelnden Lieferwagen und Laster auf den linken Fahrstreifen und gab Gas.

Die Dame am Telefon der Spezialambulanz hatte nach Durchsicht des Onlinefragebogens, den ich im Internet wie gefordert ausgefüllt hatte, sachlich einige Informationen abgefragt: »Wie viele Stunden am Tag spielt Ihr Sohn?«

Ich hatte geantwortet: »Aktuell vielleicht 5 Stunden in der Woche. Lennart hat aber keinen eigenen PC und seit Monaten nur noch in Ausnahmefällen Zugang zu einem Handy.«

Es war still geblieben in der Leitung. Ich hatte überlegt, warum sie nichts sagte. So lange konnte es doch nicht dauern, bis man »5 Stunden pro Woche« niedergeschrieben hatte? Ob sie vermutete, dass ich übertrieb mit meinem Verdacht, dass Lennart süchtig sei?

»5 Stunden in der Woche?«

Sie hätte garantiert nicht nachgefragt, hätte ich gesagt: »5 Stunden am Tag.« So etwas hörte sie wahrscheinlich regelmäßig. Bis zu 6 Stunden täglich sind überhaupt keine Seltenheit bei maßlos spielenden Kindern, wie eine Studie an elftausend Neuntklässlern in Niedersachsen ergab. Bei süchtigen Kindern waren es oft noch mehr.

Eine Studie vom Deutschen Zentrum für Suchtfragen des Kindes- und Jugendalters (DZSKJ) am Universitätsklinikum Hamburg-Eppendorf ergab 2019, dass sogenannte Risikogamer 8 bis 10 Stunden am Tag und mehr allein mit Computerspielen beschäftigt waren, häufig bis spät in die Nacht hinein.

Die nächtlichen Spielzeiten erschwerten den müden Familienangehörigen zu erkennen, wie lange ihre Kinder wirklich spielten. Die jungen Gamer waren auch sonst nicht schlecht darin, den wahren Umfang ihres Spielens zu vertuschen.

Ich bekam kurz einen Schrecken, dass uns Hilfe versagt bleiben würde, weil unsere Geschichte nicht extrem genug wäre, um einen der kostbaren Plätze in der Ambulanz zu ergattern.

Ich schob mit fester Stimme hinterher: »Die Familiensituation ist belastend, und das, obwohl Lennart bereits keinen offiziellen Zugang mehr zum Internet hat.«

Mir war inzwischen völlig egal, was die Dame am Empfang oder andere dachten – über mich als Mutter, über meinen Sohn oder meine Familie. Mein Bauchgefühl war deutlich: Hier stimmte etwas nicht. Was genau, wusste ich nicht. Aber ich wollte es herausfinden, egal wie.

Wahre Risiken schätzen viele Menschen falsch ein und bringen sich und ihre Kinder so erst in Gefahr, bestätigen Risikoforscher. Viele Eltern richten ihre Aufmerksamkeit oft auf vergleichsweise harmlose Risiken und übersehen dabei größere Risiken, so eine Studie der Münchener Rückversicherung.

Den Schulweg schätzen viele Eltern in Deutschland beispielsweise als großes Risiko ein und fahren ihre Kinder im Auto zur Schule. Sie übersehen jedoch das körperliche und mentale Gesundheitsrisiko, das Bewegungsarmut und Trägheit mit sich bringen. Dies ist im Schnitt größer als ein möglicher Sturz vom Fahrrad, wie Ärzte betonen.

Liebend gerne hätte ich weiter an dem Glauben festgehalten, dass das Risiko, beliebte Onlinespiele zu zocken, nicht so groß sein konnte und wir das alles allein in den Griff bekommen würden. Doch den Glauben hatte ich inzwischen verloren. Die Probleme ließen sich weder ausblenden noch schönreden.

Auf der Fahrt zur Spezialambulanz war ich mir sicher, dass Lenni Bammel hatte. Er hatte sich freiwillig nach hinten gesetzt, was ungewöhnlich war.

Die erste Viertelstunde plauderten wir über dies und das und versuchten, uns zu entspannen. Dann wurde es still auf der Rückbank. Ich schaute in den Rückspiegel und glaubte meinen Augen nicht: Lennart hatte den Kopf gesenkt und die Hände gefaltet.

»Betest du?«, fragte ich überrascht.

Er nickte mit tiefernstem Gesicht.

»Ich bete, dass ich weiter Fortnite spielen kann.«

Fordernd fügte er hinzu: »Es ist schließlich mein gottge-gebenes Recht, Fortnite zu spielen.«

Das saß! Bislang hatte Lennart immer wieder gezweifelt, ob es Gott überhaupt gab, auch wenn er gerne in den Gottes-diensten mitsang, die wir sechs- bis siebenmal, na gut viermal, im Jahr besuchten.

Nun aber hatte sich etwas verändert. Ob er dachte, sein letztes Stündlein habe geschlagen? Ich verübelte es ihm nicht. Doch was mochte das für ein Gott sein, der ihn aufforderte, zum Vergnügen Menschenfiguren im Internet abzuknallen?

Ich drückte das Gaspedal runter und beschleunigte, um schneller in der Spezialambulanz anzukommen.

Wir waren kurz vor vier auf den letzten Drücker von der Autobahn abgebogen und vorbei an einem Möbelhaus, zwei Tankstellen und einem Friedhof bis zu dem kleinen Parkhaus des örtlichen Krankenhauses gedüst.

Die letzten Meter über das Krankenhausgelände rannten wir, um atemlos, aber halbwegs pünktlich anzukommen. Ich spürte, dass es Lenni ähnlich flau im Magen war wie mir.

Ich hab versucht, cool zu bleiben, als wir rein sind. Wir mussten mit einem klappernden Aufzug in den vierten Stock. Im Wartezimmer und auf den Gängen hingen bunte Bilder (Psycho-Zeug: Strichmännchen laufen glücklich über eine Wiese und so). Überall saßen Jungs mit ihren Eltern auf Stühlen und warteten, die meisten etwas älter als ich. Nur ein einziges Mädchen war da, mit seinen Großeltern. Niemand redete. Alle hörten auf unsere Schritte, die laut auf dem Boden hallten. Alle machten ein cooles Gesicht. Aber heimlich haben

wir uns im Vorbeigehen aus den Augenwinkeln abge-
checkt. Bestimmt fragten die anderen sich auch so
wie ich: »Warum bin ich hier? Es bringt doch eh nichts.«

Wir erreichten den Empfang der Spezialambulanz mit ein paar
Minuten Verspätung und schüttelten unserem Therapeuten
die Hand, der bereits auf uns wartete.

Hinter der Empfangstheke stand ein sympathischer, groß-
gewachsener Endvierziger mit blau-rot kariertem Kurzarm-
hemd, strahlend blauen Augen und einem warmen Lächeln.
Sein Blick war wach und auf eine angenehme Art verständnisvoll. Er strahlte Gelassenheit aus.

Ich merkte, dass ich augenblicklich entspannte und meine
hochgezogenen Schulterblätter ein, zwei Zentimeter nieder-
sanken. Ich spürte, dass diese Situation für ihn – anders als für
uns – normaler Alltag war: widerspenstigen und mehr oder
weniger verängstigten Kindern und Jugendlichen sowie ihren
verzweifelten Eltern nach einigen Tests und Interviews mitzuteilen, ob das auffällige Onlinespielverhalten der Kinder noch
normal war.

In der Ambulanz sind es meist die besorgten Eltern, die
um einen Termin bitten, weil sie befürchten, dass ihr Kind an
einer Internetspielsucht erkrankt sein könnte. In den meisten
Fällen trügt ihr Bauchgefühl nicht, wie klinische Statistiken
zeigen.

Auch Lennart hatte Angst, aber er versteckte sie hinter einem
forschen Lächeln. Kein schlechtes Zeichen, dachte ich. Er schien
halbwegs kooperativ. Anders als die zwei etwa fünfzehnjährigen
Jungen auf den Stühlen im Gang, an denen wir gerade vorbei-
gelaufen waren.

Die Teenager hatten sich mit ausdruckslosen, blassen Gesichtern in die Tiefen ihrer dunklen Hoodies vergraben. Neben sich ihre Mütter, die älter aussahen, als sie wahrscheinlich waren, und mit hartem Zug um Mund und Augen versuchten, Haltung zu bewahren.

Ich hatte flüchtig versucht, mir ein Bild von den Familien zu machen, und stellte mir vor, welches Leid auch sie in den letzten Wochen wohl erlebt haben mussten, um jetzt hier zu sitzen.

Es ist eine große Kraftanstrengung, Kinder – vor allem Teenager – dazu zu bewegen, sich in einer Klinik vorzustellen. Endlich angekommen, wähnen sich die meisten Eltern in Sicherheit und lassen völlig entkräftet innerlich los. Viele glauben, dass jetzt automatisch alles gut würde und sie ihre Verantwortung abgeben könnten. Ein Irrglaube.

Ich hatte damals keine Vorstellung davon, was genau eine Computerspielsucht ausmachte, wie man sie behandelte, geschweige denn, wie schwierig allein der Weg zur Diagnose war.

Ich wusste nur, wir brauchten Hilfe. Schnell. Noch war Lennart mehr als einen Kopf kleiner als ich und erfrischend kindlich. So wie vergangene Woche: Er hatte sich mit heißer Stirn und hängenden Schultern morgens um 6:28 Uhr bei uns »krankgemeldet«, nachdem er heimlich seinen Kopf über den Toaster gehalten hatte. Er fand seinen Trick so toll, dass er ihn abends stolz kichernd verriet.

Ich mochte mir nicht ausmalen, wie man einen grantigen, körperlich überlegenen Teenager mit Pickeln auf der Stirn und Flaum über der Oberlippe dazu bewegen wollte, seinen Allerwertesten aus dem Gaming Chair in Richtung Klinik zu schieben.

Meine Energie und meine Vorstellungskraft hatten gerade noch ausgereicht, um einen Experten zu recherchieren, einen Termin zu vereinbaren und in die Ambulanz zu fahren. Mehr nicht.

Was hätte ich dafür gegeben, jetzt in Ruhe Kaffee trinken zu gehen, anstatt diesen Termin wahrnehmen zu müssen. Doch daraus wurde nichts.

Unser Therapeut sagte: »Wir sehen uns dann nachher bei mir im Besprechungszimmer«, und die nette, aber resolute Empfangsdame drückte meinem Sohn und mir Kugelschreiber, ein Klemmbrett aus weißem Plastik und Stapel von Testbogen in die Hand.

Ich war überrascht. Schon per Post hatten wir mehrere Fragebogen erhalten, die wir ausfüllen mussten. Selbst der Klassenlehrerin hatte ich einen Fragebogen zur Fremdbeurteilung des Sozialverhaltens überreichen müssen, was mir unangenehm gewesen war. Damit nicht genug. Der Test-Marathon ging offensichtlich weiter.

Jetzt mal ehrlich: War ich bereit für maximale Transparenz und Aufklärung? Ich blickte auf die über hundert Fragen auf den unterschiedlichen Testbogen.

Mir wurde klar, dass sich gerade andere Probleme auftaten. Die Fragen hatten es in sich. Sie drehten Lenni, aber auch uns Eltern, von rechts auf links. Ich würde von Glück reden können, wenn Lennart diese intimen Fragen überhaupt freiwillig beantworten würde. Was wäre, wenn nicht?

Insgeheim hatte ich mir sehnlichst gewünscht, dass der Therapeut unser Problem kurz und schmerzlos in Luft auflösen würde.

In diesem kleinen Lehrkrankenhaus in der mittelgroßen Stadt am Rande der Nordeifel schien jedoch niemand einen Zauberstab zu haben. Die wenigsten Ärzte oder Therapeuten zauberten, um eine Computerspielsucht zu diagnostizieren. Dafür gab es knallharte Prüfkriterien, Richtlinien und eine Fülle von Tests.

Bei der Diagnose, wie später bei der Therapie, galt: Jeden therapeutischen Kniff, jedes Ass, das der Therapeut aus dem Ärmel zog, hatte er vorher sorgfältig hineingesteckt.

Mir wurde klar: Die Anstrengungen für unsere Familie würden im besten Fall so weitergehen wie bisher. Wenn sie nicht noch größer würden.

Wir hatten uns im Wartezimmer neben eine andere Mutter und ihren Sohn gesetzt und füllten einen Bogen nach dem anderen aus. Ich schaute zu Lennart, der sich ebenfalls durch die Fragebogen quälte.

Das andere Kind im Wartezimmer wirkte fast leblos, seine Mutter guckte mit sorgfältig geschminktem, aber versteinertem Gesicht zu, wie wir versuchten, uns nicht unterkriegen zu lassen. Sie hatte auf meine Begrüßung kaum merklich reagiert.

Ich lächelte Lennart aufmunternd zu und meinte: »Puh! Ganz schön viele Fragen, oder?«

Tief in meinem Inneren war mir elend zumute, und ich versuchte vergebens, mich an die Stress-Ex-Atemübung meiner Yogalehrerin zu erinnern. Nur zu gerne hätte ich bei WhatsApp nachgeschaut, ob meine Freundinnen mir ein paar aufbauende Nachrichten, lustige Videos oder wenigstens ein schönes Herz-Emoji geschickt hatten, doch das traute ich mich in diesem Umfeld nicht.

Ich ließ mir die Fragen zur Feststellung einer Onlinespielsucht auf der Zunge zergehen:

Wie häufig vermeidest du negative Gefühle (z.B. Langeweile, Ärger, Trauer) durch Onlineaktivitäten?
Hast du bemerkt, dass du immer häufiger oder länger online sein musst, um dich wieder gut oder entspannt zu fühlen?
Wie häufig hast du etwas Wichtiges vergessen (z.B. bzgl. Beruf oder Ausbildung), weil du Onlineaktivitäten nachgegangen bist?

Einige der Fragebogen hatten naheliegende Bezeichnungen: Skala zum Computerspielverhalten bei Kindern und Jugendlichen, Fragebogen für Eltern zur Computerspielabhängigkeitsskala, Fragebogen zu Stärken und Schwächen (SDQ). Andere Testbogen trugen beunruhigende Namen: Selbstwertinventar, Sorgenfragebogen, Selbst- und Fremdbeurteilungsbogen zu hyperkinetischen Störungen und zum Sozialverhalten, Depressionsinventar für Kinder und Jugendliche (DIKJ), Angstfragebogen für Schüler, Fragebogen für soziale Angst bei Jugendlichen.

»Störungen des Sozialverhaltens, soziale Angst, Depressionen?« Mein Herz rutschte mir in die Hose.

Ich fühlte mich niedergeschlagen. In welchem Paralleluniversum war ich hier bloß gelandet? Wie war aus einem bunten Computerspiel in kürzester Zeit so bitterer Ernst geworden? Wieso waren wir an diesem Mittwochnachmittag nicht wie immer beim Sporttraining, sondern hockten in einer Ambulanz, die der Kinder- und Jugendpsychiatrie angegliedert war?

Vielleicht hatte ich ja doch übertrieben und es war alles gar nicht so schlimm? Vielleicht war Lennart verfrüht in der Pubertät und alles normal? Oder vielleicht waren wir Eltern zu dünnhäutig oder nicht streng genug?

Ich schöpfte neuen Mut, dass alles ein riesengroßer Irrtum war, der sich schnellstmöglich auflösen würde. Und das tat es, aber anders als gedacht.

Ich ertappte mich dabei, dass ich überlegte, wie ich selbst die einzelnen Aussagen auf dem Fragebogen zum Mediennutzungsverhalten bewerten würde. In Gedanken setzte ich meine eigenen Kreuzchen:

Kam es vor, dass ich »die Hausarbeit vernachlässigte, um mehr Zeit online verbringen zu können«?

Ja, natürlich war ich beim Arbeiten am Computer hoch konzentriert und vergaß für einige Stunden die Welt um mich herum. Wenn ich nicht im Kölner Büro, sondern im Homeoffice recherchierte und Texte verfasste, blendete ich zwangsläufig die Außenwelt aus, darin inbegriffen die minütlich zahlreicher werdenden Hundehaare, matschigen Schuh- und Pfotenabdrücke und Turnbeutel auf den hellen Sandsteinfliesen im Eingangsbereich hinter der Haustür. Sicher konnte ein Besucher auf die Idee kommen, hier würde die Person, die sich im Arbeitszimmer im oberen Stock mit Teekanne und schalldichten Kopfhörern verbarrikadiert hatte, die Hausarbeit vernachlässigen. Alles eine Frage der Interpretation.

Ich grübelte: Ob mein Sohn wohl ähnlich argumentierte?

Ein »Ja« auch auf diese Frage im Fragebogen: »Reagiere ich gereizt, wenn mich jemand stört, während ich online bin?«

Natürlich! Was für eine Frage! Wer würde sich schon freuen, wenn er kurz vor Abgabefrist eines Artikels im Recherchefieber eine heiße Spur im Internet verfolgte und herausgerissen würde von einem lauten, panischen »Mami, schnell!!! Ich bin viel zu spät zum Sport und finde mein Mannschaftstrikot nicht!«

Ich atmete tief aus. Ich hatte schon jetzt keine Lust mehr, mich weiter mit dem Thema »Medienverhalten« zu beschäftigen …

Ein Klopfen unterbrach meine vagen Fluchtgedanken. Der Therapeut stand in der Tür des Wartezimmers, lächelte uns liebenswürdig an und eskortierte uns zu seinem Besprechungszimmer durch zwei Flure, die im herbstlichen Dämmerlicht wie ausgestorben wirkten.

Die Wartezimmerstühle im Flur vor den Besprechungszimmern waren verwaist. Alle Kinder und ihre begleitenden Erziehungsberechtigten, die wir bei unserer überstürzten Ankunft zur vollen Stunde gesehen hatten, waren zu dieser Uhrzeit bereits mit ihren Therapeuten und Therapeutinnen in den Besprechungszimmern verschwunden und kämpften hinter verschlossenen Türen um die Rückkehr in ein glücklicheres Leben.

Heute nehme ich an, dass unser Therapeut wahrscheinlich nicht immer so locker gewesen war, wie er in dem Moment wirkte. Er konnte, wie wir später feststellten, sehr direkt und deutlich sein. Auch wenn man es ihm nicht ansah: Beim ersten Gespräch wird auch er unter Druck gestanden haben. Er hatte zwar 90 Minuten Zeit, aber seine Mission war schwierig.

Hätte ich damals gewusst, wie ungewiss der Ausgang des Erstgespräches war, hätte ich mir wohl berechtigte Sorgen gemacht. Doch ich las zum Glück erst lange danach im *Deutschen Ärzteblatt*, was hinter den Kulissen abgeht: Leider können Ärzte und Therapeuten nicht davon ausgehen, dass sich jeder Jugendliche und jedes Kind im ersten Gespräch so weit öffnet, um sicher einschätzen zu können, ob eine Sucht vorliegen könnte oder nicht.

Das Glück oder Unglück ganzer Familien hängt davon ab, ob der Therapeut es schafft, eine Beziehung aufzubauen und alle nötigen Fakten zu sammeln, um in Kombination mit den Testergebnissen den Verdacht einer Sucht zu entkräften oder zu bestätigen.

Dabei sind die Anwesenden nicht immer nur eine Hilfe: Die betroffenen Kinder und Jugendlichen spielen die Probleme aus nachvollziehbaren Gründen eher herunter. Manche überbesorgten oder unerfahrenen Eltern, meist Mütter, spielen die Probleme hoch.

Es ist die riskante Präzisionsarbeit eines Spezialisten, innerhalb von einer, vielleicht zwei Stunden das zu schaffen, was den Eltern seit Monaten, vielleicht Jahren, nicht mehr gelungen ist: mit ihren Kindern und Jugendlichen ins Gespräch zu kommen und ihr innerstes, meist beängstigendes Problem ans Tageslicht zu holen. Ein Problem, das die Kids weder sehen können noch wollen: dass sie der Verführungskraft der virtuellen Spielwelten nicht mehr aus eigener Kraft widerstehen können.

Computerspielsüchtige, vor allem Kinder und jüngere Teenies, spüren selten, wie stark sie sich selbst schädigen mit ihrem Verhalten, das sich ja in erster Linie einfach nur gut für sie anfühlt. Einige behaupten, dass ihr Leidensdruck nicht groß sei. Hauptsache das WLAN steht. Und das wenige, was sie sonst von der Außenwelt brauchen, stellen die allermeisten Eltern mehr oder weniger klaglos zur Verfügung: Strom, Essen, Trinken, ein Klo und ein warmes Bett, falls der Gaming Chair zu unbequem werden sollte.

Nicht wenige Eltern bringen ihren zockenden Kindern sogar die Schnittchen zum PC, aus Angst, dass das Kind gar nichts Vernünftiges mehr zu sich nimmt. Verständlich: Die betroffenen Jugendlichen möchten das Spielgeschehen nicht unterbrechen und ernähren sich unregelmäßig und schlecht.

Andere fahren ihre Kinder, selbst Teenager, persönlich mit dem Auto zur Schule, aus Angst, dass der Nachwuchs zu spät oder gar nicht mehr im Unterricht erscheint. Ihre Sorge ist nicht unberechtigt: Risikogamer, deren Zockerei maßlos und nicht mehr gesund ist, fehlen mehr als doppelt so oft in der Schule wie unauffällige Gamer, wie eine Studie des Deutschen Zentrums für Suchtfragen des Kindes- und Jugendalters ergab.

Therapeuten werten es als Hoffnungsschimmer, wenn die Heranwachsenden zugeben, dass es zu Hause Stress gibt wegen der Computerspielerei.

Doch die Therapeuten wissen: Dieser Hoffnungsschimmer ist trügerisch. Sie kennen die Argumentation vieler Betroffenen genau: Das Problem sei nicht ihr eigenes Spielverhalten, das Problem seien vielmehr die eigenen Eltern.

Und damit haben sie in vielen Fällen gar nicht so unrecht …

DIE WAHRHEIT MUSS AUF DEN TISCH
Das Erstgespräch mit unserem Therapeuten

Beim Betreten des Besprechungszimmers las ich auf dem Schild neben der Tür: Dipl. Psych. Marc Körner-Nitsche, Leitender Psychologe, Kinder- und Jugendlichen-Psychotherapeut.

Es war kurz vor halb fünf.

Herr Körner-Nitsche war um seinen großen Schreibtisch, der das Besprechungszimmer quer in der Mitte in zwei Bereiche teilte, herumgegangen und hatte auf einem Drehstuhl Platz genommen.

Hinter seinem Rücken sahen wir über das Klinikgelände hinweg in einen Herbsthimmel, der sich nicht entscheiden konnte, ob er aufklaren oder sich komplett zuziehen würde.

Lennart und ich setzten uns auf zwei Stühle, die vor dem Schreibtisch standen. Ich versuchte, mir auf die Schnelle ein Bild von dem mir sympathischen, aber völlig fremden Mann zu machen, der sich anschickte, mit uns über private Details unseres Familienlebens zu sprechen.

Während der Psychologe etwas in seinen Computer tippte, betrachtete ich mit unverhohlenem Interesse seine Büroeinrichtung.

An der Wand hingen bunte Kinderzeichnungen mit krakeligen Widmungen: »für Papa«. Auf dem Sideboard darunter gerahmte Fotos von drei jüngeren Kindern, die wirkten, als ob sie heute bereits einige Jahre älter wären. Im Bücherregal einige Fachbücher mit der vertrauten blau-weißen Farbgestaltung eines bekannten Medizin- und Wissenschaftsverlags. Alles wirkte komplett unaufgeregt und authentisch. Aber das konnte täuschen.

Therapeuten brauchen viel Fingerspitzengefühl im Erstgespräch. Sie versuchen, sich ein realistisches Bild von dem Ausmaß der Problematik zu machen, ohne die Betroffenen und die Angehörigen in die Enge zu treiben und sie aus Angst verstummen zu lassen.

Im *Ärzteblatt* las ich später die Empfehlung des Kinder- und Jugendpsychiaters Ingo von Spitczok von Brisinki, dass Interviewer zur Erkennung von Sucht offene Fragen stellen sollen, um den wahren inneren Bedürfnissen und Ängsten auf die Spur zu kommen. Es überraschte mich, dass die Methoden der Ärzte und Therapeuten in diesem Fall denen der Journalisten stark ähnelten.

Unerfahrene Therapeuten und Ärzte versemmeln es manchmal und stellen bei der Erhebung der Anamnese zu viele geschlossene Fragen, auf die die betroffenen Kinder und Jugendlichen oder ihre Eltern nur mit »Ja« oder »Nein« antworten und das Gespräch ins Stocken geraten lassen.

Nachträglich erkannte ich, dass Herr Körner-Nitsche, unser Therapeut, ein Profi für motivierende Gesprächsführung zu sein schien.

Er hob den Blick von seiner Tastatur, wandte sich Lennart zu und stellte ihm freundlich eine Frage, die nicht nur offen war, sondern maximal wertschätzend und motivierend. Seine Frage verhieß, dass Lennart selbstbestimmter war, als er sich in dem Moment wohl fühlte.

»Schön, dich kennenzulernen, Lennart! Was kann ich für dich tun? Warum bist du heute zu mir gekommen mit deiner Mutter?«

Unserem normalerweise redefreudigen Sohn verschlug es die Sprache. Der Elfjährige fummelte mit gesenktem Kopf mit seiner rechten Hand an der Naht seiner Jeans herum. Mit der linken Hand hielt er meine Hand fest. Wahrscheinlich dachte er darüber nach, dass er bestimmt nicht freiwillig hier war und er nicht seine Mutter mitgebracht, sondern diese ihn hierher verschleppt hatte.

Ich blickte Lennart von der Seite an, ließ ihm zwei, drei Atemzüge Zeit und fragte ihn: »Soll ich Herrn Körner-Nitsche antworten?« Gesenkten Kopfes nickte er.

Es brach aus mir hervor: »Wir sind hier, Herr Körner-Nitsche, weil wir Hilfe suchen. Unserer Familie geht es nicht gut.«

Allein dies auszusprechen, war befreiend, aber kostete Kraft und setzte mehrere körperliche Reaktionen in Gang: Mir wurde schlagartig heiß, ich merkte, dass mein Gesicht rot glühte. Ich spürte, wie der Kloß im Hals immer dicker wurde und meine Stimme einen leiernden Klang bekam.

Um Himmels willen, jetzt bloß nicht heulen, dachte ich. Ich schluckte, blinzelte kräftig und drängte meine heißen Tränen zurück. Atmen!

»Wir erkennen Lennart nicht mehr wieder. Wir machen uns Sorgen, weil er die ganze Woche ohne Unterlass an seine Computerspiele denkt – selbst wenn wir etwas ganz anderes machen. Der komplette Familiensegen hängt seit Wochen, Monaten, schief. Es gibt Streit, Ärger, Tränen und sogar Diebstähle!«

Eine motivierende oder souveräne Gesprächsführung sah anders aus, das merkte ich selbst. Eigentlich konnte man von einem Menschen mehr erwarten, der sich täglich mit der Wirkung von Sprache beschäftigte. Doch ich war in dieser Situation nicht professionell, ich war einfach nur eine typische gestresste Mutter, der jeglicher innerer Abstand zum Geschehen fehlte.

Marc Körner-Nitsche tippte, während ich sprach, Informationen in seinen Computer und blieb genauso entspannt und liebenswürdig wie vorher. Er fragte Lennart: »Welche Games spielst du denn am liebsten?«

Lennart verweigerte weiterhin jede Aussage und jeglichen Augenkontakt. Wieder nickte er, als ich fragte: »Soll ich?«

Ich blickte in die auffallend blauen Augen unseres Therapeuten und sagte: »Er hat vor allem Brawl Stars gespielt und seit den Sommerferien Fortnite.«

Fortnite gehört wie FIFA und Minecraft zu den absoluten Lieblingsspielen aller jugendlichen Gamer – egal ob ihr Spielverhalten unauffällig oder auffällig ist, wie etwa bei exzessiven Spielern, Risikogamern oder pathologischen Spielern.

Der Therapeut fragte Lennart: »Brawl Stars? Aha, interessant, das ist mir hier noch gar nicht untergekommen.« Er googelte das Spiel rasch parallel und füllte mit klackernder Tastatur weiter die Krankenakte unseres Sohnes.

Ich war etwas befremdet. Das Spiel Brawl Stars gab es seit gut neun Monaten, und Lennart war tatsächlich der Erste hier in der Ambulanz, der ein Problem damit hatte? Ich überlegte, was das zu bedeuten hatte und wie Lennart diese Info aufnehmen würde.

Lenni hatte schlagartig aufgehört, an der Naht seiner Jeans rumzufummeln. Er hielt den Kopf noch etwas gesenkt, hörte aber aufmerksam zu, wie der Therapeut auf die nervigen Informationen reagierte, die seine Mutter zum Besten gab.

Lennart war immer noch dabei abzuchecken, ob er sich diesem fremden Mann anvertrauen konnte. Aus reinem Selbstschutz agierte Lennart vorsichtig. Er ahnte nichts von seiner großen Macht. Tatsächlich bestimmt der Betroffene den Weg und das Tempo, meist ohne es zu wissen. Das Vertrauen des Kindes oder des Jugendlichen in den Therapeuten entschied über Top oder Flop. Darüber, ob es eine sichere Diagnose geben würde und falls nötig eine Therapie, oder nicht.

Sehr viel später las ich im *Praxishandbuch Verhaltenssucht*, dass Therapeuten sich darüber im Klaren sind, dass Kinder und Jugendliche anfangs misstrauisch sind. Sie haben Angst, dass der Therapeut in Wirklichkeit gar kein neutraler Anwalt ist, wie er behauptet, sondern nur ein weiterer enttäuschender Erwachsener in der feindlichen Allianz der »Alten«, gleichzusetzen mit: »digitalen Opfern«.

Auch Herr Körner-Nitsche versuchte, das Misstrauen unseres Sohnes zu entkräften und unser Vertrauen zu gewinnen. Er vermied es, Lenni, mir oder uns als Eltern eine Schuld zuzuweisen. Er hatte aus meinen Erzählungen gleich herausgehört, dass wir Eltern von Computerspielen weder Ahnung hatten noch größeres Interesse an ihnen zeigten. Ein weitverbreitetes, ungutes Szenario.

Er wusste also, wo die Konfliktlinie in unserer Familie ungefähr verlief und welche Register er ziehen musste: Der Endvierziger erzählte erst einmal mit Seelenruhe von sich und seiner über dreißigjährigen Gamer-Karriere.

Ich schaute ihn ungläubig an und dachte für einen schrecklichen Moment, ich sei vom Regen in die Traufe geraten.

Unser Therapeut ein Hardcore-Zocker himself? Das ging ja gut los!

Tat es auch.

Lennart versuchte noch ein paar Minuten unbeteiligt zu wirken. Seine hochroten Ohren verrieten mir aber, dass er sich nicht mehr lange zurückhalten können würde.

Das Gute war, der Therapeut war auf meiner Seite! Er sagte, er wäre so etwas wie mein Anwalt und er würde mich voll verstehen, dass ich gerne zocken würde. Er selbst hätte als Jugendlicher auch gerne gezockt und täte es noch heute als Erwachsener, um sich zu entspannen. Ich hatte ein schönes Gefühl, ich dachte, cool, endlich versteht mich mal ein Erwachsener.

Als das erste Eis gebrochen war, erkundigte sich Herr Körner-Nitsche, wie Lenni seine Freizeit verbrachte, was er gerne mit seinen Freunden machte, ob er Sport trieb. Noch immer vermied er es, die wahren Probleme anzusprechen.

Ein Bild machte er sich trotzdem von ihnen. Und zwar, indem er das restliche Leben ausleuchtete, das außerhalb des Internets noch übrig geblieben war. Unauffällig erforschte der Psychologe auf diese Weise, wie sehr Lennart sich bereits in seinen virtuellen Welten verloren und sein normales Kinderleben in der natürlichen Umwelt vernachlässigt hatte.

Ich hörte überrascht aus dem Mund unseres Elfjährigen, es käme mehrmals die Woche Besuch vorbei, mit dem er draußen spielen, Rad fahren, Tischtennis spielen oder waveboarden würde, zusätzlich spielte er mehrfach in der Woche mit Freunden Handball und Tennis, ging mit dem Hund spazieren, säuberte die Kaninchengehege und räumte die Geschirrspülmaschine ohne Aufforderung aus, las abends lieber Romane, als Videos zu schauen, und zockte nur am Wochenende. Das alles präsentiert mit einem zufriedenen Lächeln. Ein absoluter Traum-Boy.

Unser Therapeut nickte freundlich und tippte mit fliegenden Fingern auf seiner Tastatur.

Ich bekam Sorge, dass Herr Körner-Nitsche sich womöglich täuschen ließ, und versuchte ihn stumm, mit hochgezogenen Augenbrauen und bedeutsamen Blick auf die Fake News aufmerksam zu machen. So, dass Lennart möglichst nichts davon mitbekam. Was nicht gelang: Lenni trat mir unauffällig, aber kräftig gegen das Bein.

Beides ließ den Therapeuten ungerührt. Er war es gewohnt, dass auffällige Gamer anfangs das wahre Ausmaß ihres Spielverhaltens verschleierten und Eltern, Freunde und Therapeuten nach Strich und Faden belogen.

Er durchleuchtete unser Privatleben weiter. Er fragte, wie Lennart in der Familie Weihnachten feiern und ob er zusammen mit allen musizieren würde.

»Nein, wir musizieren zu Hause nicht gemeinsam«, antwortete Lenni wahrheitsgemäß. Ich widerstand dem plötzlichen Impuls, zu erzählen, dass Sophie und Franzi früher Cello, Gitarre, Klavier und Flöte gespielt hatten. Doch das war Jahre her, gefühlt Lichtjahre.

Ob das fehlende Hauskonzert unsere Prognose jetzt direkt nach unten abstürzen ließ?

Nein, das tat es nicht. Herr Körner-Nitsche versuchte nur herauszufinden, welche Rituale es in der Familie gab und was dem Kind früher neben den Computerspielen Freude bereitet hatte.

Er versuchte, die persönlichen Beziehungen weiter zu stärken. Sollte es eine Therapie geben müssen, war das Wissen über die »analogen Interessen« entscheidend, um die virtuellen Realitäten verblassen zu lassen. Denn alte Hobbys und längst vergessene sowie neue Beschäftigungen würden an die Stelle der Computerspiele treten.

Ohne dass wir es bemerkten, tarierte Herr Körner-Nitsche die ganze Zeit vorsichtig aus, wie weit und schnell er gehen konnte und was Priorität hatte: die vollständige Informationserfassung des Problemverhaltens in kurzer Zeit oder der Aufbau einer stabilen Beziehung, die eine Beratung und Vereinbarungen mit dem Kind und der Familie ermöglichte?

Inzwischen war eine Dreiviertelstunde vergangen. In den verbleibenden 45 Minuten arbeitete sich der Psychologe zügig und geschickt zum Kern des Problems vor: das unkontrollierte Computerspielen.

Allen im Raum war schnell klar, dass ich in dieser Runde nur eine Komparsin war, wenn es um Computerspiele ging. Die Starrollen teilten sich Herr Körner-Nitsche und Lennart.

Lenni erhielt den Status des »Experten für Brawl Stars und Fortnite und deren Wirkung«; Herr Körner-Nitsche beanspruchte für sich den Status des »Experten für die schädlichen Nebenwirkungen«.

Damit konnte Lennart leben. Er wirkte überglücklich und befreit, endlich das zu tun, was er liebte: über Brawl Stars und Fortnite zu schwärmen. Er tat dies mit einer beeindruckenden Menge mir unbekannter Fachbegriffe, in einer Sprache, die zwischen Englisch und Deutsch angesiedelt war.

Ich verstand gerade mal die Artikel in seinen Sätzen, kam inhaltlich bereits nach wenigen Augenblicken nicht mehr mit und registrierte mit einer gewissen Genugtuung, dass es unserem game-erfahrenen Therapeuten ähnlich ging.

Ich hatte bis dahin Gespräche mit Lenni über Brawl Stars und Fortnite vermieden, weil ich nichts von ihnen verstand und mich die Einzelheiten unvorstellbar langweilten.

Ich hörte immer nur »epischer Sieg«, aber interessierte mich nicht die Bohne dafür, dass es sechs Klassen von Waffen gab, die Gegnern unterschiedlich viel Schaden zufügten und unterschiedlich schnell nachgeladen werden konnten: von gewöhnlich (grau), ungewöhnlich (grün), selten (blau), episch (violett), legendär (orange) bis zu mythisch (gold).

Höchstens die Tänze von »Glocken-Lama« über »Staub-von-Schultern« bis »Sexy Schräglage« fand ich witzig. Niedlich waren auch die Piñata-Lamas, aus denen Baumaterialien wie Holz, Stein und Metall purzeln konnten, außerdem Items wie Tränke, Fallen oder Explosivwaffen.

Ich konnte mit Fortnite ansonsten nichts anfangen. Es frustrierte mich, dass ich mich nicht einfühlen konnte in Lennis Spaß und Faszination.

Ich vermied detaillierte Gaming-Gespräche auch deshalb, weil ich nicht zugeben wollte, wie unterirdisch ich drauf war:

dass ich wenig Lust hatte und noch weniger Ahnung. Das Schlimme war: Meine eigene Haltung widersprach dem, was mein Mann und ich uns von unseren Kindern wünschten: ein respektvolles, tolerantes, aneinander interessiertes Miteinander!

Umso überraschter erlebte ich jetzt, dass man nicht alle über 200 Fortnite-Tänze oder alle 43 Brawler und ihre Starpowers kennen musste, um sich gut mit Lenni über seine Herzensthemen zu unterhalten!

> Okay, erst dachte ich, der hat echt gar keine Ahnung, weil er noch nicht mal Brawl Stars kannte und googeln musste, wie das buchstabiert wird. Aber dann habe ich gemerkt, er spielt halt andere Games, das ist ja nicht so schlimm. Er kannte sich ansonsten gut aus und hatte echt viel Erfahrung. Das hat echt Spaß gemacht.

Ich sah, wie Lennis Augen begannen zu strahlen wie seit Wochen nicht mehr und seine Wangen und Ohren anfingen vor Glück zu glühen.

Marc Körner-Nitsche erkundigte sich interessiert nach Einzelheiten des Onlinespiels Brawl Stars, für das Lenni mehrere Hundert Euro ausgegeben hatte, die ihm nicht gehörten.

Unser Therapeut vermied es, das Zocken oder das Game zu verherrlichen oder zu bagatellisieren. Er wusste, dass Brawl Stars und Fortnite nicht harmlos waren. Doch dies war jetzt nicht Thema.

Zwischen den beiden Gamern entspann sich ein angeregtes Gespräch über Computerspiele auf einer anderen Ebene. Das Gespräch drehte sich um den Spaß und die Spannung und die

Glücksmomente – um etwas, wo wir Eltern einfach nicht mitreden konnten, weil wir es bisher nicht erlebt hatten.

Es berührte mich mitzuerleben, wie wieder Leben in Lenni kam. Seine Haltung wurde aufrechter, seine Bewegungen weicher, seine Wangen röteten sich leicht, seine Augen glänzten.

Es sprudelte aus ihm heraus, wie spannend es war, mit seinen Kumpels online gemeinsam Abenteuer zu erleben und sich zusammen vor Angreifern zu verstecken. Wie toll es sich anfühlte, wenn sie gemeinsam einen Sieg errungen hatten. Wie cool die Outfits und Accessoires der Spielfiguren waren, die Tänze, der Sound. Und das alles vom Schreibtisch seines Kinderzimmers aus.

Lenni erzählte wie ein Wasserfall. Herr Körner-Nitsche hörte aufmerksam zu, nickte hin und wieder und wertete nicht.

Ich war immer stiller geworden. Ich fühlte mich fehl am Platze und grübelte. Der Therapeut musste das gemerkt haben. Er band mich ins Gespräch mit ein und wechselte das Thema.

»Und, wie geht es Ihnen damit, dass Lennart so gerne Brawl Stars spielt?«

Ich gab zu: »Das Spiel bereitet mir Sorge, weil es einen so starken Sog ausübt, gegen den ich nicht ankomme. Auch wenn Lenni mich liebt und ich ihn – ich komme nicht mehr an ihn heran. Das ist mir in 16 Jahren als Mutter noch nie mit einem Kind passiert. Ich habe das Gefühl, dass ich am Ende bin, gescheitert als Mutter, und nicht weiß, wieso.«

Der Psychologe protestierte so heftig, dass ich erschrocken zusammenzuckte.

»Sie sind doch nicht als Mutter gescheitert, davon kann keine Rede sein! Sonst würden wir ja jetzt hier nicht beieinandersitzen. Sie sind höchstens bei einem Ihrer drei Kinder besonders stark herausgefordert, und das sind heutzutage viele Eltern!«

Damals dachte ich: »Klar, das sagt er jetzt nur, um mich aufzubauen.«

Noch stand die Diagnose nicht. Aber es gab Anzeichen, dass wir uns alle noch öfter wiedersehen würden. Und was nützte dem Therapeuten eine weinerliche Mutter, die – ohne es zu dem Zeitpunkt zu ahnen – einen beträchtlichen Löwenanteil seiner Therapie durchziehen musste, welche ja nicht bei ihm in der Klinik stattfand, sondern zu Hause in der Familie?

Trotzdem tat mir seine kleine Aufmunterung gut. Auch die Beziehung zwischen ihm und Lennart wurde immer tragfähiger. Aber war ihre Bindung belastbar genug für den letzten entscheidenden, gefährlichen Schritt?

Würde sich Lenni in der Nähe von Herrn Körner-Nitsche sicher genug fühlen, um darüber zu sprechen, warum er nicht aufhören konnte zu spielen? Warum er log und Regeln brach, was ihn selbst traurig machte? War Lenni stark genug, sich seine Abhängigkeit einzugestehen? Nicht mal wir Eltern gestanden uns gerne ein, dass uns unser eigenes Verhalten manchmal schädigte oder schwächte – egal, ob es sich um die Chips und die Schokolade, das Bier oder den Wein vorm Fernseher oder das Wegschauen beim Medienkonsum der Kinder drehte.

Wenn schon wir Erwachsenen jedes Jahr aufs Neue scheiterten, unsere Neujahrsvorsätze zu erfüllen, und uns Selbstkritik so schwerfiel – wie sollte dies ein kraftstrotzender, lebenslustiger Elfjähriger in der Vorpubertät schaffen, dessen Neurotransmitter im Gehirn gerade Achterbahn fuhren und dessen Kontrollinstanzen im Hirn sich offensichtlich gerade erst sortierten, von »Heranreifen« gar nicht zu sprechen?

Herr Körner-Nitsche sagte zu Lennart: »Ich weiß nicht, wie es dir geht, aber mich nervt es noch heute, wenn ich gerade zocke und meine Frau ruft zum Abendessen, und die Spielrunde ist noch nicht vorbei.«

Recht hat er! Ich schaute kurz zu meiner Mutter und überlegte, ob es schlau war, das jetzt zu sagen. Aber dann sagte ich zum Therapeuten: »Ja, mich nervt das, wenn ich genau nach meiner halben Stunde Medienzeit aufhören muss zu spielen. Manche Runden gehen nur 10 Minuten, manche halt 35 Minuten oder so. Das Wichtigste ist die Endphase. Wenn man dann raus muss aus dem Spiel, war fast das ganze Spiel umsonst. Meine Mutter guckte gar nicht sauer, sondern überrascht.

Ich gestand mir ein: Dieses Treffen war aufschlussreich.

Bis dahin war mir nicht bekannt, wie lang eine Fortnite-Runde genau ging. Ich war immer nur genervt, wie zäh es war, dafür zu sorgen, dass mein Sohn die 30-minütige Medienzeit einhielt.

Er kam dann übel gelaunt zu uns an den Tisch. Alle waren genervt von ihm, dem Thema und der ganzen scheinbar ausweglosen Situation.

Und ich war doppelt frustriert. Es machte keinen Spaß und war anstrengend, die Medienzeit zu kontrollieren und einzuschränken. Trotzdem erntete ich weder Erfolge noch gute Stimmung. Offensichtlich gab es da einen Trick, es entspannter hinzubekommen.

Herr Körner-Nitsche führte weiter aus: »Die besten Regeln sind die, die mitwachsen. Frühzeitig unterbrochene Spielrunden führen nur zu Frust, genauso wie das zu verkrampfte Klammern an überalterte Regeln. Es bringt nichts, an starren 30-Minuten-Regeln festzuhalten, wenn eine Spielrunde nach 35 Minuten sowieso zu Ende geht. Viel wichtiger ist es, sich auszutauschen, miteinander im Gespräch zu bleiben, mitzufühlen, was dem anderen wichtig ist. Zu verstehen, um was es beim Spielen geht.«

Unser Therapeut drehte sich wirkungsvoll mit halb gespieltem, halb echtem Ernst zu Lenni: »Und dazu gehört auch zu verstehen, warum es so wichtig ist, Regeln in der Familie einzuhalten, Lennart.«

Er stützte sich mit vorgestreckten Armen auf der Schreibtischplatte ab. Er wirkte gleich einen halben Kopf größer und Respekt einflößend. Seine Augen lächelten, aber das, was er sagte, kam einer Standpauke sehr nah. Streng erklärte er: »Regeln sind in der Familie wichtig, um jeden Einzelnen, aber auch alle gemeinsam zu schützen. Du hast in den letzten Wochen oft Regeln gebrochen. Du musst dich jetzt beweisen, dass du die Regeln in deiner Familie einhalten kannst und deine Pflichten, Hobbys und Freunde nicht vernachlässigst.«

Es war zehn vor sechs. Unsere Sitzung in der Spezialambulanz war beendet. Der leitende Psychologe hatte pünktlich auf die Minute die Akte im Computer zugeklickt, war aufgestanden und hatte uns per Handschlag verabschiedet. Vorher hatten wir noch einen neuen Termin für weitere Testungen unseres Sohnes und einen Termin für die Auswertung der Diagnostik Ende November verabredet. Diesmal mit beiden Eltern.

Bis dahin hatten wir Zeit, die vielen neuen Informationen sacken zu lassen. Lennart sollte versuchen, sich zu beweisen, unsere Regeln einzuhalten. Wir Eltern bekamen die Gelegenheit, uns stärker auf das Thema »Onlinecomputerspiele« einzulassen und mit etwas mehr Abstand einen neuen, frischen Blickwinkel einzunehmen.

Es war ein langer Tag gewesen, seit um 6:00 Uhr der Wecker geklingelt hatte. Inzwischen war es draußen stockfinster. Kurz vor der Autobahnauffahrt leuchtete gelb die Reklame eines

Fast-Food-Restaurants auf. Kurz entschlossen orderte ich aus dem Auto heraus zwei große Portion Pommes mit Ketchup für uns, um meinen Blutzuckerspiegel wieder in einen messbaren Bereich zu hieven. Lennart guckte überrascht, dies tat ich nur in Notfällen. Heute war eben alles anders als sonst.

Kaum zu Hause angekommen, nahm uns der Familienalltag mit all seinen Terminen und Verpflichtungen wieder fest in den Griff. Es war leichter gesagt als getan, die ersten neuen Erkenntnisse in die Praxis umzusetzen. Lennart schien noch immer nur eins im Kopf zu haben: Zocken! Und drängelte ins Internet, wo und wann immer er konnte.

So flogen die Wochen vorbei. Lennart musste noch einmal zu weiteren Testungen in die Spezialambulanz, die Diagnostik lief auf vollen Touren.

Mein Mann und ich verharrten in einem abwartenden Zwischenstadium, in dem wir unser Möglichstes zur Eingrenzung der Spielzeiten unseres Sohnes taten, nichts Genaues wussten, aber eine ganze Menge ahnten.

IM HERZEN DER FINSTERNIS
Diagnose Computerspielsucht

Am 20. November hatten mein Mann und ich uns extra den Mittwochnachmittag freigenommen und waren zu dritt mit Lennart in die Spezialambulanz gefahren.

Das Novemberwetter passte zu unserer Stimmung. Es war feucht, kalt und ungemütlich. Usselig, wie wir es hier im Rheinland nannten.

Wieder saßen wir vor dem Schreibtisch unseres Therapeuten, Lenni in der Mitte zwischen uns, und schauten aus dem Fenster weit übers Land, über dem diesmal mächtige Regenwolken hingen. Vom düsteren Herbsthimmel hob sich das dunkle Grau der Außenfassade des Krankenhauses nur wenig ab.

Es war erst 16 Uhr, doch die Dämmerung senkte sich bereits über das Klinikgelände. Herr Körner-Nitsche schaltete das Oberlicht ein, das uns alle vier in ein nüchternes Licht tauchte.

Der Psychologe hatte die Fragebogen ausgewertet und verglichen, in denen Lennart, wir Eltern sowie die Klassenlehrerin das Ausmaß der Problematik beschrieben hatten. In der Schule waren der Lehrerin keine außergewöhnlichen Schwierigkeiten aufgefallen, die in Zusammenhang mit Computerspielen standen.

Für den Therapeuten war es interessant, wenn sich die unterschiedlichen Versionen des Kindes, der Eltern und der Lehrerin deckten. Noch interessanter war es, wenn sie voneinander abwichen. Alle Spuren – auch aus den vielen anderen Fragebogen und Testungen – halfen ihm, der Wahrheit und der richtigen Diagnose näherzukommen.

Marc Körner-Nitsche wertete es als positiv, dass Lennart auf die Frage: »Fühlst du dich schlecht, wenn du keine Computerspiele spielen kannst?«, geantwortet hatte: »Ja, oft.«

Bei der Frage: »Wie oft hast du bisher versucht, dein Computerspielverhalten aufzugeben bzw. einzuschränken?«, hatte er »oft« angekreuzt. Und »Nein« bei: »Hast du es geschafft, dein Computerspielverhalten zu ändern?«

So viel Offenheit, zumindest auf dem Papier, deutete darauf hin, dass der Elfjährige von sich aus motiviert war, sein Verhalten zu ändern. Dies erlebte der Therapeut nicht immer.

Der große Bildschirm warf kaltes, bläuliches Licht auf verschiedene Papiere und Unterlagen auf dem Schreibtisch. Unter anderem auf Lennis Akte, die Herr Körner-Nitsche brauchte für das, was jetzt kam: die Verkündung der Diagnose. Ich versuchte in seinen Augen abzulesen, wie sie ausgefallen war, vergeblich.

Unaufgeregt trug der Psychologe vor: »Ja, liebe Familie Wolpers, die Tests und die Auswertung des Erstgesprächs haben ergeben, dass sieben Kriterien einer Gaming Disorder nach DSM5, also eine Computerspielsucht, bei Ihrem Sohn erfüllt sind. DSM5 ist der aktuelle, weltweit geltende Expertenleitfaden für die Definition und Diagnostik von Störungen wie zum Beispiel der Computerspielsucht.«

Mein Mann und ich waren wie gelähmt. Wir waren unfähig, in irgendeiner Weise zu reagieren.

Auch unserem Sohn hatte es die Sprache verschlagen.

Shit, warum ich? Das ist gemein, die anderen zocken doch viel mehr. Aber irgendwie hatte ich es mir gedacht. Weil ich so viel Geld ausgegeben und gelogen hatte und es nicht abstellen konnte. Irgendwie echt traurig. Aber ich war froh, weil die Stimmung gut war. Niemand hat sich aufgeregt, und alle waren positiv. Eigentlich hat sich das gar nicht so schlimm angefühlt.

Schon fünf der neun Kriterien hätten gereicht, um die Diagnose zu stellen, las ich später im Internet. Ich hatte mir die klinischen Kriterien nachträglich näher angeschaut.* Einige von ihnen trafen gut auf unseren Sohn zu. Auch Lennart schien in letzter Zeit ständig ans Spielen zu denken, selbst wenn er nicht spielte (gedankliche Vereinnahmung) und hätte wohl, wenn er gekonnt hätte, immer mehr Zeit mit Computerspielen verbracht (Toleranzentwicklung). Lenni gelang es nicht mehr, die Aufnahme und Beendigung des Spielens selbstbestimmt zu regulieren (Kontrollverlust), obwohl er wusste, dass dies nachteilige Auswirkungen auf ihn hatte (Fortsetzung trotz negativer Konsequenzen). Und, ja: Sein Interesse an vormals geschätzten Hobbys und Freizeitaktivitäten hatte zugunsten des Computerspielens nachgelassen (verhaltensbezogene Vereinnahmung).

Unser Therapeut fuhr fort: »Ihr Sohn ist süchtig nach seinem eigenen Verhalten. Er ist also nicht süchtig nach einer psychisch wirksamen Substanz wie Alkohol, Nikotin oder Heroin.«

Ich fragte mich, ob Marc Körner-Nitsche glaubte, dass mich diese Info trösten würde. Mir stockte der Atem, dass Lennart in einem Satz erwähnt wurde, in dem auch von Heroinsucht die Rede war. Unser Therapeut wandte sich an Lenni.

»Du bist nicht abhängig vom Internet oder von einem bestimmten Computerspiel, sondern von dem schönen Gefühl, das du hast, wenn du spielst.«

> Untereinander sagten wir oft über andere Klassenkameraden, der suchtet oder so. Ich hatte einmal gesagt, ich bin süchtig, aber wusste gar nicht richtig, was das heißt.

---

* Siehe dazu eine detaillierte Auflistung auf S. 293

Später las ich, dass solche Verhaltenssüchte unter Jugendlichen weltweit zunahmen, während die altbekannten »substanzgebundenen« Süchte abnahmen.

Mit ruhiger Stimme erläuterte Herr Körner-Nitsche seine Diagnose und empfahl das weitere Vorgehen: »Eine Kurzzeittherapie sowie begleitende Elterngespräche zur Reduktion der Symptomatik sind indiziert.«

Ich strengte mich an, seiner Stimme zu folgen, aber sie wurde schwächer und schwächer. Ich fühlte mich wie in einem Tunnel, nahm kaum meinen Mann und meinen Sohn neben mir wahr. Ich starrte den Therapeuten an, sah, wie seine Lippen sich scheinbar ohne Ton bewegten, und ließ die Diagnose »Computerspielsucht« sacken.

Auf eine unbestimmte Weise fühlte ich mich erleichtert, bestätigt. Ich hatte seit Wochen ein schlechtes Gefühl gehabt. Es hatte mich nicht getrogen. Schön war die Diagnose trotzdem nicht.

»Sucht« klingt skandalös und bäbä. Etwas, womit man lieber nichts zu tun haben mochte. Ich bin mir sicher, dass kein einziger der aktuell 7,8 Milliarden Menschen auf diesem Planeten freiwillig »Hier!« rufen würde, um zu erfahren, wie es sich anfühlt, wie ein außer Kontrolle geratenes Belohnungssystem im Hirn einen selbst oder – schlimmer noch – das eigene Kind, zu einer verzweifelten und trostlosen Marionette macht.

Später war ich froh, dass Lennart »nur« eine Computerspielsucht aus dem illustren Portfolio an anerkannten Onlineverhaltenssüchten ergattert hatte. Weit verbreitet waren auch Süchte nach Onlineshopping, Onlinesex und Onlineglücksspiel.

Nie ist es das Internet oder sind es die Medien selbst, wonach die Süchtigen suchen. Immer ist es ihr eigenes Onlineverhalten, das Glückshormone im Gehirn freisetzt, nach dem sie süchtig werden.

Mit diesen Glückshormonen, Opiaten, regeln Internet-süchtige die eigenen Gefühle rauf oder runter, je nach Bedarf. Sind sie gefrustet oder gestresst, helfen die Opiate zu entspannen. Bei Langeweile wirken sie anregend. Manchmal dienen sie zur Befriedigung oder Ersatzbefriedigung von elementaren Bedürfnissen wie Anerkennung, Gruppenzugehörigkeit, Kontrolle, Macht.

Vor allem die Sucht nach Onlineglücksspielen, Einkaufen oder Sex im Internet kann teuer werden und die Familie finanziell ruinieren. Aber auch ohne finanziellen Ruin wirkt sich die Sucht eines Kindes oder Jugendlichen stark auf die gesamte Familie, teils auch auf den Freundeskreis aus.

Unruhe, starke Wut und Widersetzen stehen auf der Tagesordnung, wenn die Kinder und Jugendlichen am Internetzugang oder an der Rückkehr zu ihrem Spiel gehindert werden. Das hatten wir live und in Farbe erleben müssen. Bereits bei einem damals erst Zehnjährigen. Ich wollte mir lieber nicht vorstellen, was Eltern mitmachten, deren Kinder in der Blüte ihrer Pubertät standen. Mir schauderte bei dem Gedanken.

Damit nicht genug. Das Fiese an der Kombination »Computerspielsucht« und »Pubertät« sind die Teufelskreise, die sich bilden und alles noch viel schlimmer machen. Das intensive Gamen lässt den Kindern und Jugendlichen kaum Zeit für andere Freizeitinteressen, Schule und familiäre Verpflichtungen. Misserfolge häufen sich und machen das Verlangen nach Entspannung und Ersatzbefriedigung beim Zocken immer größer.

Genau wie viele andere Eltern hatten wir anfangs gedacht, dass es der fragwürdige Inhalt der Computerspiele selbst war, der Lenni am meisten schädigte.

Keine Frage, es gibt viele Inhalte im Netz, die grenzwertig und verstörend sind. Aber: Der größte Schaden entsteht weniger durch das, was die Kinder online sehen oder tun. Der größte Schaden entsteht dadurch, was sie verpassen, wenn sie online sind und nicht im wahren, analogen Leben.

Wenn die Bildschirmwirklichkeit dominiert, fehlen wichtige Erfahrungen in anderen Lebensbereichen. Onlineverhaltenssüchte nehmen viel Zeit in Anspruch, die dann nicht mehr für andere Aktivitäten, Bedürfnisse, Gedanken und Impulse zur Verfügung steht. Um stark zu werden, braucht es echte Abenteuer, echten Matsch, echten Schweiß, echte Umarmungen.

Die Folge ist, dass alterstypische Entwicklungsaufgaben nicht gelöst werden und die psychosoziale Reifung stillsteht. Dies führt zu weiterem Frust im normalen Leben mit Schulkameraden und alten Freunden. Schritt für Schritt, Klick für Klick engen sich die sozialen Kontakte auf »Spielerfreunde« im Internet ein, Gehirn und Körper verändern sich.

Marc Körner-Nitsche schien zu spüren, wie unser Mut sank. Er munterte uns mit einigen positiven Fakten wieder auf: »Computerspielsucht ist grundsätzlich therapierbar mit der richtigen Unterstützung. Immerhin zwei Drittel der jungen Computerspielsüchtigen beenden ihre ambulanten Therapien erfolgreich.«

Später lese ich im Jahresbericht der deutschen Suchthilfestatistik von 2019, dass Betroffene von exzessiver Mediennutzung ihre Suchtprobleme im Schnitt nach 5,2 Monaten einigermaßen im Griff haben. Bei den schwereren Fällen, die stationär behandelt werden müssen, schließen die meisten ihre Therapie nach 2,3 Monaten mit Erfolg ab.

Mein Mann und ich schauten uns über den Kopf unseres jüngsten Kindes hinweg mit unbewegtem Gesichtsausdruck an. Wir hatten viel gemeistert in unserer gemeinsamen Zeit, lebensbedrohliche Erkrankungen und mehrwöchige Klinikaufenthalte unserer Kinder inbegriffen.

Ich las in den Augen meines Mannes, dass er genauso wenig wie ich ahnte, wohin unsere Reise diesmal gehen würde. Aber wir beide spürten, dass wir uns hundertprozentig aufeinander verlassen konnten und hoffentlich auch diese Episode als Eltern durchstehen und meistern würden.

Seit unserem ersten Besuch in der Spezialambulanz hatte ich gemerkt, dass es guttat, neue Perspektiven einzunehmen. Dass es vielleicht nicht in allen Fällen und allen Situationen ausgereicht hatte, aus Intuition und zuckerwattigen Erinnerungen an die eigene Kindheit heraus die eigenen Kinder in einer komplett veränderten, digitalisierten Welt zu erziehen.

Weder sind »das Internet« oder »die neuen Medien« schlecht, noch sind die Jugendlichen im Kern anders, als wir es damals waren.

»Spaß« ist der Hauptgrund, warum Kinder gamen, ergab eine Studie des Deutschen Zentrums für Suchtfragen und der DAK aus dem Jahr 2018, in der 1000 Kinder und Jugendliche befragt wurden.

Beim Computerspiel »gut abschalten« zu können, ist ein Spielmotiv, das 750 Befragte benennen.

Jeder Zweite spielt, weil Freunde spielen. Knapp 30 Prozent der Befragten gibt an, durch die Games nicht an »unangenehme Dinge« denken zu müssen.

Ich tauchte aus meinen Gedanken wieder auf. Herr Körner-Nitsche wirkte freudig erregt. Das machte mich neugierig. Ich hörte, wie er sagte, dass die Störung »Computerspielsucht« weltweit vorkommt und von Experten verschiedenster Disziplinen aus aller Herren Länder mehrheitlich anerkannt werde.

Deshalb hatte die Weltgesundheitsorganisation WHO die Computerspielsucht jetzt auch offiziell als behandlungsbedürftige Störung anerkannt. Als »Gaming Disorder« oder »Spielstörung, überwiegend online« wurde sie 2019 in die neueste

Version des WHO-Katalogs *Internationale Klassifikation der Krankheiten* aufgenommen.

Ich verstand erst nicht, warum der Therapeut uns dies erzählte, warum dies für ihn und für uns so wichtig sein sollte.

Dann begriff ich: Wir hatten es gut! Viele betroffene Kinder, Jugendliche und ihre Familien hatten in den zurückliegenden Jahren gelitten und konnten nicht optimal versorgt werden, weil das Phänomen der Computerspielsucht noch relativ neu war und unter Experten anfangs widersprüchlich eingeordnet, bewertet und therapiert wurde.

Nun endlich gab es eine eindeutige Grundlage für eine bessere Versorgung von Computerspielsüchtigen in Deutschland und weltweit. Auch behandelnde Ärzte und Psychologen waren – dies sah man Herrn Körner-Nitsche deutlich an – froh über die neue Handlungssicherheit. Ab 2020 konnten Therapeuten endlich die immer häufiger auftretende Suchtform offiziell behandeln und abrechnen.

Zudem hatten sie drei definierte WHO-Kriterien für ihre Diagnose an der Hand:

1. Entgleitende Kontrolle etwa bei Häufigkeit und Dauer des Spielens
2. Wachsende Priorität des Spielens vor anderen Aktivitäten, und
3. Weitermachen auch bei negativen Konsequenzen

In Gedanken ging ich verschiedene befreundete Familien mit maßlos zockenden Kindern durch und stellte mir vor, wie jetzt einige Eltern vielleicht alarmiert denken konnten: »Die drei WHO-Kriterien für Computerspielsucht? Check! Liegen bei meinem Kind längst vor!«

Ganz ehrlich, die allermeisten Eltern sind doch gefrustet, weil ihre Kinder selbst im schönsten Urlaub am Traumstrand, Hotel-Pool oder auf dem Campingplatz am liebsten am Handy abhängen wollen.

Es ist nervig, wenn die Kinder sich sträuben, mit den Eltern Karten zu spielen oder mit anderen Kindern draußen herumzutoben. Wenn sie nicht mit dem Zocken aufhören wollen, um zum Essen zu kommen, und stattdessen freche Antworten aus dem Gaming Chair wie »Boah, das nervt so!« oder ein fantasiereiches »Gleich!« zu vernehmen sind.

Es ist allerdings auch wahr, dass in Deutschland in den letzten Jahren immer mehr computerspielbezogene Störungen betreut und behandelt werden müssen, Tendenz steigend. Diese neue Patientengruppe ist in kurzer Zeit so groß geworden, dass sie seit 2017 statistisch untersucht wird.

Und es stimmt, dass von einer Computerspielsucht auch Familien betroffen sind, die bisher noch keinen Kontakt zu Suchtproblematiken hatten und nicht zu den sogenannten gefährdeten Familien gehören.

Dennoch ist nicht jedes Kind, jeder Jugendliche, der exzessiv spielt, automatisch süchtig.

Um beurteilen zu können, ob das eigene Kind unnormal viel spielt, sollte man erst definieren, was heute als »normal« gilt, und zwar unter Jugendlichen. Denn unser »Eltern-Normal« ist meist fernab von jeder Realität.

Schaut man sich die realen Nutzungszeiten von Zwölf- bis Neunzehnjährigen genauer an, staunen Mutti und Vati nicht schlecht.

90 Prozent aller Zwölf- bis Neunzehnjährigen sind jeden Tag online.

Zweieinhalb Stunden am Tag galt als normaler Durchschnitt im Jahr 2009. Zehn Jahre später sind es durchschnittlich knapp dreieinhalb Stunden – oder 205 Minuten, laut *Jugend-Internet-Medien-Studie (JIM 2019)*.

Erst wenn ein Heranwachsender über Wochen erheblich über diesen durchschnittlichen Nutzungszeiten liegt, besteht ein erhöhtes Risiko für pathologischen Mediengebrauch.

Hinschauen ist in jedem Fall wichtig. Denn es gibt Kinder, für die das »Normal« bereits zu viel ist. So wie bei Lennart.

Entscheidend für die Diagnose Computerspielsucht ist, wie stark das maßlose Spielverhalten die Gamer beeinträchtigt. Eine Diagnose erfolgt nur, wenn die Beeinträchtigungen erheblich sind und seit mindestens zwölf Monaten erkennbar waren. Allerdings gab Marc Körner-Nitsche in einem Gespräch zu bedenken, dass dieses Zwölf-Monats-Kriterium aus seiner Sicht realitätsfremd sei – eine Sucht könne sich viel schneller entwickeln. Je jünger ein Mensch, desto schneller bestünde beim Konsum ein Abhängigkeitsrisiko. So wie bei unserem Sohn.

Warnsignale sind zum Beispiel, wenn Kinder und Jugendliche persönlichen Begegnungen aus dem Weg gehen, sich nur noch flüchtig oder oberflächlich unterhalten, Freizeitaktivitäten vernachlässigen oder aufgeben, immer länger online sind und ohne Onlinezugang launisch, wütend oder depressiv verstimmt reagieren.

Hingucken sollten Eltern auch, wenn regelmäßig Aufgaben und Verpflichtungen nicht vollständig oder zu spät erfüllt werden. Erschwerend kommt hinzu, dass Betroffene oft große Schwierigkeiten haben, ihre Internetnutzung realistisch einzuschätzen. Sie sind dabei auf Hilfe von außen angewiesen.

Unser Therapeut warf einen Blick auf die Uhr, die hinter uns neben der Tür an der Wand hing. Er schien in Gedanken die nächsten Schritte der heutigen Sitzung durchzugehen.

»Haben Sie noch Fragen zur Diagnose?« Wir schüttelten die Köpfe.

»Eine Therapie setzt die Einsicht in die Krankheit voraus. Und den Willen zur Abstinenz. Ich empfehle einen sechswöchigen Entzug und danach eine kognitive Verhaltenstherapie.«

Dabei würden wir uns anschauen, was das abhängige Verhalten genau verursachte und welche Reize es auslösten. Erst dann konnten wir Wege in die Unabhängigkeit bahnen und einüben.

»Sind Sie, und du Lennart, damit einverstanden?«

Unserem Sohn stand der Schrecken deutlich ins Gesicht geschrieben, dennoch zog er in diesem Moment mit.

Ich hörte nur sechs Wochen. Das sollte wohl ein Witz sein! Da hätten mich meine Zockerfreunde doch längst abgehängt. Ich möchte gern mal wissen, warum er fragt, ob »wir« damit einverstanden sind. Der Einzige, der hier sein Handy abgeben muss, bin doch ich. Das nervt echt. Aber ich trau mich nicht, jetzt irgendwas zu sagen.

Wir nickten erneut. Wir alle wollten eine Veränderung. Wir alle stimmten deshalb einer Therapie zu.

MISSION IMPOSSIBLE?
Vom Suchen und Finden eines tragfähigen Therapieziels

Es gibt viele medienkompetente Eltern, die selbst gamen und ohne Weiteres einschätzen können, ob und wie ihre Kinder die Risiken in den Griff bekommen, die beliebte Computerspiele wie Fortnite, FIFA, Minecraft und Brawl Stars mit sich bringen.

Was das anging, hatte Lennart leider zwei elterliche Nieten gezogen. Wir – wie übrigens die meisten Eltern und viele Lehrer und Erzieher – hatten wenig bis keine Erfahrung mit Computerspielen, weil wir in unserer Freizeit lieber etwas anderes unternahmen, und das seit Jahrzehnten.

Sechzehn Elternjahre mussten wir uns keiner Auseinandersetzung mit dem Thema »Onlinegames«, insbesondere »gewalthaltige Ballerspiele«, stellen. Mir dämmerte: Die Zeit war gekommen, gemeinsam Haltung zu beziehen. Nur damit waren wir beim nächsten Problem.

Für meinen Mann waren Fürsorge und Gewaltfreiheit unverhandelbare Werte. Dass Lenni bei Fortnite Menschenfiguren mit realistisch aussehenden und klingenden Waffen abknallte – ob jetzt Pixelblut floss oder nicht (es tut es nicht) –, stresste meinen Mann so, dass eine sinnstiftende, sachliche Diskussion über das Thema gewalthaltige Computerspiele bis dahin nicht möglich gewesen war.

Umso glücklicher war er, wenn Lennart ihn jedes Jahr in den ersten frostfreien Märznächten begleitete, um in Gummistiefeln und einer Jacke über dem Schlafanzug das Leben Hunderter wehrloser, weil liebestoller Amphibien zu retten.

Gemeinsam verhinderten sie ein unansehnliches Massensterben knapp vor der Fortpflanzung auf unserer kleinen Straße, was alle Anwohner guthießen. Denn in den ersten wärmeren Frühjahrsnächten brodelte am Waldrand bei uns das wahre Leben: Knapp eintausend paarungsbereiter Kröten, Frösche und Molche raschelten im trockenen Laub im Unterholz und machten sich auf, um auf dem beschwerlichen und gefährlichen Weg zum nächsten Tümpel unsere schmale Waldstraße zu queren. Ein grüner Amphibienzaun hielt sie auf und lenkte sie zu eingegrabenen schwarzen Plastikeimern, in denen sie nicht gerade leise auf ihre menschlichen Helfer warteten. Vor allem die Erdkröten fiepten laut vor sich hin.

Geschickt packte Lenni die erdfarbenen Tiere im Kegel seiner Stirnlampe, hob die noch klammen Körper vorsichtig aus den Eimern, trug sie über die Straße zu ihrem Laichgewässer und vermerkte Art und Anzahl sorgfältig mit einem Bleistift in seiner erdverschmierten Hand auf einer Strichliste.

Echte Leben zu retten, aber im Internet Menschenfiguren abzuknallen war für Lennart kein Widerspruch. Für seinen Vater hingegen schon. Und was für einer!

Dabei hatte auch mein Mann früher gezockt. Er selbst hatte eine Phase des ausufernden Flipperspielens in dubiosen Dorfkneipen südlich von Hildesheim in den 80ern und später in Köln in den 90ern hinter sich. Eine Mark kostete eine Runde damals.

Würde seine Flipper-Karriere ihm helfen, seine Haltung zu den Trend-Spielen dieser Generation zu überdenken?

Auch ich fand gewalthaltige Ballerspiele erschreckend und war, was Spannung und Nervenkitzel in Filmen oder Computerspielen anging, zu nicht viel zu gebrauchen.

Mildernd wirkte sich einzig der Umstand aus, dass ich nicht unmittelbar von mir auf Lennart schloss. Ich hatte schon öfter bemerkt, dass Lennart in einigen Punkten komplett anders tickte als ich. Ich gab mich als Biologin nicht vielen Illusionen hin. Es war wohl eine unangenehme, aber unverrückbare Tatsache, dass der Tod zum Leben dazugehörte und Aggression und Gewalt tief in der DNA des Menschen verankert waren.

Den Spaß am Abknallen konnte ich nicht nachempfinden. Aber ich betrachtete die Faszinationskraft von gewaltverherrlichenden Ballerspielen trotzdem interessiert. Was hatte sich die Evolution bloß dabei gedacht, dass Fünftklässler nach Glückshormonausschüttungen im Gehirn infolge von Onlinegames süchtig werden konnten?

Aus Lennis Sicht waren wir Eltern also zwei hoffnungslose Fälle und nicht zu gebrauchen für einen Gamer, der es ernst meinte.

Kein Wunder also, welche Strategie er mit all seiner noch zur Verfügung stehenden mentalen Kraft verfolgte: Lenni ging natürlich ins Team seines Therapeuten. Denn der war Gamer und wusste offensichtlich, was er tat.

Und so begann unsere Zeit in einer therapeutischen Dreiecksbeziehung zwischen uns Eltern, unserem – wie wir seit wenigen Minuten wussten – süchtigen Sohn und Marc Körner-Nitsche, der dies beruhigenderweise schon mehrere Hundert Mal durchgestanden hatte und im Gegensatz zu uns noch immer halbwegs gut gelaunt und hoffnungsfroh wirkte.

Der Psychologe teilte uns den nächsten wichtigen Schritt mit: Wir mussten ein konkretes therapeutisches Ziel finden, hinter dem wir alle voll stehen konnten.

Der Grund: Vor uns lag ein langer, beschwerlicher Weg voller Anstrengungen und Herausforderungen. Wir würden eine starke Motivation brauchen, ein verheißungsvolles, aber realistisches Ziel.

Herr Körner-Nitsche fragte uns: »Was genau wollen Sie erreichen?«

Was Lennart wollte, war klar: Er wollte so schnell wie möglich seine Ruhe und wieder Fortnite und Brawl Stars zocken.

Auch mein Mann und ich wollten so schnell wie möglich unsere Ruhe und unseren alten Sohn zurück, der mit sich und seinem Leben zufrieden war und sich an die Familienregeln hielt. Wir wollten das verschüttete Gefühl zurückhaben, souveräne Eltern zu sein, die ihre Kinder mit Freude auf ihrem Lebensweg begleiteten.

Wir schauten unseren Therapeuten erwartungsvoll an. Er hatte die meiste Erfahrung. Er würde wissen, wie ein realistisches Ziel aussäh. Doch er sagte erst einmal nichts und spielte so den Ball in unser Feld zurück.

Ich schaute fragend meinen Mann an, der noch nachdachte. Auf der Uhr sah ich, wie die Zeit verstrich.

Ich preschte vor: »Aus meiner Sicht geht es darum, dass Lennart lernt, wieder unabhängig zu werden von diesen Computerspielen. Er soll lernen, ohne größere Probleme mit dem Spielen aufzuhören. Und der Drang ins Internet soll weniger werden.«

Herr Körner-Nitsche fragte nach: »Was genau würde das bedeuten in Bezug auf das Spielen seiner Lieblingsspiele wie Fortnite und Brawl Stars?«

Ich dachte kurz nach und erwiderte: »Er sollte Computerspiele spielen können, ohne dass es Probleme gibt.«

Mein Mann widersprach: »Er soll Computerspiele wie Fortnite spielen können? Das soll unser Ziel sein? Wie soll das gehen? Vorhin wurde hier das Beispiel gebracht, dass beim Computerspielen ähnliche biochemische Prozesse im Gehirn ablaufen wie bei einem Drogenabhängigen. Und jetzt ist das Ziel im übertragenen Sinne, kompetent zu trinken? Das wäre ja so, als ob man mit einem Alkoholkranken im Spirituosengang im Supermarkt übernachtet. Davon halte ich nichts.«

Herr Körner-Nitsche schaltete sich ein: »Es gibt Unterschiede in der Therapie von substanzgebundener Sucht und ┄haltenssüchten. Die Erfahrung zeigt, dass es nicht gut möglich ist, dem Internet im Alltag auszuweichen, und es ist tatsächlich auch nicht nötig.«

In der Therapie könnten Betroffene lernen, ihr maßloses Computerspielverhalten in den Griff zu bekommen. Er halte das Ziel, kompetent zu spielen, zum Beispiel Fortnite, für sinnvoller.

Mein Mann schwieg. Ich wusste, dass er nicht überzeugt war. Bei unserem Sohn regte sich hingegen neue Hoffnung.

Ich konnte es nicht fassen! Der Therapeut sagte, es wäre ein sinnvolles Ziel, Computerspiele zu spielen, aber richtig, also kontrolliert, sodass man aufhören kann und keine Regeln bricht. Er nickte dabei meinen Eltern zu. Es war unglaublich, aber meine Eltern legten keinen Widerspruch ein. Ich war kurz davor, aufzuspringen und einen Zahnseiden-Tanz aus Fortnite zu tanzen!

Zu Lenni gewandt sagte Herr Körner-Nitsche: »Darf ich dich für einen Moment bitten, draußen Platz zu nehmen? Ich bespreche mich kurz mit deinen Eltern. Im Anschluss hole ich dich ab, abgemacht?«

Er schickte Lenni kurz vor die Tür und sprach allein mit uns Eltern: »Es kommt auf das Vertrauen an und die Motivation. So ein Neustart ist manchmal nicht ohne Hilfe von außen durchzuziehen. Manchmal fühlt man sich als Eltern oder als Kind bedroht, weil man eine Situation aufgrund von Fehlinformationen oder persönlichen Erfahrungen anders bewertet und die Motive und Bedürfnisse des anderen einfach nicht versteht. Dann verhärten sich die Fronten, und niemand kann auf den anderen zugehen.«

Es ginge jetzt erst einmal darum, auf neutralem Boden wieder auf einen gemeinsamen Nenner zu kommen. Es ginge darum, dass jeder wieder das Gefühl bekäme, dass seine Grundbedürfnisse erkannt und respektiert würden.

Ich dachte mir, wenn ihr wüsstet, was meine Grundbedürfnisse sind! Für einen kurzen, aber wunderschönen Moment stellte ich mir vor, ich könnte jetzt all das hier hinter mir lassen und für ein paar Wochen auf meine Lieblings-Nordseeinsel flüchten – einfach nur entspannen, durchatmen, die Brandung und die Weite genießen, die Ungestörtheit. Was wohl im Umkehrschluss bedeutete: ohne Familie. Ich überlegte, ob ich stattdessen unseren Hund mitnehmen könnte und meine Freundin, wurde aber jäh aus meinen Gedanken gerissen.

Mein Mann sagte mit fester Stimme: »Wenn es um ehrliche Bedürfnisse geht: Ich will meinem Sohn Fortnite überhaupt nicht erlauben.«

Herr Körner-Nitsche und ich starrten ihn an.

Den Sohn hatte der Therapeut durch unglaubliches Verhandlungsgeschick sicher ins Boot hieven können, aber der Vater sprang soeben kurz vorm sicheren Hafen von Bord?!

Mein Mann hielt ein gutes Plädoyer gegen gewaltverharmlosende Computerspiele: »Ich möchte nicht, dass mein Sohn zu Gewalt animiert wird, sich an Waffengewalt gewöhnt oder den Einsatz von Waffen normal und alltäglich findet.«

Mein Mann hatte ja nicht unrecht. Viele Studien stimmten darin überein, dass das Spielen gewalthaltiger Computerspiele kurzfristig gewalttätiges Verhalten und Denken fördern kann. Selbst Länder wie der Irak und Jordanien, die bekanntermaßen nicht gerade zimperlich im Umgang mit Gewalt waren, hatten das Spielen von Fortnite kürzlich komplett verboten.

Mein Mann legte nach: »Soweit ich weiß, haben die meisten Amokläufer Ego-Shooter gespielt. Auch wenn Fortnite ›nur‹

ein Survival-Shooter ist, ist es trotzdem ein Einstieg. Danach kommen wahrscheinlich Doom, Counter Strike und Call of Duty.«

Ich blickte hinüber zu unserem Therapeuten, der diese Diskussion offenkundig nicht zum ersten Mal führte. Die Sorge, dass gewalthaltige Computerspiele die Spieler schädigten, beschäftigte Pädagogen, Erzieher, Lehrer, Eltern, Medienvertreter, Wissenschaftler und Regierungen seit Jahrzehnten.

Später vertiefte ich mich in die Fachliteratur, in der es hoch herging. Verschiedene Studien, zum Beispiel die des US-amerikanischen Psychologieprofessors Craig Anderson aus dem Jahr 2007, legen einen Zusammenhang zwischen gewalthaltigen Computerspielen und gewalthaltigem Verhalten nahe.

Dieser Zusammenhang ist aber nur schwach. Er tritt nur unter bestimmten Bedingungen auf, wenn Jugendliche zum Beispiel lange gespielt haben, ohne nennenswerten motorischen und sozialen Ausgleich in der natürlichen Umwelt.

Verschiedene andere Studien, wie die der Harvard-Wissenschaftlerin Cheryl Olson und des renommierten Kinderpsychologen Lawrence Kutner aus dem Jahr 2008, sehen keinen unmittelbaren Zusammenhang zwischen kriminellen oder aggressiven Verhaltensweisen und gewalthaltigen Medieninhalten.

Eine Studie der Bochumer Wissenschaftlerin Arabella Liedtke von 2015 kommt zu einem ähnlichen Schluss. Ego-Shooter wie Counter Strike scheinen kein beachtenswerter Faktor bei der Auslösung von sogenannten School Shootings zu sein.

Ich wusste von meiner Freundin Anne, der Psychologin, dass die Argumentationslinie meines Mannes, der sich von anderslautenden Studienergebnissen nicht überzeugen ließ, typisch war für einen inneren Konflikt. Auslöser dafür war eine sogenannte kognitive Dissonanz, die auftrat, weil das Thema »gewalthaltiges Spiel beim eigenen Kind erlauben« nicht mit seinen innersten Bestrebungen und Werten »das Kind schützen« und »möglichst wenig Gewalt« in Einklang zu bringen war.

Herr Körner-Nitsche reagierte auf die Argumente meines Mannes positiv: »Es ist richtig, dass bei Fortnite Waffengewalt die einzige Möglichkeit der Konfliktlösung ist, aber es ist ein fiktives Setting ohne detailreiche Gewaltdarstellungen. Die meisten Kinder können zwischen den bewusst abstrakt gehaltenen Kampfszenen im Spiel und Gewalt in der Realität unterscheiden. Es gilt als erwiesen, dass gewaltverherrlichende Spiele keine Gewalt auslösen bei Menschen, die grundsätzlich kein Problem mit Gewalt haben.«

Allerdings sei es wichtig, genau hinzuschauen und mit dem Kind darüber zu sprechen.

Lennart hatte mir mal gesagt, er hätte keine Angst bei Fortnite, weil dort kein Blut flösse und keine Schreie zu hören seien. Ich konnte nicht behaupten, dass mich diese Antwort damals beruhigt hatte.

Unser Therapeut führte weiter aus: »Die derzeitige wissenschaftliche Erkenntnis deutet darauf hin, dass Medien nie die alleinige Ursache einer Gewalttat sind. Es ist nicht so, dass gewalthaltige Computerspiele immer und automatisch zu gewalthaltigem Verhalten führen. Ein eindeutiger ursächlicher Zusammenhang konnte bisher nicht nachgewiesen werden. Es kommen immer noch andere Auslöser dazu, zum Beispiel Gewalt in der Familie.«

Heute gingen Forscher eher davon aus, dass gewalthaltige Computerspiele bereits vorhandene Aggressionen verstärken konnten, sie aber nicht primär auslösten.

Herr Körner-Nitsche blickte auf die Uhr. Wirkte er etwa ungeduldig? Es war 16:33 Uhr. Uns blieben noch 27 Minuten.

Wir schauten uns an. Die Therapie hatte kaum begonnen, aber wir Eltern waren noch nicht einmal in der Lage, uns auf ein gemeinsames Ziel zu einigen?

»Ich kann Ihre Bedenken nachvollziehen«, beruhigte der Therapeut meinen Mann und mich. »Aber bedenken Sie bitte, dass Ihr Sohn jeden Morgen im Schulbus seinen Kameraden beim Zocken zugucken kann. Eine komplette Abstinenz vom Internet und von teils gewalthaltigen Inhalten ist bei den meisten Computerspielsüchtigen nach den Erfahrungen in unserer Klinik weder nötig noch realistisch. Das Internet durchdringt unsere alltäglichen Lebensbereiche fast vollständig. Ihr Sohn wirkt recht motiviert. Bei der richtigen Unterstützung kann er es schaffen. Können Sie sich dieser Empfehlung anschließen?«

Ich schaute meinen Mann an, der vom Therapeuten zu mir blickte und wieder zurück. Er nickte langsam.

»Ich schlage vor, dass wir Ihren Sohn wieder hereinholen.«

Lennart guckte uns drei Erwachsene beim Reinkommen verhalten an.

Herr Körner-Nitsche beruhigte ihn und erklärte: »Deine Eltern haben Bedenken, dir Ballerspiele zu erlauben, weil sie befürchten, dass sie dir nicht guttun. Das ist nachvollziehbar. Du musst dir ihr Vertrauen verdienen. Du darfst jetzt erst mal nicht mehr zocken, bis du beweist, dass du alle Regeln in deiner Familie einhalten kannst. Dass du dein Smartphone im Griff hast und nicht andersrum. Sonst ist es klar: Dann kannst du jetzt eben noch kein eigenes Smartphone haben, sondern musst im Zweifel warten, bis du achtzehn bist und dir selbst eins kaufen kannst.«

Lenni nickte zustimmend. Der drohende Handyentzug bis zum achtzehnten Geburtstag hatte seine Wirkung offenbar nicht verfehlt.

> Körner-Nitsche war echt freundlich, aber streng und
> guckte mir genau in die Augen. Es war echt hart,
> seinem Blick nicht auszuweichen. Und ich hatte so
> eine Mischung aus Angst, Erleichterung und so einem
> glücklichen Gefühl, dass ich alles schaffen wollte und
> könnte.

Ich dachte, oh, so einfach geht das hier auf einmal? Hatten wir nicht im Prinzip das Gleiche gemacht? Gesagt, wenn du unsere Regeln brichst, ist das Handy weg? Und jetzt auf einmal nickte der Sohn ehrfürchtig und voller Vertrauen und Zuversicht?

Mein Mann und ich waren geplättet und spürten unseren Empfindungen nach. Gedanklich hatten wir in dieser Sitzung eine weite Strecke hinter uns gebracht. Unser Therapeut schien voller Tatendrang. Er drehte sich von uns zu seinem Bildschirm, tippte zufrieden etwas in die Akte, drehte sich wieder zurück, kontrollierte die Uhr an der Wand hinter unserem Rücken. Es war 16:49 Uhr.

Ich lehnte mich etwas ungläubig, aber interessiert zurück. Herr Körner-Nitsche hatte noch exakt 11 Minuten, um das virtuelle Todesurteil zu vollstrecken und uns die Spielregeln zu erklären für das, was jetzt folgte: der kalte Entzug.

Skeptisch schaute ich ihn an. Doch er war die Ruhe selbst. Unser Therapeut hatte keinerlei Grund, nervös zu werden. Wenige Sätze reichten, um den nächsten Therapieschritt zu verordnen und zu erläutern. Hier und heute fand der einfache Teil statt.

Unvorstellbar schwieriger und langwieriger war der zweite Teil, der zu Hause über die Bühne gehen sollte. Die praktische Durchführung des verordneten Therapieschrittes im turbulenten Familienalltag, der in der Vorweihnachtszeit nicht gerade ruhiger werden würde.

»Für die nächsten sechs Wochen gönnen wir deinem Gehirn eine Erholungspause. So was wie einen RESET. Wir setzen dein Gehirn auf Werkseinstellung zurück«, erklärte Herr Körner-Nitsche und schaute Lenni dabei direkt in die Augen. »Sechs Wochen lang darfst du kein Handy in die Hand nehmen, auch nicht das von Mama, Papa, deinen Schwestern oder deinen Freunden. Du darfst anderthalb Monate keine Computergames spielen, egal auf welchem Gerät.« Herr Körner-Nitsche drehte sich zu seinem großen Wandkalender, an dem verschiedene bunte Marker klebten. Er zählte die Wochen ab.

»Vier, fünf, sechs Wochen. Das passt ja perfekt! Genau bis zum Jahresende.« Er dreht sich wieder zu Lenni und uns. »Dann sehen wir uns Anfang Januar wieder, und du berichtest mir, wie du es geschafft hast!«

Unserem Sohn stand der Schrecken ins Gesicht geschrieben:

> Entzug bis zum Ende des Jahres klang ja noch grausamer als sechs Wochen. Albtraum! Ein epic fail!

Mein Mann und ich hielten reglos den Atem an und warteten auf den Knall, der aber ausblieb. Ich wandte meinen Blick zu Lenni. So kurz und schmerzlos ging es also? Von jetzt auf gleich: Goodbye Fortnite, farewell Brawl Stars!? Tschüss spannende Spielrunden mit den coolen Jungs aus seiner Hood!? Okay, sie waren nicht cool, aber egal.

Binnen 20 Sekunden war Lennart virtuell isoliert. Kein Handy, kein Computer, kein Internet, keine Computerspiele, noch nicht einmal Online-Halma.

Ein Schlag ins Gesicht für jemanden, dem die Anerkennung seiner »Skins« bei Fortnite, bis auf die Rückenaccessoires sorgsam ausstaffierte Spielfiguren mit besonderen Fähigkeiten, nach und nach so wichtig geworden war, dass er Lügen, Streit und Strafen in Kauf nahm, wenn auch nicht freiwillig.

Lenni schaute ziemlich verzweifelt drein:

Das Schlimmste war: Jeder sieht noch in Jahren, dass ich sechs Wochen aus dem Rennen war. Richtig coole und seltene Skins gibt es ja immer nur in bestimmten Seasons. So ein Skin verrät halt alles. Wie gut man ist, welchen Status man hat, wie lang man dabei ist und so. Jeder, der nach dem Entzug meine veralteten Skins sah, würde wissen, dass sie aus der vorletzten Season waren und ich ein Loser war!

Eine absolute Abstinenz ist bei Abhängigkeitserkrankungen fast immer der einzig sichere Weg aus der Sucht. Doch für Suchtkranke war der kalte Entzug das Grauen. Ein Leben »ohne« erscheint ihnen trostlos bis unmöglich. Sie hatten ja im besten Fall auf eigene Faust versucht, auf das Suchtmittel zu verzichten, und waren immer wieder gescheitert.

Die Therapeuten kennen das Wechselbad der Gefühle und sind trainiert, ihre Patienten vorsichtig zwischen totaler Selbstaufgabe und gnadenloser Selbstüberschätzung hindurch zu lotsen.

Wir waren gespannt, wie Lennart reagieren würde. Wir hatten mit vielem gerechnet, aber nicht damit:

»Ja, Okay.«

Lenni nahm sein virtuelles Todesurteil souverän und sachlich auf. Ich vermutete, dass er innerlich um Fassung rang. Vielleicht war er aber auch erleichtert, dass er nicht wie andere computerspielsüchtige Kinder und Jugendliche monatelang hinter Stacheldraht in paramilitärische Entzugslager gesperrt wurde, wie der chinesische Junge in dem YouTube-Video, das er mir einmal fassungslos gezeigt hatte.

»Eins noch ...«

Ohne mit der Wimper zu zucken, überprüfte unser Elfjähriger lösungsorientiert das Kleingedruckte nach etwaigen Schlupflöchern und Fluchtmöglichkeiten.

»Was ist im Schulbus, was ist bei Freunden, wenn die zocken?«

»Zugucken darfst du, aber nicht selbst spielen«, so die unaufgeregte Antwort.

Die aufgeräumte und entspannte Gesprächssituation kam mir unwirklich vor nach all den schäumenden Aufregungen, den Aggressionen und verzweifelten Zusammenbrüchen der letzten Monate.

»Sucht ist heilbar«, fuhr Herr Körner-Nitsche fort.

Ich schaute ihn überrascht an. Das war mir neu. Gab es da nicht diese üble Geschichte von der einen mit Branntwein gefüllten Schokoladenpraline, die einen über Jahre trockenen Alkoholiker erneut zum Absturz bringen konnte?

Egal. Die Aussicht, aus diesem ganzen Horror herauszukommen, tat gut. Ich überlegte, ob Herr Körner-Nitsche die Aussicht auf Heilung standardmäßig in den Raum stellte oder ob er bei besonders hoffnungslosen Fällen darauf verzichtete. Ich beschloss, seine Aussage »Sucht ist heilbar« als gutes Zeichen zu werten. Wahrscheinlich fielen wir in die Kategorie: »Die Familie könnte es schaffen, wenn sich die Eltern nur endlich mal am Riemen reißen würden.«

Ich fragte mich, warum unsere ersten beiden Kinder zu recht medienkompetenten Jugendlichen geworden waren. Ich tippte auf Anfängerglück.

Tatsächlich hatten wir demografisches Glück gehabt: Als unser erstes Kind klein war, gab es weder Smartphones noch Fortnite. Und die Teletubbies hatten unseren Töchtern die Lust am Fernsehen ja sowieso verdorben.

Beim ersten und zweiten Kind hatten wir so etwas wie die Gnade der frühen Geburt genossen. »Früh« im Sinne von: vor dem digitalen Urknall, der folgte, als Steve Jobs in einer Art digitaler Knallgasreaktion die Komponenten »Benutzerfreundlichkeit« und »Internetfähigkeit« aufeinander losließ.

Wir waren wohl nicht hoffnungslos, aber was Gaming und Co. anging, würde ich uns eher als Anfängereltern einordnen. Wir galten somit aus wissenschaftlicher Sicht als echter Risikofaktor! Vermutlich hatte nur mein siebter Sinn für Lug und Betrug im Kinderzimmer, den ich in den letzten anderthalb Jahrzehnten perfektioniert hatte, unsere Familie vor dem Allerschlimmsten bewahrt.

Lennart hatte eine niederschmetternde Diagnose erhalten. Doch es gibt bedrückendere Schicksale.

Zum Beispiel, als Elternteil alleinerziehend mit so etwas fertigwerden zu müssen oder wenn der Partner die Therapie nicht unterstützte oder torpedierte. Eine Sucht verschärft sämtliche Herausforderungen des Alltags enorm. Eine Sucht belastet die ganze Familie, nicht wenige Eltern halten dem Druck nicht mehr stand und trennen sich.

Außerdem riskant: ein zu verwöhnender oder unaufmerksamer Erziehungsstil. Sprich: »mangelnde elterliche Grenzsetzung«, wenn es zu Hause im Alltag gar keine digitalen Pausen, handyfreien Zeiten, Räume oder Rituale mehr gibt. Wenn Kinder rund um die Uhr auf ihre Handys starren dürfen, selbst bei kurzen Autofahrten, auf dem Klo, bei den Mahlzeiten. Falls gemeinsame Mahlzeiten überhaupt noch stattfinden …

Betroffen stellte ich fest: Mein Mann und ich brachten als Eltern Risikofaktoren mit, die sich nicht so ohne Weiteres ändern ließen, aber medienbezogene Störungen bei den Nachkommen förderten.

Wir verkörperten als kreative Medien-Dienstleister problematische digitale Rollenbilder: Unser Büro war wie bei allen »digitalen Nomaden« überall dort, wo es einen Laptop und Internetzugang gab. Meist zwar in unseren Kölner Büros. Oft arbeiteten wir aber auch zu Hause oder von unterwegs, egal zu welchen Tages- und Nachtzeiten, egal ob werktags oder an Feiertagen. Selbst beim Sonntagsfrühstück im Bett mit Zeitung, frischen Brötchen und Orangensaft liefen die Handys heiß. Privates und Berufliches mischten sich.

Unsere spezielle Work-Life-Balance brachte unseren Kindern aber auch Vorteile. Sie waren selten über längere Stunden allein zu Hause, wir kochten und aßen regelmäßig zusammen und machten zwischendurch coole Ausflüge. Aber die digitalen Medien waren in unserem Alltag immer dabei.

Wenn Lennart einen typischen Vater zeichnen müsste, wäre es wohl ein Strichmännchen mit Handy in der Hand. Die Mama-Strichzeichnung hätte einen hübschen weißen Laptop unter dem Arm. Und vielleicht einen Staubsauger neben sich stehen, der halb einen Korb Wäsche verdeckte. Der Papa würde dann finster gucken, und der Sohn würde ihm schnell einen Rasenmäher auf die Zeichnung neben das Männchen kritzeln.

Im Gespräch mit unserem Therapeuten fragte ich vorsichtshalber noch einmal nach: »Wirklich? So eine Computerspielsucht ist heilbar?«

»Ja. Unter günstigen Umständen«, antwortete Herr Körner-Nitsche. »Entscheidend ist die psychische Stärke der Abhängigen, sich selbst in den Griff zu kriegen, die Therapieaufgaben zu bewältigen, mit Rückschlägen und Stress umzugehen, Frust zu überwinden, sich zu entspannen, ohne in schädliche Verhaltensmuster zurückzufallen.«

Okay, ich nickte langsam. Sucht war also prinzipiell heilbar, aber es war ungefähr so einfach, wie dem inneren Schweinehund von heute auf morgen »Sitz«, »Platz«, »Bei Fuß« und vor allem »Aus!« beizubringen. Also ein aussichtsloses Unterfangen, erst recht bei einem abenteuerlustigen elfjährigen Jungen, dessen Hirn frühestens in einem Jahrzehnt ausgereift sein würde.

Ich würde eines oder alle meine Hobbys streichen müssen, befürchtete ich. Hatte ich ab jetzt mit dem Training der Kontrollzentrale meines Sohnes und der Zähmung seines inneren Schweinehundes eine neue, tagesfüllende Lebensaufgabe? Es sah so aus. Noch viel schlimmer: Genauso viel Zeit würde es in Anspruch nehmen, unsere elterlichen Gewohnheiten zu ändern, falls dies überhaupt möglich war. Ich fühlte mich plötzlich unendlich erschöpft.

Unser Therapeut wirkte zufrieden, er hatte eine erfolgreiche Sitzung hinter sich, in wenigen Minuten würde er die nächste Familie hereinbitten. Mit uns vereinbarte er zum Abschluss noch rasch einen neuen Termin.

Mein Mann und ich zückten unsere Handys, öffneten die Kalender und verabredeten das nächste Treffen für den ersten Mittwoch nach den Winterferien, also im neuen Jahr. Wenn alles gut ging, hätte Lennart dann seinen Entzug hinter sich. Fast war ich froh, dass wir sechs Wochen Zeit hatten, bis wir von unseren Fortschritten oder eben »ausbleibenden Fortschritten« berichten mussten.

Mein Blick blieb in meinem Kalender an verschiedenen bunt markierten Ereignissen hängen: Alle drei Kinder schrieben Klassenarbeiten in den Hauptfächern, die verschiedenen privaten und beruflichen Grüppchen luden zu Weihnachtsfeiern. Oma und Opa feierten Geburtstag. Es fehlten so gut wie alle Weihnachtsgeschenke sowie Adventskerzen, und wie immer zu dieser Jahreszeit herrschte im Job eine Art »End-Jahres-Rallye«, die lukrativ, aber stressig war.

Um es kurz zu fassen: Die »Therapie der Computerspielsucht« passte weder längs noch quer in unsere Vorweihnachtszeit. Dabei war der Suchtteufel ausgerechnet in dieser aufgeheizten, mit unerfüllbaren emotionalen Erwartungen überfrachteten Zeit besonders hungrig.

Egal also, was im Kalender stand: Der Entzug hatte Priorität. Wir würden sämtliche Handys, Tablets, Konsolen, PCs und Computerspiele von Lenni fernhalten müssen. Keine leichte Aufgabe.

Wenn wir den Entzug nicht hinbekämen, müssten wir uns an die Vereinbarung mit unserem netten, aber strengen Therapeuten halten und das Handy unseres Sohnes bis zu seinem achtzehnten Geburtstag im August 2026 konfiszieren. Für den schlimmsten Notfall malte ich mir ganz pragmatisch positive Handlungsoptionen aus. Konnten wir sein Handy dann nicht direkt verkaufen? Welcher Volljährige wollte ein geerbtes Kinderhandy zum Geburtstag, das bereits heute fünf Jahre auf dem Buckel hatte?

Still verließen wir die Klinik und fuhren schweigend durch die Dunkelheit des frühen Novemberabends nach Hause.

Der Termin hatte geschlaucht, aber auch entlastet. Die Diagnose war schlimm. Aber der wahre Albtraum war die Zeit davor gewesen, als sich unser Kind vor unseren Augen immer mehr in die virtuelle Realität verabschiedete und wir ihm nicht richtig zu helfen wussten.

Ich fragte mich, was noch alles auf uns zukommen würde, auch als Paar. Mit Dreiecksbeziehungen hatten wir bis dahin keine Erfahrung. Nun sammelten wir welche mit unserem eigenen Therapeuten. Über Nacht war der sympathische, jung-gebliebene Endvierziger mit leicht schütterem Haar bei uns eingezogen – zumindest gedanklich. Nach jahrzehntelanger Ehe krempelte er unser Leben um und hinterfragte unsere persönlichen Gewohnheiten und Gefühle.

Mein Mann saß am Steuer. In seinen Brillengläsern spiegelten sich die roten Rücklichter der Autos vor uns. Lennart kauerte auf dem Rücksitz. Im Dunkel des Innenraums war nur sein blasses, ausdrucksloses Gesicht zu erkennen. In 40 Minuten würden wir zu Hause ankommen. Uns würden zwei unter-zuckerte Töchter und ein hungriger Hund erwarten, der wahr-scheinlich dringend mal an den Waldrand musste.

In Gedanken ging ich meine To-do-Liste durch:

Alle mobilen Endgeräte, Handys, die Switch, das iPad, alle Laptops im Wohnbereich außer Sichtweite bringen.

Einen Vertrag zur »Nicht«-Mediennutzung mit kontrol-lierbaren Zielen (»kein Handy berühren«, »kein Brawl Stars spielen«) aufsetzen und von allen unterschreiben lassen.

Ich ergänzte: den Medienvertrag auswendig lernen und den Zettel nicht wieder verlegen.

Den Sohn von seinen Entzugserscheinungen ablenken und stabilisieren.

Die Töchter in die therapeutischen Ziele einweihen und sie darauf vorbereiten, dass die nächsten Tage haarig werden könnten.

Abendessen für fünf Personen zubereiten.

Und für den Job noch den einen Artikel über »Künstliche Intelligenz in deutschen und japanischen Seniorenheimen« fer-tigstellen.

Ich seufzte. Irgendwie stellte ich mir seit sechzehn Jahren jeden Tag das Familienleben anders vor.

TEIL 3

KALTER ENTZUG

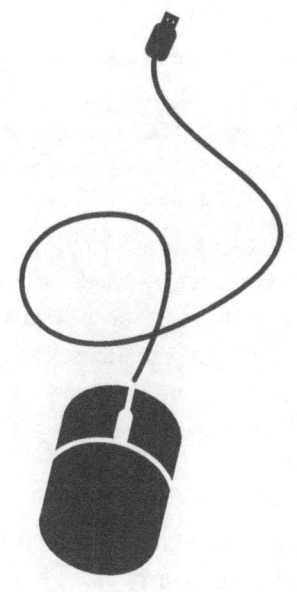

COUCHSURFING UND YOUTUBE-HITPARADE
Unsere ersten Tage im kalten Entzug

Der nächste Morgen kam und der Alltag fühlte sich komisch an.

Es war genau drei Wochen nach Halloween. Für Lenni hieß es jetzt: »Trick! No Treat!« Es war ein Horror für ihn, aber er ging zur Schule.

Seine Eltern, seine Schwestern, seine Freunde: Alle hatten ihre Handys, so wie immer. Es nutzte wenig, dass sie versuchten, die Smartphones in den Taschen zu lassen, um Lennart zu schonen.

> Was war das für ein Mist. Ich war müde, schlecht drauf, fühlte mich krank und musste trotzdem zur Schule. Schon morgens im Dunkeln an der Bushaltestelle um kurz nach sieben hätte ich heulen können. Es war kalt, nass, ich fröstelte trotz dicker Jacke, und die anderen erzählten gut drauf, wie sie am letzten Abend gemeinsam gezockt hatten. Sie hatten nur einmal gefragt, ob ich beim nächsten Mal wieder mitzocken kann. Als ich sagte, ich darf nicht, haben sie nur gesagt: »Och, schade, Mann«, mit den Schultern gezuckt und weiter vom Game erzählt. So ist das bei uns. Wir sagen immer: »Selbst schuld, wenn einer Zock-Verbot kriegt«, oder so.

Kaum jemand in der Familie oder von außerhalb wagte in dieser Zeit zu fragen: »Wie geht es dir?«

Das hatte auch Vorteile, denn ich hasste Small Talk und war nicht der Typ, der antwortete: »Supi, und bei dir?«, wenn gerade zu Hause die Hütte brannte. Unser kleiner Familienthriller wiederum ließ sich schwer in 280 Zeichen (mit Leerzeichen) rüberbringen.

Alles schien wie in Watte gepackt. Ich wusste weder richtig, wie es Lennart genau ging, noch, wie mein Mann mit der Situation klarkam. Ich konnte kaum meine eigenen Gefühle sortieren.

Am Vorabend hatten wir alles aus dem Umfeld von Lenni entfernt, das ihn an seine Computerspiele erinnern würde.

Wir verstanden längst nicht alles, aber wir wussten: Die Teufelskreise durften in den nächsten Wochen auf gar keinen Fall ausgelöst werden, schädigende neuronale Programme mussten gelöscht, sein Gehirn umprogrammiert und neue Verhaltensweisen zur Entspannung und Unterhaltung antrainiert werden.

Ohne dass mein Mann und ich diskutiert oder Streichhölzer gezogen hatten, war klar: Das Ressort »Gesundheit« lag in unserer Familie in meinem Feld.

Als Referenz reichte meine Tätigkeit an verschiedenen meeresbiologischen Instituten in Norddeutschland, Schottland und Kalifornien, wo ich einen gestrandeten und übel stinkenden Buckelwal mit seziert hatte, dessen lange Brustflossen von fiesen Bisswunden eines mittelgroßen Weißen Hais zerfurcht waren. Als weitere Referenz galt meine Großmutter, die als Tierärztin noch gewusst hatte, wie man aus einem toten Dachs Seife kochte und Kälber zur Welt brachte. Außerdem: ein Bruder, der als Zahnarzt arbeitete. Und so trat ich ohne nachweisbare Eignung meinen neuen Job als Hilfstherapeutin und Suchtmanagerin an.

Selten fühlte ich mich so gefordert. Unerschrocken hatte ich unsere Kinder in den vergangenen sechzehn Jahren erfolgreich gerettet vor Grasmilben, Läusen, Zecken, Wespen und Windpocken. Aber würde ich es mit einer Sucht aufnehmen können?

Die Sucht hatte mehr mit uns Eltern zu tun, als uns lieb war, so viel hatte ich inzwischen verstanden.

Wie sollte ich Lennart durch den absoluten Entzug begleiten und gleichzeitig mich und meinen Mann medienpädagogisch optimieren, um keine weiteren Fehler zu machen?

Ich kam mir vor wie eine Astronautin, die auf der ISS einem Teammitglied ohne Vorkenntnisse den entzündeten Blinddarm rausoperieren sollte und dazu lediglich per Video-Livestream Regieanweisungen von einem freundlichen Viszeralchirurgen bekam, dessen Audio wegen diverser Sonnenstürme immer wieder abbrach.

Aber es nützte nichts. Niemand auf diesem Planeten würde mir jetzt diese Arbeit abnehmen können, stellte ich ernüchtert fest. Ich erinnerte mich an den Spruch, mit dem wir unsere Kinder immer aufmunterten, wenn ihnen das Lernen für die Klassenarbeiten zu viel wurde: »Wie isst man einen Elefanten?« »Stück für Stück!«

Und so fing ich an, mich Schritt für Schritt, Tag für Tag schlauzumachen.

Neben meinem Bett stapelten sich Bücher und Zeitschriften. Ich schob zwei Romane, den aktuellen *Spiegel* und ein dokumentarisches Buch einer Mutter, die aussteigt und allein die Welt umsegelt, zur Seite.

Stattdessen türmte ich Bücher mit Titeln wie *Digital Junkies, Praxisbuch Verhaltenssüchte, Computerspiel- und Internetsucht* sowie *Das Ende der Kindheit* auf das schlanke Regalbrett, das als Nachttisch fungierte. Entspannende Nachtlektüre sah anders aus.

Tatsächlich würde mir die schwere Lektüre in den kommenden Nächten den Schlaf rauben und einen der beiden Dübel lockern, die das frei hängende Regalbrett in der Wand fixierten.

Ich griff das Buch, das zuoberst lag: *Digital Junkies* von Prof. Bert te Wildt von der Universität Bochum, und suchte im Inhaltsverzeichnis nach »Entzug«.

Ich erfuhr, dass sich nach dem Entzug im Inneren ein großes, gähnendes Loch auftat, aus dem Gefühle wie Einsamkeit, Verunsicherung, Minderwertigkeit und Trostlosigkeit emporwaberten, ähnlich wie stinkende Faulgase aus einem Sumpf. Viele Abhängige waren in den virtuellen Welten über die Zeit vereinsamt, hatten den Anschluss an soziale Kontakte, an Schule, Ausbildung und Beruf verloren.

Das ist ja doppelt fies, dachte ich. Jeder wusste doch aus eigener schmerzlicher Erfahrung: Vernachlässigte Bekanntschaften und Freundschaften wieder wachzuküssen war für jeden schwierig und unangenehm. Vertrauen ließ sich nicht einfach an- und ausknipsen wie eine Nachttischlampe.

Wie sollte jemand die gekränkten Blicke der enttäuschten Freunde aushalten, der gar nicht richtig bei Sinnen war?

Der seine ganze Kraft dafür brauchte, gegen sein wütendes Hirn anzukommen, das schäumend nach Glückshormonen schrie und seine Psyche und seinen Körper zur Strafe maliziös dafür quälte, dass er das mühsam antrainierte Verhalten nicht wie gelernt ausübte und endlich wieder anfing mit Zocken?

Und was war eigentlich mit den Freunden, mit denen er zockte? Waren Jungs, nur weil man sie hauptsächlich virtuell traf, keine echten Freunde? Würden sie sich wie Freunde verhalten, wenn Lennart nicht mehr zocken durfte? Ich wusste es nicht. Die Wiederbelebung der sozialen Kontakte hoben wir uns wohl besser für später auf.

Ich beschloss, als Erstes auf die Therapiepunkte »Stabilisieren und positive Sinneseindrücke und Erlebnisse schaffen« zu setzen, und verbrachte die nächsten Nachmittage und Abende kuschelig mit Lennart auf dem Sofa.

Am ersten Tag nach dem Start des Entzugs war der Fünft-klässler ungewöhnlich still und wehrte alle Angebote ab. Er sagte, er brauche nichts.

Ich überlegte, was ihm früher in stressigen Momenten gut-getan hatte. Ein entspannendes Fußbad. Eine Win-win-Situation für die ganze Familie. Ohne viele Worte holte ich die flache Plastikwanne aus dem Keller, füllte sie mit warmem Wasser und hielt unserem Sohn zwei unterschiedliche Sorten Badesalz hin.

»Welches möchtest du? Blau oder orange?«

Ich vermied es, ihn zuzutexten und zu nerven. Drei-Wort-Sätze erschienen mir angebracht. Wortlos deutete er auf das blaue Melissen-Entspannungsbad.

»Eine gute Wahl«, sagte ich, ließ die blauen Kristalle in das warme Wasser rieseln, zog meinem Sohn die Socken aus und stellte seine Füße vorsichtig ins Fußbad. »Dann werden die endlich auch mal sauber, was?«

Lennart grinste schwach. Ich fing an, seine Füße zu massie-ren, ohne ihn zu kitzeln. Als ich die Reflexzonen im Fußgewölbe drückte, schloss er die Augen, und seine Gesichtshaut entspannte sich. Ich wurde selbst ruhig. Das war doch ein guter Start.

Es war der 21. November 2019, drei Tage vor Thanksgiving in den USA. Unsere amerikanischen Freunde nannten ihn »Turkey Day«. Erst vorhin hatte mir eine Freundin aus Maine über WhatsApp Bilder geschickt von ihren diesjährigen Vor-bereitungen für das traditionelle Truthahnessen im Kreis der Familie. Am Wochenende würden sie in ausgelassener Stim-mung knusprigen Braten mit köstlicher Soße genießen, dazu grüne Bohnen, glasierten Kürbis, rote Cranberrys und frisch gestampften Kartoffelbrei mit zerlassener Butter.

Ich schickte ihr ein lachendes Smiley-Emoji, einen nach oben gestreckten Daumen und ein Emoji, das sich hungrig die Lippen leckt.

Auch bei uns war so etwas wie »Turkey Day«, nur anders, dachte ich.

Niemand feierte. Und der Truthahn, um den sich in der Familie seit gestern alles drehte, war nicht heiß, sondern eiskalt: Es ging um den »cold turkey« unseres Jüngsten, der englische Jargon für »kalter Entzug«.

Wenn ein Süchtiger sagt, er sei »auf Turkey«, hieß das, er hatte Entzugserscheinungen. Zum Beispiel so starke Gänsehaut am ganzen blassen Körper, dass er aussah wie ein riesiger gerupfter Truthahn.

Auch Computerspielsüchtige klagen über Entzugssymptome, die denen bei einer körperlichen Abhängigkeit nach Drogen verblüffend ähneln und mit Zittern, Schwitzen, Unruhe und Schlaflosigkeit einhergehen. Typisch ist die negative Stimmung, die Reizbarkeit und die irrige Selbsteinschätzung, den Entzug abbrechen zu können, weil man jetzt stark genug wäre, um kontrolliert zocken und das süchtige Verhalten jederzeit aufhören zu können.

Gänsehaut bekam Lenni nicht. Aber er wirkte blass, fahrig, k.o., etwas grippig und kuschelte sich eng an seine Wärmflasche, den Hund und mich. Wir bemerkten seine Unruhe und Niedergeschlagenheit, ansonsten schien er wenige körperliche Entzugserscheinungen zu haben.

Dass mir mein Handy weggenommen wurde, war gar nicht so schlimm, dachte ich erst, darin hatte ich ja richtig Übung. Von den letzten elf Monaten war mein Handy ja bestimmt in Summe acht Monate weg. Was mich nervös machte, war, dass ich so allein war. Die anderen Jungs verabredeten sich jetzt, wo es so dunkel

und nass draußen war, eigentlich ja nur zum Zocken.
In der neuen Season 1 von Chapter 2 gab es 100 neue
Belohnungen freizuspielen. Auch bei den neuen coolen
Skins und den Fortbewegungsmitteln konnte ich nicht
mitreden, da gab es aktuell springende Schaukelpferde
auf einer großen Feder und Schlauchboote. Und natürlich sammelten die anderen gerade schön V-Bucks, 1.500
konnte man aktuell verdienen.

Wir vermuteten, dass er sich den Kopf zermarterte, wie er wieder
ins Spiel zurückkommen konnte. Wir blieben wachsam. Wir
hatten gelernt, dass stille Wasser tief waren und turbulent werden
können. Wir hatten erlebt, dass unser kleiner Sohn ein unbe-
teiligtes Gesicht in brenzligen Situationen aufsetzte wie einen
Schutzschild, um uns seine inneren Kämpfe nicht miterleben
zu lassen und sein zerbrechliches inneres Gleichgewicht vor
störenden Nachfragen zu bewahren.

Mir fiel ein, dass er ja fernsehen durfte, auch wenn er sich
monatelang nicht mehr sonderlich dafür interessiert hatte.

»Wollen wir heute einen Videoabend machen?«, fragte ich
ihn. »Ich habe eine Idee. Willst du mir auf Netflix deine Lieblingsfilme zeigen, die mir gefallen könnten und die ich noch
nicht kenne?«

Lenni guckte mich skeptisch an. Vermutlich dachte er gerade darüber nach, wie er mir schonend beibringen sollte, dass
die Schnittmenge seiner und meiner Lieblingsfilme gleich
null war.

Nun aber war alles anders. Ich hatte kapiert, dass es an mir
hing, ob Lenni mir fremd war oder nicht. Ich war topmotiviert,
mit ihm eine schöne gemeinsame Zeit zu verbringen. Ich wollte

endlich wieder einen guten Draht zu ihm. Ich hatte einiges gutzumachen. Denn hatte ich beim Thema Zocken nicht selbst dichtgemacht und den Moment verpasst, als aus Spielen Ernst wurde? Was wusste ich schon darüber, was genau unseren Elfjährigen begeisterte und warum?

Mit einem unguten Gefühl erkannte ich, dass meine eigenen Vorurteile gegenüber Computerspielen und vielleicht auch Bequemlichkeit dazu geführt hatten, dass ich Lenni aus dem Blick verloren hatte.

Vielleicht könnte Netflix mir helfen, meinen Sohn wieder besser kennenzulernen und neue Gemeinsamkeiten zu finden?

Lenni staunte nicht schlecht, mit welchem Elan ich im Netflix-Sortiment rauf- und runterscrollte. Er wusste, dass ich früher immer gerne mit den Kindern Zeichentrick- und animierte Tierfilme geguckt hatte. Heute sollten andere Genres her: Action + Jugendfilm.

»Hier, diesen Film haben wir bei Nils letztes Jahr auf dem Geburtstag geguckt. Der wird dir gefallen«, schlug Lenni vor.

Wir starteten *Die Legende von Aang*, eine Action-Fantasy-Klamotte aus dem Jahr 2010. Der Film hatte ein Jahr später mehrere *Goldene Himbeeren* ergattert für: schlechtester Film, schlechtester Regisseur, schlechtestes Drehbuch und schlechtester Nebendarsteller.

Ich ahnte, warum Lenni ihn mir empfohlen hatte. Er wusste, dass mir der Plot gefallen würde: Der junge verwaiste Held Aang ist ein Avatar, der Wasser, Erde, Feuer und Luft bändigen konnte, brutale Gewalt ablehnte und Frieden stiftete.

Ich schmunzelte in mich hinein. Vielleicht war ich zu leicht zu durchschauen, meine Mission zu offensichtlich, oder vielleicht fesselten meinen Sohn tatsächlich ähnliche Themen wie mich?

»Noch einen?«, fragte ich ihn.

Er schaute mich selig an. »Hab morgen Schule.«

»Egal! Was ist mit *Karate Kid*, kennst du den?«, fragte ich ihn.

»Nö!«, antwortete Lenni, und ich sah ihn geschockt an.

»Du kennst *Karate Kid* nicht? Was ist mit *Ghostbusters, Footloose*? Was hast du denn bitte für Eltern?!«

Er feixte. Einträchtig starteten wir *Karate Kid*, die 2010er-Neuverfilmung des 1984er-Klassikers mit Jackie Chan als Hausmeister Mr. Han und Jaden Smith als dessen Schüler Dre Parker. Lennart blühte auf und fieberte mit roten Wangen mit Dre mit, der von einer fiesen Truppe Mitschüler schikaniert wurde und zum Schluss durch langes Karatetraining des gütigen Mentors Mr. Han, der an ihn glaubte, nach einem heftigen Kampf über sie triumphierte.

Glücklich, wenn auch viel zu spät, gingen wir ins Bett und schliefen nach langer Zeit tief und fest bis zum Weckerklingeln am nächsten Morgen durch.

Ohne mit der Wimper zu zucken, schaufelte ich auch die frühen Abendstunden der nächsten Tage für unser besonderes »Therapieprogramm« frei. Die Unordnung wuchs im Haus, aber das war mir egal, denn wir hatten Wichtigeres zu tun: Wir befanden uns auf einer cineastischen Zeitreise in die längst vergangene Ära vor dem Internet. Wir arbeiteten uns systematisch vor: von *Ghostbusters* über *Footloose* bis zu *Indiana Jones 1–3*. Einzig mit *Dirty Dancing* und *Chucky Die Mörderpuppe* verschonte ich ihn.

Nur bei *E.T.* streikte er. Dabei galt der Film laut Branchenblatt *Variety* »als der beste Disney-Film, den Walt Disney nie gedreht hatte«.

Seltsam. Waren es die langen Einstellungen, die Lenni nervten, die schlechte Animation oder etwas anderes? Erst 2016 hatte *WIRED* die inneren Welten Steven Spielbergs analysiert. In *E.T.* verarbeitete er demnach »Gefühle aus der eigenen Kindheit, vor allem Einsamkeit und Orientierungslosigkeit nach der

Trennung seiner Eltern«. Und so empfanden viele junge Zuschauer den Film *E. T. The Extra-Terrestrial* wohl als »Strudel aus Spannung, Verlorenheit und Verletzlichkeit; wahrscheinlich die drei erschütterndsten Gefühle eines Kindes«.

Konnte Lennart *E. T.* nicht anschauen, weil er selbst in seinem Inneren mit Gefühlen der Verlorenheit und Verletzlichkeit kämpfte?

Ich schaute meinen Sohn von der Seite an. Mir wurde warm und leicht ums Herz, es war, als ob mir ein schwerer Druck von der Seele genommen wurde und ich meinen Sohn auf einmal klar sehen konnte.

Lenni ballerte mit Maschinengewehren bei Fortnite rum, aber *E. T.* war nichts für ihn? Auf einmal nahm ich unseren elfjährigen Sohn nicht mehr beängstigt als digitalen Junkie wahr, sondern als das, was er trotz aller Eskapaden war: ein junges Kind, das voller Sehnsüchte und ungestümer Abenteuerlust seine Welt erobern wollte, das gleichzeitig so verletzlich und schützenswert war. Ich nahm ihn endlich seit vielen Monaten wieder so wahr, wie eine Mutter ihr Kind wahrnehmen sollte, um es verstehen und schützen zu können. Danke dir, *E.T.!*

Gemeinsam Videos und andere Webinhalte mit den Kindern zu schauen wird Eltern übrigens wärmstens ans Herz gelegt von *Schau hin!,* einer gut gemachten Plattform rund um das Thema Medienerziehung. Hinter der Initiative stehen das Bundesministerium für Familie, Senioren, Frauen und Jugend, die beiden öffentlich-rechtlichen Sender ARD und ZDF sowie die AOK.

Schau hin! bietet viele spannende und einfache Tipps, wie Eltern zum Beispiel YouTube für ihre Kinder sicherer machen können. Das lohnt sich, denn zwei Milliarden Nutzer stellen rund um die Uhr Videos hoch mit oft mehr als fragwürdigem Inhalt.

Bei *Schau hin!* hieß es: Wenn Eltern mit ihren Kindern gemeinsam surften und Videos konsumierten, wären »Eltern bei Fragen, Verunsicherung oder Angst der Kinder sofort zur Seite«.

Ich behaupte: auch andersherum! Denn ehrlich, mich befremdeten nicht wenige YouTube-Kanäle, die deutsche Kids so abfeiern.

Angeregt von den *Schau hin!*-Tipps kam mir die Idee, am Freitagabend um 20:15 Uhr eine YouTube-Hitparade im Wohnzimmer mit allen drei Kindern zu veranstalten, denn YouTube hatte tolle Inhalte zu bieten, und niemand hatte etwas davon, die Plattform grundsätzlich zu verteufeln.

Freitagabends nach den Nachrichten saß seit Jahren niemand mehr bei uns vorm Fernseher. Wenn die Kinder Filme schauten, dann auf ihren mobilen Endgeräten in ihren Zimmern oder bei Freunden.

Eine YouTube-Hitparade auf dem Fernseher kam für alle überraschend. Jeder durfte den anderen seinen aktuellen Lieblings-YouTube-Kanal vorstellen. Ich fand meine Idee richtig gut und hoffte nur, dass die Kinder sie nicht als zu pädagogisch wertvoll empfanden und die Stimmung womöglich kippte. Die Stimmung kippte tatsächlich, aber in eine völlig andere Richtung als gedacht.

Überraschenderweise waren alle – selbst Sophie und Franzi – Feuer und Flamme, den anderen die eigenen Hits zu präsentieren. Es gab Tumult. Ich nutzte meinen Machtvorsprung als Standortälteste schamlos, um Ruhe zu stiften und als Erste meinen Favoriten ins Rennen zu schicken.

Shitty Robots, überflüssige und lustige, weil oft völlig fehlkonstruierte Roboter, die die junge Simone Gierst erfand und selbst baute: ein Popcorn-Katapult, einen Lippenstiftroboter, eine Applausmaschine, eine Weckmaschine, ein eigenhändig mit Schweißgerät und Schutzschild zum Truck umgebauter Tesla, der *Truckla*.

Mein Favorit: der Papierschredder, der aussah wie ein Gehirn. Er bestand aus originalgetreuen Metallplatten echter Computertomografie-Aufnahmen des Gehirns der entzückenden und durchgeknallten Schwedin aus San Francisco.

Sophie sagte: »Witzig. So wie das finnische Bilderbuch, das wir uns früher immer stundenlang angeschaut haben: *Tatu & Patu und ihre verrückten Maschinen*, weißt du noch?«

Eine warme, glückliche Erinnerung an unbelastetere Zeiten mit meinen Kindern durchflutete mich. Ein »Weißt du noch?« folgte aufs Nächste, und Lennart saugte begierig die Geschichten aus der frühen Kindheit seiner Schwestern auf, in der es weder ihn noch YouTube gegeben hatte, dafür lange gemeinsame DVD-Abende im Wohnzimmer mit Walt Disney, Mr. Bean und Louis de Funès.

Überrascht hielt ich inne: Wie lange hatten wir uns in dieser Runde keine Geschichten mehr erzählt! Wie sehr hatte sich schleichend die Kindheit unserer drei Kinder verändert, deren Geburtsdaten gerade einmal fünf Jahre auseinanderlagen!

Nun drängte Lennart in die Startlöcher: »Jetzt ich!« Er tippte »Luca« in die Suchmaske bei YouTube und klickte das Startsymbol.

Wir sahen den deutschen YouTuber Luca Tilo Scharpenberg, der auf seinen verschiedenen Kanälen (früher: *ConCrafter*) Let's Plays, Vlogs und Comedy-Videos veröffentlichte. Lennart hatte eine Episode ausgewählt, in der Luca WhatsApp-Fails von Schülern und Eltern zum Besten gab.

Luca amüsierte sich zum Beispiel feixend darüber, dass eine Mutter ihrem Sohn vormittags eine WhatsApp auf sein Handy schickte: »Du hast dein Handy hier zu Hause auf dem Küchentisch vergessen, Schatz.«

Oder zwei Schüler untereinander:

»Mist, ich hab einen Riss im Display.« »Schick mal 'nen Screenshot.«

Ich lachte. Lenni schaute mich fragend an.

»Findest du das echt gut? Das ist doch Schüler-Humor?!«

Auch mein Mann wundert sich oft über meinen Humor. Egal.

Meine Kinder guckten mich mit Befremden, aber auch Wohlwollen an. Es herrschte eine ausgelassene Stimmung, in der wir fälschlicherweise dachten, uns alles anvertrauen zu können. Doch das, was jetzt kam, sprengte alle Erwartungen.

Franzi rief: »Jetzt bin ich dran!«, und navigierte zu *Weed'Em & Reap*, einem Video-Tagebuch von Danelle, Kevin, Lydia and Ethan, einer sympathischen US-amerikanischen Familie, die ihr Grundstück mitten in einem eintönigen Wohngebiet eines gesichtslosen Vororts in einen Do-it-Yourself-Biobauernhof umwandelte, ohne nennenswerte Vorkenntnisse, aber mit jeder Menge guter Laune.

»Das gucke ich fast jeden Tag!«

Aha, interessant, dachte ich und schaute sie nachdenklich an.

Ich war außerdem überrascht, dass über 200 000 Follower offenbar kein Problem damit hatten, dass Mutter Danelle über 20 Minuten lange, so gut wie ungeschnittene Videos ins Netz stellte.

Die Videos zeigten ungekürzt, wie sie, ihr Mann und ihre Kinder auf ihrem eingezäunten Grundstück, das aussah wie ein zertrampeltes Maislabyrinth im Herbst, trächtigen Ziegen hinterherliefen.

Ich musste an die US-amerikanische Filmkomödie *Männer, die auf Ziegen starren* denken und konnte mir ein Lachen nicht verkneifen – dummerweise genau in dem Moment, in dem zwei Ziegen begannen zu kopulieren.

Lenni schrie empört: »Iiiiiiiih! Mach das weg, das ist ja ekelhaft. Das ist nichts für Elfjährige! Und du findest das gut, Mama?«

Sophie, unsere älteste Tochter, fragte ihre jüngere Schwester belustigt: »Du ziehst dir jeden Tag Ziegenpornos rein?«

Franzi sah aus, als ob sie gleich in Tränen ausbrechen würde.

Ich sprang dazwischen: »Jetzt hört aber auf! Ich kann verstehen, wenn man da mitfiebert. Stellt euch vor, wir würden Hundewelpen erwarten. Ihr würdet durchdrehen!«

Im Nu hatten sich die Geschwister wieder verbündet, natürlich gegen mich. »Oh, ja, wie süß wäre das denn?! Wenn DU nicht dafür gesorgt hättest, unseren Hund kastrieren zu lassen, Mama!«

Der Abend war schön und aufschlussreich gewesen. Es lohnte sich, genauer hinzuschauen, was die eigenen Kinder im Netz konsumierten.

Ich war beruhigt, dass unsere Kinder mehr Interesse an Flachwitzen und harmlosen Videos von echten, vierbeinigen Zicken hatten. Und nicht nach *Bibis Beauty Palace* suchteten, deren Kanal der Topfavorit aller Zwölf- bis Neunzehnjährigen im deutschsprachigen Raum war.

Bibis Beauty Palace hatte ich bis vor Kurzem als ödes Paralleluniversum gelangweilter Teenies abgetan, die noch vor fünf Jahren Fans von *Bibi Blocksberg* gewesen waren und jetzt Schwierigkeiten hatten, ein gesundes Verhältnis zu ihrem pubertierenden Körper aufzubauen. Nervig, aber harmlos.

Doch so harmlos ist Bianca Claßen, geborene Heinicke, Tochter einer Kölner Erzieherin, beileibe nicht.

Die knallharte Unternehmerin pfiff auf Kinder- und Jugendschutz und freute sich lieber über die 110 000 Euro im Monat, die ihr Werbeeinnahmen und Co. brachten, unter anderem sogenannte Affiliate Links, die zu Produkten verlinkten, von deren Verkauf Bibi dann eine schöne Provision kassierte. Ich fragte mich, ob sich ihre Mutter als Erziehungsexpertin wohl Vorwürfe machte.

Der Satiriker Jan Böhmermann prangerte Bibi nicht ohne Grund mehrfach wegen versteckter Werbung für Minderjährige an. Er vertrat die Meinung, die junge Zielgruppe hätte oftmals noch nicht das nötige Verständnis, um die Werbung als solche zu erkennen. Zudem würde Bibi das Vertrauensverhältnis ausnutzen, um damit Geld zu machen.

Sprachlos schaute ich mir die Folge seines Satire-Formats *Neo Magazin Royale* vom 10. Oktober 2019 an, auf die mein Mann mich aufmerksam gemacht hatte.

In der Sendung sezierte Böhmermann meisterhaft, wie Bibi das Vertrauensverhältnis ihrer sechs Millionen Abonnenten ausnutzte, um Werbung zu machen für Coin Master, ein Onlinegame, das als App auf Smartphones gespielt werden konnte und in der Kritik stand, Kinder und Jugendliche gezielt an suchtgefährdendes Glücksspiel heranzuführen. Bibi selbst gab sich sorglos. Tatsächlich war die Beweislage jedoch so groß, dass selbst die Bundesprüfstelle für jugendgefährdende Medien prüfte, ob die App auf den Index musste.

Ernüchterndes Ende der Prüfung: Die Bundesprüfstelle konnte aus rein juristischen Gründen die App nicht auf den Index setzen. Ihr fehlte die rechtliche Handhabe, weil es sich bei Coin Master wie bei fast allen ähnlichen Onlinegames nicht um echtes Glücksspiel handelte, bei dem die Spieler echtes Geld ausgezahlt bekamen.

Das in den Games versteckte Glücksspiel war nur »simuliert«. Sprich: Es funktionierte genauso wie echtes Glücksspiel und war genauso suchtfördernd, aber die Spieler bekamen kein echtes Geld ausgezahlt, sollten sie überhaupt jemals gewinnen und Highscores einfahren.

Ich konnte es nicht fassen: Die Spielehersteller profitierten also doppelt? Erst machten sie mit zweifelhaften Glücksspielmethoden ordentlich Umsatz. Und dann »sparten« sie sich auch noch Ausgaben, weil sie kein Geld ausschütteten an die Spieler?

In diesen Novembertagen holte mein Mann nach, was wir besser VOR unserer Spielerlaubnis von Brawl Stars hätten tun sollen: Lennis Computerspiele genauer unter die Lupe zu nehmen und gründlich im Internet zu recherchieren.

Positive Stimmen zu Computerspielen fanden sich wenig überraschend unter anderem auf den Seiten der Veranstalter von Gamemessen wie der *gamesweekberlin*: Sie hoben hervor, dass Spiele nicht mehr nur ein Jugendmedium waren, sondern auch ein Kultur- und Lehrmedium, ein Innovationstreiber, ein Therapiemittel und eine Sportform.

Mein Mann erfuhr, dass Brawl Stars, das Lennart besonders intensiv gespielt hatte, ebenfalls eine Art simuliertes Glücksspiel war, oder besser gesagt »Unglücksspiel« – genau wie Bibis Coin Master.

Ich schickte wütende Gedanken nach Helsinki zu den Spielentwicklern von Brawl Stars, die so schamlos Elemente von simuliertem Glückspiel einsetzten. Die jungen Kreativen saßen in diesem Moment bestimmt gerade in ihrem hippen Büro, strichen sich über den sorgfältig gestriegelten Vollbart, blätterten in ihren Kontoauszügen und lachten sich ins Fäustchen. Um ihre Rente brauchten sie sich wahrscheinlich keine Sorgen zu machen.

Onlinegames hatten sich weltweit zu einem wachsenden Wirtschaftssektor entwickelt. 6,2 Milliarden Euro gaben allein 2019 die 34 Millionen Gamer in Deutschland aus, 6 Prozent mehr als im Vorjahr. Einen Teil davon für handfeste Hardware wie neue Geräte, zum Beispiel Smartphones, Tablets, PCs, Spielekonsolen und Handhelds.

Ein Großteil der Käufe war in der analogen Welt jedoch nicht zu sehen und ließ sich auch nicht anfassen: 2,25 Milliarden Euro – 600 Millionen mehr als im Vorjahr – gingen drauf für sogenannte In-Game-Käufe, also Käufe innerhalb eines Spiels. Gekauft wurde Spielgeld wie V-Bucks, Juwelen, Gold, Schlumpfbeeren oder wichtige Rohstoffe, um Folgekäufe im Spiel zu tätigen. Sehr gerne wurde auch Geld ausgegeben für schnelleres Weiterkommen, bessere Ausrüstung, Extra-Leben, spielerische Vorteile und Spezialfähigkeiten sowie Verschönerungen der Spielfiguren.

Bei Fortnite war es zum Beispiel möglich, sogenannte Skins mit extravaganten Rückenaccessoires in der virtuellen Währung V-Bucks zu erwerben, die vorher mit barer Münze gekauft werden mussten. Diese Skins, die im Shop verführerisch präsentiert wurden, veränderten das Aussehen oder die Bewegungen einer Spielfigur. Wie im realen Leben dienten solche kosmetischen Änderungen (»Emotes«) dazu, Eindruck bei den Mitspielern zu schinden – genau wie mit einer Markenjeans oder dem neuesten iPhone …

Ich fand diese Skins witzig und war überrascht, dass Lennart sich einen echt stylishen pinken Skin besorgt hatte.

Die Anpassung der eigenen Spielfigur durch kosmetische Gegenstände ermöglichte es Gamern, sich selbst und ihre Zugehörigkeit zu einer Gruppe auszudrücken. Experten wiesen jedoch darauf hin, dass Skins nicht immer aus eigener Motivation, sondern oft aus Gruppendruck heraus gekauft wurden. Außerdem erfuhr ich, dass die Spieler mit ihren Skins und Tänzen gerne ihre unterlegenen Gegner verhöhnten.

Das Problem bei alldem war: Die Computerspielindustrie hatte erkannt, dass sich mit Kindern und Jugendlichen richtig viel Geld verdienen ließ. Um die Umsätze und die Bindung der jungen Zocker ans Spiel zu erhöhen, setzten sie gezielt

Glücksspielmomente und monetäre Aspekte ein. Dass sich so auch das Suchtpotenzial erhöhte, wurde dabei billigend in Kauf genommen.

Als besonders kritisch galten Loot-Boxen (Überraschungs-kisten), die selten wertvolle, aber fast immer wertlose Zusatz-items enthalten. Wie beim Pokern hörten die Gamer nicht auf zu zocken, wenn sie zum wiederholten Mal nur wertlosen Plunder bekommen hatten. Sie spielten immer weiter, um das bereits investierte Geld nicht zu verlieren und wieder »rein-zuholen«.

Eine repräsentative Erhebung der australischen Regierung im Jahr 2018 verriet, dass jeder Dritte im Alter zwischen acht und siebzehn Jahren in den vergangenen zwölf Monaten Loot-Boxen in Games gekauft hatte. In Belgien und in den Nieder-landen sind Loot-Boxen inzwischen verboten, wie *Computerbild* schrieb.

Wir hatten uns im Sommer noch fürchterlich über unseren kleinen Sohn aufgeregt. Nun lasen wir, dass nicht nur Lennart mehrere Jahressummen an Taschengeld mit solchen Mikrotrans-aktionen verprasst hatte. Hunderttausende Kinder und Jugend-liche verloren bei In-Game-Währungen und 1-Click-Käufen den Überblick und die Kontrolle.

Natürlich funktionierten alte Verkaufstricks mit Hinweisen wie »Nur für kurze Zeit verfügbar!« auch in den virtuellen Spielwelten hervorragend. Meist wurden besonders angesagte Gegenstände limitiert und nur für einen kurzen Zeitraum an-geboten. Kein Wunder, dass Kinder und Jugendlichen da schon mal einen nervösen Zeigefinger bekommen konnten und mit einem Klick den Geldbeutel öffneten, um diese besonderen Gegenstände zu erwerben.

Wir waren verblüfft und irritiert, dass Kinder und Jugend-liche in Deutschland derart starker Manipulation durch Spielehersteller einfach so ausgesetzt werden durften. Schlimmer noch, dass die Manipulation so geschickt war, dass Lennart – und wahrscheinlich auch so manch anderer Jugendlicher – zunächst wütend Partei für die netten Verführer ergriff und gar nicht vor ihnen geschützt werden wollte. Aber genau das war nun unser wichtigster Job!

MUTTITASKING
Mein holpriger Weg zur Suchtmanagerin

Herr Körner-Nitsche hatte uns geraten, das »familiäre System in die Therapie mit einzubinden«. Bei computerspielsüchtigen Kindern und Jugendlichen sei dies sinnvoll.

Weiter hatte er ausgeführt: »Ein stabiles und informiertes soziales Umfeld ist wichtig für den Therapieerfolg.«

Ich hatte zustimmend genickt und mir nicht ausmalen können, welche emotionalen Achterbahnfahrten sich hinter seiner sachlichen Aussage verbergen würden.

Während mein Mann also seine Recherchen online in Zeitungen und sozialen Medien vorantrieb und aktuelle Artikel und Posts an mich weiterleitete, fräste ich mich weiter durch die Fachliteratur auf meinem inzwischen etwas schief hängenden Nachttisch.

Klaglos hatte ich die Rolle des therapeutischen Helferleins angenommen und meine Skepsis beiseitegeschoben, ob ich die therapeutischen Techniken ordnungsgemäß in den »Alltag des Patienten transferieren« konnte. Ich verstand nur die Hälfte der Fachliteratur, die von substantivierten Fremdwörtern überfrachtet war.

Dabei hatte mir das Fach Psychologie – und darum ging es bei der Behandlung einer Sucht ja die meiste Zeit – in der Schule Spaß gemacht. Doch jetzt als Angehörige belasteten mich die vielen Unsicherheiten und Unwägbarkeiten.

Mit Unbehagen erfuhr ich aus einem Fachbuch, dass die neuen Verhaltenssüchte im Internet bei Weitem noch nicht ausreichend erforscht waren. Was sollte das heißen? Dass Ärzte und Therapeuten nicht so genau wussten, wie der Hase lief und wir so etwas wie fortgeschrittene Versuchskaninchen waren?

Ich traute mich nicht, meinem Mann anzuvertrauen, dass die Therapieangebote im deutschsprachigen Raum nicht einheitlich waren und ihre Qualität und Wirksamkeit weder umfassend untersucht noch bewertet worden waren.

Stundenlang wälzte ich mich nachts im Bett hin und her und lauschte dem ruhigen Atem meines Mannes sowie dem fernen Dröhnen des einsetzenden Frachtflugverkehrs des Flughafens Köln–Bonn, das die frühen Morgenstunden zuverlässiger ankündigte als jedes Vogelzwitschern, erst recht jetzt Ende November.

Ich sehnte den Schlaf herbei und wünschte, ich hätte die Fachempfehlung »Eine Vertiefung der Forschung zur Computerspielsucht ist dringend geboten« nicht oder erst viel später gelesen.

Ein ungutes Gefühl zog in meiner Magengegend. War es naiv gewesen, meine Bedenken und die Zweifel meines Mannes beiseitezuwischen und unserem Therapeuten das volle Vertrauen auszusprechen?

Immerhin war Marc Körner-Nitsche der leitende Psychologe der Spezialambulanz und kein Berufsanfänger, der sich von unserem Sohn um den Finger wickeln ließ.

Seufzend hoffte ich, dass der Therapeut, der ja offensichtlich selbst gerne zockte, die ganze Angelegenheit nicht zu rosig sah und das Therapieziel, »kontrolliert zocken zu lernen« tatsächlich sinnvoll für unsere Familie war, obwohl mein Mann davon überhaupt nicht überzeugt war.

Nach außen versuchte ich, alle bei Laune zu halten und Optimismus auszustrahlen, doch innerlich verzagte ich zunehmend, je mehr ich las.

Im Studium hatte ich unterschiedlichste Tiergehirne unter dem Mikroskop bewundert und gezeichnet: winzige, gefurchte weiß-gräuliche Hirne von Insekten, Fischen, Fröschen und

Ratten, die mal aussahen wie winzige Walnüsse, mal wie dünne, ausgekaute Kaugummis. Doch meine Bewunderung für diese Wunderwerke der Evolution kippte nach der Lektüre des Kapitels »Neurobiologie der Sucht« im Fachbuch *Praxisbuch Verhaltens-süchte* von Anil Batra, Oliver Bilke-Hentsch und Klaus Wölfling.

Ich las verblüfft, dass bei Verhaltenssüchten immer ähnliche Mechanismen abliefen. Im MRT leuchteten dieselben Hirnregionen rot auf, egal ob die Patienten einen Entzug von Heroin oder dem Internet machten. Es war dem Hirn offenbar schnuppe, welche anfangs noch glücklich machende Verhaltensweise es mit der Ausschüttung von Glückshormonen wie Dopamin und Opiaten verstärkte.

Hauptsache Opiate – egal wie! Ob der Besitzer sich rauschhaft online Klamotten, Handtaschen oder Schuhe kaufte, besinnungslos Blackjack in Onlinecasinos spielte, sich virtuell mit Datenhandschuhen oder anderen Cybersex-Praktiken, Skype-Sex oder WhatsApp-Sex zum Orgasmus bringen ließ, Crack rauchte oder World of Warcraft spielte …

Das Gehirn tat nur das, was es in Jahrmillionen gelernt hatte: Verhaltensweisen verstärken, die sich positiv anfühlten und deshalb vermeintlich halfen, das Überleben zu sichern. Wie ein Zirkusdompteur, der einem störrischen Esel mit einer Karotte oder einem Zückerchen Schritt für Schritt kleine Tricks beibrachte.

Keine Ahnung, ob das Glückshormon Dopamin und die körpereigenen Opiate süß schmeckten – vermutlich nicht –, aber genau dies waren die Zückerchen, mit denen das Hirn uns dressierte.

Der ganze Zirkus startete im Zwischenhirn. Dort warteten körpereigene Opiate auf ihren Einsatz. Immer wenn in den entbehrungsreichen, düsteren Zeiten unserer irdischen Existenz ein positiver Moment trat, zündeten Opiate ein wärmendes, gleißendes Glücksfeuerwerk im Körper: »Das war gerade gut, bitte – wenn's geht – wiederholen!«

Zum Beispiel in einem Land weit vor unserer Zeit, als ein mit Lederwams und Fellen bekleideter Jugendlicher in der Jungsteinzeit erst Beeren von dem einen Strauch naschte, die so bitter waren, dass er sich schüttelnd fragte, ob er davon jetzt wohl Durchfall bekommen würde. Und dann zwei Büsche weiter knackige rote Beeren entdeckte, die wunderbar süß und saftig schmeckten …

Nicht nur seine Geschmacksknospen jubilierten. Das Zwischenhirn flutete SOFORT Opiate durch seine Adern mit der Botschaft: »Mehr!« Und zur Verstärkung liebkosten warme Glücksgefühle den ausgemergelten Körper des Jugendlichen, bis ihn der einsetzende Durchfall hinter den Busch trieb.

Ähnliches spielt sich auch heute in Hunderttausenden Kinderzimmern ab. Unerledigte Hausaufgaben und unaufräumbare Schmutzwäscheberge quälen die Teenies mit Frust und Resignation. Die einzige Quelle des Glücks scheint das ewig lockende Web. Nur drei, vier spielerische Klicks auf der Tastatur und schon heißt es: »Highscore! Epischer Sieg bei Fortnite nach beängstigendem Kampf!! 100 virtuelle Juwelen und ein Überraschungsteamsieg bei Brawl Stars!«

Von jetzt auf gleich pulsiert ein Schwall körpereigener Opiate durch die Blutgefäße. Ein lustvolles Glücksgefühl durchströmt den heranwachsenden Körper. Der biochemische Jackpot ist geknackt. Alle Zocker-Freunde drehen gleichzeitig durch und brüllen in ihre Mikros. Ein orgiastisches Gefühl wie nach einer erfolgreicher Mammutjagd. Mehr geht im Kinderzimmer wirklich nicht.

Kurz danach sagt sich der geflashte Heranwachsende heute wie damals: »Boah, krass eh, geiles Gefühl. Will ich nochmal. Was muss ich tun?«

Das Hirn weiß die Antwort darauf genau. Denn es hat wie ein Flugschreiber alle nötigen Manöver akribisch aufgezeichnet und gespeichert: »Wäsche einräumen: ja/<u>nein</u>«, »PC hochfahren: <u>ja</u>/nein«, »Game starten: <u>ja</u>/nein«.

Im Belohnungssystem im Zwischenhirn macht sich dafür ein anderes chemisches Helferlein auf den Weg und markiert an jeder Abzweigung den richtigen Weg zum biochemischen Paradies mit dem Botenstoff Dopamin – wie Hänsel den Heimweg im dunklen Wald mit seinen Brotkrumen.

Wie wichtig diese mächtigen, chemischen Wegweiser sind, wissen wir alle. Ohne unsere Glückshormone würden wir weder den Süßwarengang im Supermarkt ohne Umwege wiederfinden noch die Chipstüten in der Werbepause. Und wir würden erst recht keine Schuhe bei Zalando kaufen, die wir dann eh nicht tragen.

Schon allein das Lesen über »Chipstüten am Feierabend« ließ mich unruhig werden. Ich schaute auf die Uhr: 20:38. War das nicht eine perfekte Zeit für ein kühles Getränk oder einen kleinen Snack? Mein Dopamin-geschwängertes Zwischenhirn funkte: »Ja, klar! Jetzt 'ne Belohnung, das hast du dir doch verdient!«

Ich holte mir aus der Küche ein eisgekühltes alkoholfreies Bier und tröstete mich mit den auf dem Etikett stehenden Infos, dass es wichtige Mineralstoffe enthielt und nur 90 Kalorien, was nicht stimmte, weil es ja Kilokalorien (kcal) waren. Egal. Ich genoss einen kühlen Schluck und las weiter.

Es war erstaunlich, aber dem latent unbefriedigten, weil pubertierenden, Gamer ging es ähnlich wie seiner Mutter bei Zalando beim Black-Friday-Ausverkauf und seinem Vater beim samstäglichen Baumarktbesuch. Sein Hirn war hungrig nach schönen Gefühlen und half seinem Besitzer, diese Gefühle zu erleben. Selbst wenn man dafür kurz vor Ladenschluss am

Samstag noch schnell einen neuen reduzierten Rasenkanten-schneider erwerben musste oder auf dem Parkplatz davor beim Wursteufel einen Knacker verschlang, obwohl das Mittagessen gerade mal eine halbe Stunde her war.

Ich stellte mir das Ganze wie beim Topfschlagen vor: »Heiß, heiß ... kalt, wieder heiß!« Mit dem Belohnungshormon Dopamin lotst uns unser Hirn Schritt für Schritt in die richtige Richtung und säuselt: »Komm, weiter so. Du willst es doch auch! Du wirst sehen, es lohnt sich! Dich erwartet ein paradiesisches Gefühl.«

Das Ganze war ein evolutionärer Hit, der zahllose Menschen im großen Überlebenskampf auf diesem Planeten gewinnen ließ. Eine Kindersicherung hatte jedoch leider weder das Dopamin-Fläschchen noch die Opiat-Dose in unserem Zwischenhirn, noch nicht einmal eine Dosierhilfe.

Schließlich konnte damals bei der Konzeption auch niemand ahnen, dass es einmal eine Zeit geben würde, in der trotz Über-bevölkerung viel Einsamkeit herrschte und überall rund um die Uhr Tätigkeiten lockten, die zu Ekstase, Glück und Opiat-ausschüttung führen würden und deshalb mit Dopamin noch weiter verstärkt würden.

Doch hier ist es, das Internet. Und hier wird es bleiben. Und leider stärkt es die Menschen nicht nur in ihrem Überlebens-kampf, sondern schwächt sie auch.

Das Internet ist für Millionen, wenn nicht Milliarden Menschen, also eigentlich für DIE MENSCHHEIT, unvorstellbar attraktiv und einfach unwiderstehlich. Die Autoren Wolfgang Bergmann und Gerald Hüther halten vor allem die »Interaktivität« des Internets dafür verantwortlich. Erstmals sind auf Erden auch unter der Woche, ohne Anreise und Parkplatzsuche, intensive soziale Gruppenerlebnisse 24/7 mit Leuten rund um die Welt möglich, die ähnlich spezielle Interessen hatten wie man selbst.

Befürworter sehen selbst in Apps wie *Tinder* einen Evolutionsvorteil: Tinder sei friedenstiftend durch Förderung körperlicher Entspannung und Aggressionsabbau. Den Storys meiner Freundinnen nach zu urteilen, bin ich mir bei dem Aggressionsabbau jedoch ganz und gar nicht sicher. Und ob Tinder-Nutzer wirklich im Sinn haben, das Überleben der Menschheit zu sichern und die Reproduktionsrate zu steigern …? Vermutlich reicht es schon, wenn eine App einfach nur für gute Gefühle sorgt.

Schon erstaunlich, welche ungeheuer positiven Empfindungen Onlinegames wie Tetris, Candy Crush und Call of Duty zwischen Hausaufgaben und Zimmeraufräumen auslösen können – bei Heranwachsenden, Vätern, frustrierten Hausfrauen und Müttern, Großeltern und Senioren. Mittlerweile spielt rund jeder zweite Deutsche. Mit fast zehn Millionen machen die Silver Gamer – die Überfünfzigjährigen – die größte Gamergruppe aus. Der Spielemarkt hat andere Kultur- und Kreativmärkte längst überholt.

In grauer Vorzeit hätte wohl niemand geahnt, dass einige Menschen so schlau sein würden, unwiderstehlich gute Onlinegames zu bauen, die in kürzester Zeit die Psyche hackten, indem sie sich die neuropsychologischen Forschungsergebnisse zum Belohnungssystem im menschlichen Hirn zunutze machten.

Die angehenden Game-Entwickler investierten, ohne lange nachzudenken, ein paar Hundert Euro in eine Fortbildung »Hirnchemie für Dummys« und lernten, wie man das Belohnungssystem des Hirns für seine eigenen Zwecke missbrauchen und Milliarden Euro an Umsatz machen konnte. Und so bauten sie rund um die Uhr immer neue Computerspiele, die gezielt das Belohnungssystem im menschlichen Zwischenhirn ansprachen. Die Games überlisten die Gehirne von Millionen Spielern mit den eigenen neurobiologischen Waffen und bannen sie atemlos vor die Rechner. Allein 2020 kamen jeden Monat rund dreißig neue Games in Deutschland auf den Markt.

Die Evolution konnte auch nicht damit rechnen, dass die eigenen Erziehungsberechtigten einmal derart ahnungslos sein würden. Diese lassen, ohne groß nachzudenken, ihre eigenen Kinder, deren Gehirne noch besonders formbar und offen für Belohnungen jeder Art sind, so lange die Games üben, bis sich jedes Grundschulkind mittels Dopamin neuronal eingeprägt hat, was zu tun ist, um virtuelle Juwelen bei Brawl Stars regnen zu lassen. Dass Eltern ihre Kinder ohne Not einfach nicht mehr schützen, sondern sie wie kleine Erwachsene behandeln und ihnen Erwachsenenthemen zumuten, ist seit Kriegszeiten und davor seit dem Mittelalter nicht mehr vorgekommen.

Aber, wie immer mit Genussmitteln: Es trifft nicht alle gleich hart. Nicht alle Menschen werden von den Glücksmomenten abhängig, die sie in der virtuellen Umgebung erleben.

Von hundert Jugendlichen zeigen etwa dreizehn ein riskantes oder sogar abhängiges Spielverhalten – circa knapp 700 000 deutsche Kinder und Jugendliche, so die Mediensucht 2020-Studie der DAK und des Deutschen Zentrums für Suchtfragen. Ähnlich problematisch ist die Nutzung von Social Media.

Verständlich, dass Daniela Ludwig, die Drogenbeauftragte der Bundesregierung, 2020 warnte: »Medien- und Internetabhängigkeit ist die Droge der Zukunft. Immer mehr Kinder, Jugendliche und junge Erwachsene nutzen die digitalen Medien mehr, als ihnen guttut.«

Die Daten einer aktuellen Studie der Bundeszentrale für gesundheitliche Aufklärung aus dem Jahr 2019 bestätigen, dass inzwischen mehr als 30 Prozent der Jugendlichen das Internet auf problematische Weise nutzen – 10 Prozent mehr als noch 2015. Bei über 8 Prozent sei von einem krankhaft gestörten Verhalten auszugehen.

Auch wenn die Zahlen also steigen, ist eines deutlich: Jeder Mensch hat in einer bestimmten Umwelt ein unterschiedliches Gefährdungspotenzial, süchtig nach Computerspielen oder Anerkennung auf sozialen Plattformen zu werden und im Strudel des Internets unterzugehen. Wie in einer Art Bermudadreieck des Internets entsteht nur dann ein gefährlicher und bedrohlicher Sog, ein Suchtstrudel, wenn sich Risikofaktoren in drei entscheidenden Eckpfeilern summieren: bei der persönlichen Veranlagung, vor allem der Selbstkontrolle, bei der prägenden Umwelt, zum Beispiel der Familie und den Freunden, und der Verführungskraft der Computerspiele. Online-Halma hat schließlich noch niemanden süchtig gemacht.

Es gibt Lebensphasen, zum Beispiel die Pubertät, in denen verstärkt virtuelle Glückserlebnisse gesucht werden. Wenn der Alltag frustrierend ist, man sich einsam, gekränkt und unverstanden fühlt. Also aus Sicht eines Teenies: fast immer. Süchtig im klinischen Sinne werden jedoch nur unter 10 Prozent. Woran liegt es also?

Riskant sind zum Beispiel persönliche Merkmale, die wohl viele – in geringer Ausprägung – von sich selbst kennen: mangelnde Strategien zur Konfliktbewältigung, Tendenz zur Aufschieberitis (Prokrastination), womöglich nicht optimales Lernverhalten, ein gering ausgeprägtes Selbstwertgefühl und etwas zu schwache Gewissenhaftigkeit. Also immer dann, wenn die Selbststeuerung nicht gut ausgebildet ist, was bei vielen Minderjährigen, oft Jungen, der Fall ist.

Ich las in der Fachliteratur, dass nicht wenige Betroffene gleichzeitig mit Depressionen, Angststörungen, sozialen Phobien, Alkohol- oder Drogenmissbrauch, Störungen des Sozialverhaltens, ADHS oder Störungen aus dem Autismus-Spektrum zu kämpfen hatten – wobei nicht immer klar war, was Henne und was Ei war.

Das erklärte auch die Fragebogen, die wir bei unserem ersten Besuch in der Spezialambulanz ausgefüllt hatten. Wir hatten ankreuzen müssen, ob Lennart an Depressionen oder Ähnlichem litt.

Warum bei manchen Betroffenen gleich zwei Unsterne am Himmel aufgehen, ist noch nicht in allen Einzelheiten erforscht. Denn es bedeutet natürlich nicht, dass alle Computerspielsüchtigen depressiv oder ängstlich sind und werden. Ebenso wenig, dass alle Autisten oder Menschen mit ADHS computerspielsüchtig werden.

Aber: Eltern, die bemerken, dass es ihren Kindern schwerfällt, sich zu steuern, unbeschwerte Freude im Alltag zu empfinden oder Freundschaften aufrechtzuerhalten, sollten deshalb besonders viel Wert auf »analoge« Aktivitäten und Beziehungen legen. Denn ihre Kinder könnten die Belohnungssysteme und Wirkmechanismen verschiedener Computerspiele besonders attraktiv finden.

Ich ließ den Artikel auf meine Bettdecke sinken. Okay, check, verstanden. Auch kleinere Risiken können in Summe bedeutsam werden. Ansonsten läuft alles nach einem neurobiologischen Schema F ab.

Ich überlegte, was dies für unsere Familie bedeutete.

Das Gute: Die neurobiologischen Wirkmechanismen ließen sich genau nach Schema F überlisten, das wir ja nun durchschaut hatten. Der Nachteil war: So einfach ließen sich lieb gewonnene Gewohnheiten nicht löschen. Mir gelang es seit über dreißig Jahren nicht, im Spätsommer auf mein zweites Stück Pflaumenkuchen mit Sahne zu verzichten.

Schlimmer noch bei richtigen Abhängigkeiten: Der Entzug löst im Gehirn regelrechten Alarm aus. Der Suchtdruck, das sogenannte Craving, kann extrem unangenehm werden für die Süchtigen und für ihre Angehörigen. In einem Fachbuch las ich von dem Fall einer Mutter, die beim kalten Entzug von ihrem minderjährigen süchtigen Sohn körperlich angegriffen wurde und dann, als sie ins Bad flüchtete, zuhören musste, wie das Wohnungsmobiliar zerlegt wurde.

Mich schauderte es. Ich mochte mir nicht vorstellen, in welche Situationen ich als Suchtmanagerin unter Umständen noch geraten könnte.

ZAUBERWÜRFEL UND PFERDE-ZEN
Auf Glückssuche in der »echten Welt«

Lennart hatte den Suchtdruck verhältnismäßig gut im Griff. Körperliche Entzugserscheinungen und Aggressionen wie an Halloween mussten wir zum Glück nicht erleben, seit der Entzug gestartet hatte. Nach einer Woche war er jedoch noch immer auffallend unruhig und übel gelaunt. Es war schwer für uns, ihn zu irgendetwas zu motivieren. Selbst Filme gucken oder gemeinsame Gesellschaftsspiele erforderten hohe Überredungskünste.

Hier bewies mein Mann starke Nerven. Jedes Mal, wenn mein Mann vorschlug: »Wollen wir alle gemeinsam was spielen?«, freute ich mich wie verrückt. Ich konnte mir seit einem Jahrzehnt nicht merken, dass Gesellschaftsspiele zu fünft bei uns immer wieder in der Hitze des Gefechts zu lautstarkem Tumult, umgekippten Stühlen und Haareraufen führten. Ich vergaß immer wieder aufs Neue, dass Teenies und erst recht jüngere Kinder noch dabei waren zu lernen, anderen Spielpartnern zuzuhören, mit Sieg und Verlust umzugehen und auch bei drohenden Niederlagen Regeln einzuhalten.

Gerade jetzt, im Entzug, war ein gemeinsamer Spieleabend ein Tanz auf dem Vulkan. Lennart war dünnhäutig und fahrig. Er warf Spielfiguren um, als wäre er drei Jahre alt und gerade bei *Spitz, pass auf!* besiegt worden.

Siedler von Catan führte bereits nach 12 Minuten statt wie gewohnt nach 55 Minuten zum Streit, wenn Lenni kein Würfelglück hatte oder er nur mittelmäßige Standorte besiedeln konnte.

Wir wichen auf kindergartentaugliche Spiele wie *UNO, Wizard, Carcassonne, Sagaland* oder *Maumau* aus. Sophie und Franzi verdrehten die Augen, aber sie spielten mit.

Mir fiel an Lennarts Händen auf, dass er nervöser war als sonst. Fahrig griff er nach einem liegen gebliebenen Kugelschreiber, legte ihn wieder weg, spielte mit dem Deckel der Wasserflasche, balancierte die Fernbedienung. Es war, als ob seine Hände nach dem Halt suchten, den ihm das Handy früher einmal gegeben hatte.

Klar, dachte ich. Im Alltag nahmen wir ja alle ständig das Handy in die Hand, legten es weg, nahmen es wieder auf. Wir waren es gewohnt, die schöne glatte Oberfläche zu berühren und darauf herumzuspielen.

Es musste etwas anderes Spannendes her, an dem er stundenlang rumfingern konnte. Alles, was mir einfiel, war: ein Zauberwürfel. Wir hatten sogar noch einen. Es gab nur ein Problem: Wie sollte ich Lenni dafür begeistern, wenn ich den Frust und die ausbleibenden Erfolgserlebnisse schon vorhersehen konnte, weil ich das räumliche Logikrätsel selbst weder lösen noch es ihm beibringen konnte?

Ich brauchte also einen guten Plan. Eine todsichere Methode, um in kürzester Zeit echte Erfolgserlebnisse für uns sicherzustellen. Abends suchte ich bei YouTube nach einem einfachen und einprägsamen Tutorial. Meine Suche »Zauberwürfel lösen für Anfänger einfach« förderte ein 43-minütiges Erklärvideo zutage, das ich auswählte und anklickte, weil es deutschsprachig war, 6,8 Millionen Aufrufe hatte und nur wenige Hundert Dislikes.

Und tatsächlich: *DyingWizardOdo* hatte eine sympathische, beruhigende Stimme und verkündete selbstbewusst, in sieben einfachen Schritten wäre ich am Ziel. Check.

Am nächsten Nachmittag nach der Schule erwartete ich Lenni ausstaffiert mit Zauberwürfel und Handy auf dem Sofa.

»Kannst du mir helfen? Ich möchte den Zauberwürfel lösen und hab hier so ein YouTube-Video.«

Lennart hörte nur »YouTube-Video«, blickte auf das Handy in meiner Hand und saß in null Komma nichts neben mir. Er durfte das Handy nicht anfassen, aber ich legte es zwischen uns auf das Sofapolster, damit wir beide gut sehen konnten, und drückte auf Start.

Wieder legte *DyingWizardOdo* los. Schon nach 40 Sekunden musste ich die Video-Anleitung stoppen, zurückspulen und sie noch einmal laufen lassen.

Ich drückte unserem Sohn den Zauberwürfel in die Hand und sagte: »Mach du mal. Du kannst das besser.«

Wir wiederholten die Anfangsszene sechs- bis achtmal, bis wir das »Weiße Kreuz« hinbekommen hatten. Im selben Tempo arbeiteten wir uns durch das 43-minütige Tutorial zum »Hamburger« und dem »Auto« vor. Das »Ausschwenken der Hecklichter« bei besagtem Auto-Move habe ich bis heute nicht verstanden, aber gemeinsam schafften wir den »Balken«, den »Fisch«, den »Links-Rechts-Rechts-Links-Move« und zum Schluss das »Telefon«.

Mein Mann schaute mich vorwurfsvoll an, weil wir uns mitten im kalten Entzug in Summe vermutlich 13 Stunden lang ein und dasselbe YouTube-Video angeschaut hatten. Er merkte, dass ich meine medienpädagogische Einstellung offenbar um 180 Grad gedreht hatte, und war sich nicht sicher, ob ich noch alle Tassen im Schrank hatte.

Misstrauisch registrierte er den schwärmenden Unterton, wenn ich von *DyingWizardOdo* sprach. Ich beruhigte ihn. Es war rein platonisch. Weder wusste ich, warum Odo, der Zauberer, im Sterben lag, noch, welcher Körper die sympathische Stimme des IT-Freaks zum Schwingen brachte. Allerdings vermutete ich, dass diese Unkenntnis von Vorteil war.

Es reichte, dass Odo mir und Lennart eine beträchtliche Opiatausschüttung und dadurch Euphorie verschafft hatte, als es uns nach anderthalb Wochen endlich gelang, das Scheißding zu lösen. Inzwischen hätte ich das Zauberwürfel-Tutorial, das mich anfangs noch nervös gemacht hatte, als Entspannungsvideo missbrauchen können, so viel Dopamin schüttete mein Zwischenhirn aus, wenn ich nur Odos beruhigende Stimme hörte.

Lennart teilte meine Begeisterung. Und er war happy, dass er nicht mehr mit leeren Händen im Schulbus sitzen musste, sondern mit fliegenden Fingern rote, orange, weiße, gelbe, grüne und blaue Plastikquader hin und her wirbeln konnte.

Er hatte sich inzwischen frei gemacht von seinem Meister und konnte den Zauberwürfel alleine lösen, was in den 80ern noch »gähn«, aber heute »geil« war und ihm Sympathiepunkte bei den eingefleischten Dauer-Zockern aus der Nachbarklasse einbrachte, die er sich durch seine nicht ganz freiwillige digitale Exkommunikation verspielt hatte.

Computerspielsüchtige verbringen einen großen Teil ihres Lebens reglos vor dem Bildschirm. Es ist logisch und vorteilhaft, dass sie ihre schmerzenden Pomuskeln und Beine nicht mehr spüren und ihre ungeduschten Körper nicht mehr riechen.

Genauso logisch ist, dass sie durch das viele Spielen keine Zeit mehr für andere Aktivitäten finden. Wie auch? Frühere Interessen und Hobbys sind bei vielen Süchtigen zum Stillstand gekommen bzw. verschwunden. Die Patienten haben völlig vergessen und verlernt, dass es sie gab und dass sie einmal Spaß gemacht hatten.

Dazu kommt: Viele pathologische Gamer fühlen sich im echten Leben nicht mehr wertgeschätzt. Herr Körner-Nitsche hatte erklärt, dass viele computerspielsüchtige Kinder und Teenager Gedanken im Kopf haben, die ihre Eltern überraschen und bestürzen. »Außerhalb des Internets ist alles langweilig« oder »Außerhalb des Internets bin ich nichts wert«. Viele erwarten von vornherein das Schlimmste, wenn sie in die Schule oder auf den Bolzplatz zu den anderen Kindern aus dem Viertel gehen. Denn sie glauben allen Ernstes: »Ich werde nur im Internet von anderen wahrgenommen und respektiert.« Mit dieser Einstellung und der entsprechenden Ausstrahlung erfüllt sich ihre eigene düstere Prophezeiung dann eigentlich schon fast von allein.

In der Therapie geht es deshalb darum, die Selbstsabotage zu beenden, die verzerrten Annahmen zurechtzurücken, wieder aus den Onlinewelten aufzutauchen und den Sprung ins wahre Leben zu wagen. Dabei brauchen sie viel Unterstützung.

Der niederländische Arzt und Buchautor Prof. Bert te Wildt beschreibt es in einem Interview im *Deutschen Ärzteblatt* so: »Das ist so, als wenn Sie nach Jahren zum ersten Mal an einem sonnigen Tag kopfüber in einen kalten See springen. Da rutscht einem erst mal das Herz in die Hose, und man ist dankbar für Zuspruch. So ein Sprung ins kalte Wasser kostet viel Überwindung und Mut. Es ist dann aber auch ein Freudensprung darüber, wieder im ursprünglichen, analogen Leben anzukommen.«

Meine Familie und meine Freunde wissen aus leidvoller Erfahrung, dass ich als leidenschaftliche Wildschwimmerin zu fast jeder Tages- und Jahreszeit die Gelegenheit nutze, in schottische Lochs und norddeutsche Meere zu springen – selbst im Winter nach der Sauna in die eiskalte Ostsee. Ich liebe das Glücksgefühl danach! Die Finnen behaupten sogar, der Sprung ins Eisloch nach der Sauna sei besser als Sex. Wichtig dabei sei allerdings, auf dem Weg durch den Schnee zum Eisloch Socken zu tragen und den Kopf mit einer Mütze vor Unterkühlung zu schützen.

Zumindest verstand und fühlte ich jetzt endlich, was Lenni wohl guttun könnte. Er brauchte genauso ein unfassbar gutes Gefühl des Abenteuers, der Freiheit, der strotzenden Lebensfreude und des Glücks außerhalb des Internets – ein »natural high«!

Wir mussten also für ihn analoge Alternativen für seine virtuellen Glücksmomente finden, mit echten Menschen aus Fleisch und Blut, von denen er sich so wertgeschätzt fühlte wie von seinen virtuellen Spielerkumpels. Wir mussten unserem Sohn ermöglichen, wieder in Kontakt mit sich selbst und seinem elfjährigen Körper zu kommen.

Herr Körner-Nitsche hatte bei unserer ersten Sitzung in der Klinik bereits erforscht, welche Interessen und Freizeitaktivitäten Lennart früher gehabt hatte. Nun mussten wir sie nur noch aus der Mottenkiste holen, die Staubflocken wegpusten und den alten Hobbys unseres Sohnes neues Leben einhauchen.

Selbst das Zwischenhirn hatte die alten Freizeitaktivitäten als »tot« abgestempelt, wie einen vor langer Zeit aufgegebenen Schacht in einem Goldbergwerk. Alle Hinweisschilder waren abgebaut, die Pfade mit Gras überwuchert und unkenntlich. Nicht ganz ernst zu nehmende Alte wie die eigenen Eltern und Großeltern brabbelten noch von den guten alten Zeiten, als Kinder noch den ganzen Tag gemeinsam auf der Straße spielten und die mickrigen Goldadern der analogen Abenteuer noch glücklich machten. Doch wie fand man zu ihnen zurück? Und warum sollte man überhaupt? Das sagenhafte Eldorado im Internet ließ doch keine Wünsche offen!

Nun, für Lenni gab es gezwungenermaßen einen Grund. Das Eldorado im World Wide Web hatte für ihn seit dem 20. November dieses Jahres überraschend geschlossen. Und der Türsteher – seine Mutter – hatte eine Gästeliste, auf der sein Name leider nicht vermerkt war.

Überraschend erwies sich die Türsteherin seit mehreren Wochen als körperlich und mental ernst zu nehmende Gegnerin. Unermüdlich patrouillierte sie entlang aller einschlägig bekannten Hintereingänge und kontrollierte alle Einbruchversuche inklusive gefälschter Gästelisten und Passwörter.

Nach drei Wochen fernab aller digitaler Freuden begann sich Lennart ernsthaft zu langweilen und schien erstmals gewillt, über analoge Hobbys nachzudenken.

Dennoch: Die Reanimation seiner Hobbys verlief schleppend. Immerhin war Lennart noch nicht aus seiner Handball- und Tennismannschaft rausgeflogen. Immerhin hatte er lustlos an den meisten seiner sportlichen Termine teilgenommen.

Bei vielen Menschen, die medienbezogene Störungen aufweisen, ist der Persönlichkeitsfaktor »Gewissenhaftigkeit« geringer ausgebildet, wie Studien belegen. Lennart hat Glück oder Pech, dass dieser Persönlichkeitsfaktor bei seiner Mutter jedoch sehr gut entwickelt ist.

Aus diesem Grund hatte Lenni kaum eine Chance gehabt, sein Sporttraining schleifen zu lassen, auch wenn es jede Woche nervtötend und unvorstellbar anstrengend war, ihn dazu zu bewegen, sich aufzuraffen, seine Klamotten zu suchen und pünktlich zur Halle zu fahren.

Er hatte, je nachdem wie erschöpft ich selbst war, zwei- bis dreimal Erfolg mit Schwänzen und war – wie ich hoffte mit schlechtem Gewissen – zu Hause geblieben.

Ein anderes Mal kam er nie beim Tennisplatz an. Er hatte unterwegs seine Kumpels auf dem Bolzplatz entdeckt und schnell eine spannende Partie Fußball mitgespielt. Er schaffte es – schlau! –, zur normalen Uhrzeit wieder zu Hause zu sein. Ich hätte es nie gemerkt, wenn die befreundete Trainerin nicht per WhatsApp nachgefragt hätte.

Ich hatte das Gefühl, ein positiver Neustart mit einer überraschenden neuen Aktivität täte uns allen gut, fernab von bekannten Konfliktlinien. Ich fasste Mut, alte Freizeitaktivitäten, die ein bisschen Abenteuer und Teamgeist versprachen und ihm früher einmal Spaß gemacht hatten, wiederzubeleben.

Vielleicht Rettungsschwimmen? Er liebte Wasser, tobte gerne in Pools, Flüssen, Seen und Meeren, aber ich wusste, dass ich ihn jetzt im Winter weder für das Nikolaus-Schwimmen des hiesigen Schwimmclubs noch für ein straffes Bahnen-Schwimmtraining beim DLRG begeistern konnte.

Ich überlegte, was in dieser dunklen Jahreszeit Ende November außerdem noch Action außerhalb des internetverseuchten Hauses versprach. Vielleicht Klettern? Aber ich verspürte wenig Lust, 13 Kilometer über die Autobahn zur nächstgelegenen Kletterhalle zu fahren.

Ich las im Internet von Aktionen, die mein Herz höherschlagen ließen: Es gab Programme, in denen schulmüde und etwas problematische Teenager zu Fuß die Alpen überquerten oder den Atlantik auf einem Segelboot. Für jüngere Kinder fand ich nichts. Nächstmöglicher Starttermin: 2023, wenn Lenni das Mindestalter von fünfzehn Jahren erreicht hätte. So lange konnten wir nicht warten.

Mir gefiel die Vorstellung, dass Lennart so wie ich wieder Gefallen an echten Abenteuern bei Wind und Wetter mit echtem Matsch und echtem Schweiß finden könnte. Ich dachte nach, welche kleinen Fluchten aus dem Alltag, welche Mikroabenteuer ihn werktags nach der Schule in intensiven Kontakt mit dem wahren Leben auf diesem Planeten bringen konnte. Gleichzeitig musste es etwas sein, das logistisch realisierbar war.

Mir fiel ein, wie tierlieb Lennart war. Er liebte unseren Hund über alles. Und früher war er gerne auf dem Rücken des geliebten, aber leider verstorbenen Nachbarsponys durch den Wald gezuckelt. Mir fiel Christina ein – eine Bekannte, die als ausgebildete Reittherapeutin auf einem Hof nicht weit von uns arbeitete. In Ermangelung einer anderen Idee oder Alternative rief ich sie an, schilderte unsere Situation und bekam einen Nottermin.

Ich vermutete richtig, dass Lenni keinen Bock hatte. Früher hätte ich wohl nie darauf gedrungen, dass eines meiner Kinder einen Kurs besucht, auf den es nicht selbst große Lust hat. Schließlich ging jede neue Freizeitaktivität auch mit neuen Terminen, elterlichen Taxifahrten, weiterer Kosten und noch mehr Schmutzwäsche einher.

Dank der Nachhilfestunden bei Herrn Körner-Nitsche in der Spezialambulanz hatte ich jedoch neue pädagogische Erkenntnisse gewonnen und wusste, dass wir in einer ungewöhnlichen Situation steckten, die noch ungewöhnlichere Maßnahmen erforderte.

Ich wappnete mich also mental und schaffte es mit konzentriertem Atmen und autosuggestiven Entspannungsübungen, den mehrminütigen Schwall an Unmut, Nörgeleien, Widerworten und Provokationen stoisch über mich ergehen zu lassen. Als Lennart kurz erschöpft Luft holte, setzte ich mit einem Machtwort durch, dass er in der nächsten Woche eine Schnupperstunde »heilpädagogisches Reiten« besuchen würde. Es funktionierte überraschend gut.

Wir brachen am nächsten Freitagnachmittag um 14:40 Uhr auf. Die Vorzeichen und Erfolgsaussichten hätten schlimmer nicht sein können. Es dämmerte und goss in Strömen. Unsere Regenjacken waren bereits beim Einsteigen ins Auto nass geworden. Ihre Feuchtigkeit ließ die Windschutzscheibe von innen beschlagen. Außen kämpfte sich der Scheibenwischer auf höchster Stufe durch den klatschenden Landregen.

Wir schlängelten uns bei ungemütlichen neun Grad über die kurvige Landstraße durch die Hügel des Bergischen Landes östlich von Köln. Lennart guckte entgeistert auf die trostlosen erdbraunen Felder, auf denen vergessene Stängel von Maispflanzen im Matsch vor sich hin gammelten und die Regentropfen Blasen in die Pfützen der Ackerfurchen schlugen.

Ich sagte: »Übrigens, Christina hat keine Reithalle«, was Lennart gerade selbst geschockt erkannte, als wir auf den hübsch restaurierten Fachwerkhof rollten und der klitschnasse Außen-reitplatz im strömenden Regen ins Blickfeld kam.

Meine Bekannte empfing uns lächelnd mit rosigen Wangen in Regenoverall, Mütze und gefütterten Gummistiefeln. Ich überließ Lenni seinem Schicksal und flüchtete vor dem Wetter schnellstmöglich ins Auto zurück.

Christina ist eine sanfte, aber durchsetzungsstarke und er-fahrene Pferde- und Kinderflüsterin. Zu ihr kommen Eltern mit Kindern, die von unterschiedlichsten Schicksalsschlägen gezeichnet und vom Leben nicht immer liebevoll behandelt worden sind. Eltern und Kinder: Alle atmen hier oben auf dem Berg durch. Die Kinder blühen beim Umgang mit den urigen irischen Pferden auf, genießen die Wärme der Pferde-körper und ihr sanftes Wesen.

Hier geht es nicht um Leistung. Hier geht es um Glück. »Die Kinder und die Pferde sollen positiver vom Platz gehen, als sie reingekommen sind«, erklärte die Reittherapeutin. »Beide sollen in der Stunde irgendeine Kleinigkeit über sich oder den anderen gelernt haben, einen kleinen gemeinsamen Aha-Moment erleben, sich und ihre Körper spüren.«

Am meisten überraschte die Kinder, wie sensibel die schwe-ren, kräftigen Tiere auf den Herzschlag und die feinste Körper-sprache ihrer Reiter reagierten. Es reichte, tief auszuatmen, und die Pferde blieben stehen.

Nach Ablauf der Schnupperstunde kamen Lenni und die Trainerin aus dem hell erleuchteten Stall zu mir heraus ins Dämmerlicht des Novembernachmittags. Mir kamen fast die Tränen der Erleichterung, als ich sah, wie gut unserem Sohn allein diese 45 Minuten mit den triefenden, zotteligen, schwarz-weißen Tinker-Pferden getan hatte.

Er sah aus, wie ein elfjähriges Kind an einem ungemütlichen Herbsttag aussehen sollte: glühende Wangen, strahlende Augen, entspannte Gesichtszüge. Matschig, aber glücklich im Hier und Jetzt.

Es sprudelte aus Lenni heraus: »Ich habe mich im Stall auf einer weichen Decke auf den Rücken von Buddy gelegt – rückwärts! Mit dem Kopf hinten auf seinen Po! Und dann hat mir Christina eine Traumreise-Geschichte vorgelesen. Zum Schluss ist das Pferd eingeschlafen, hat das rechte Hinterbein angewinkelt und ich wäre fast runter ins Stroh gerutscht, weil mein Kopfkissen – der dicke Pferdepo – rechts runtergesackt ist.«

Christina und Lenni lachten einträchtig. Lennart strahlte sie an. Ich war überrascht, wie befreit er wirkte, als ob jede Last von ihm gefallen sei. Es war schwer vorzustellen, dass er ansonsten nichts lieber getan hatte, als im Internet auf Menschenfiguren zu schießen.

Es gab mir einen Stich, wie lange ich ihn nicht mehr so gelöst und glücklich erlebt hatte. Ich musste schlucken und versprach mir selbst, von jetzt an alles daranzusetzen, ihm so viele Glücksmomente in seinem »echten« Kinderleben zu bescheren wie möglich. Egal wie, egal mit welchen Aktionen. Wenn es so sein sollte, dann eben mit heilpädagogischem Reiten.

Lennart brachte selbst für meine pferdeerfahrene Nase einen fast unerträglichen Schwall an feuchter Luft mit ins Auto, die geschwängert war mit einer Mischung aus Mist, Jauche, nassem Pferd und nassem Sechstklässler.

Er meinte, er würde sich so gut fühlen, dass er am liebsten zocken würde, wenn wir zu Hause wären.

Ich seufzte. Wir hatten dann doch wohl noch einen etwas längeren Weg vor uns.

TEIL 4

DIE THERAPIE

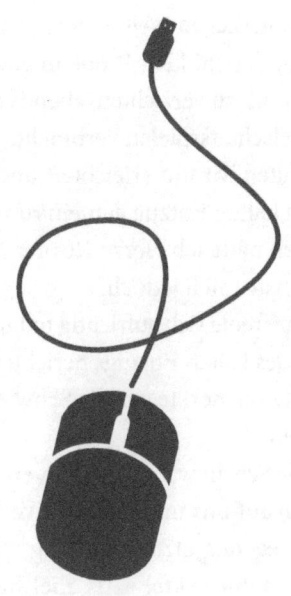

LENNI UND DIE DETEKTIVE
Aufspüren der Suchtauslöser

Weihnachten und Silvester waren vergangen, das neue Jahr war noch jung. Kurz nach den zweiwöchigen Winterferien sahen wir unseren Therapeuten wieder. Er schien uns vertraut wie ein langjähriger Freund. Tatsächlich begegnete ich ihm in unserem Leben erst zum dritten Mal.

Automatisch hatten wir drei im Besprechungszimmer der Klinik unsere vertrauten Stühle eingenommen und schauten Herrn Körner-Nitsche erwartungsvoll an.

Erst wenige Tage zuvor waren wir aus den Alpen zurückgekehrt und fühlten uns von der Auszeit in den Bergen beschwingt. In der winterlichen Welt seiner kleinen Tiroler Kinderskischule war es für Lenni kein Problem gewesen, auf Handy und andere Elektronik zu verzichten, abends hatten wir schöne Stunden mit Gesellschaftsspielen verbracht.

Insgeheim fühlten wir uns erleichtert und fast ein bisschen stolz, dass wir den kalten Entzug gemeinsam so gut gemeistert hatten. Am liebsten hätte ich Herrn Körner-Nitsche alles haarklein erzählt, bremste mich jedoch.

Der Psychologe freute sich aufrichtig mit uns, als wir reihum von den Erfolgen des kalten Entzugs berichteten, die er ebenso in der Krankenakte vermerkte wie die Schwierigkeiten, auf die wir gestoßen waren.

Der erste große Schritt war gemeistert, er sagte, wir könnten zu Recht stolz sein auf uns und die positive Kraft mitnehmen auf den Therapieweg, der jetzt vor uns lag.

Er schaute in seine Akte: »Als Ziel hatten wir uns gesetzt: Lennart soll kompetent online Computergames spielen lernen.«

Ich spürte es mehr, als dass ich es aus dem Augenwinkel sah: Mein Mann guckte mich skeptisch von der Seite an. Ich hielt stoisch Blickkontakt zu Herrn Körner-Nitsche und versuchte, meine unangenehme Vorahnung zu zerstreuen.

War unser Ziel wirklich realistisch? Waren wir bereit und fähig für die nächsten Schritte? Unsere Familie hatte viele Stärken, aber waren wir auch therapiefähig? Der kalte Entzug war in erster Linie für Lenni ein harter Marathon gewesen, für die restliche Familie im Vergleich eher ein längerer Spaziergang. So würde es nicht bleiben.

Lennart strahlte uns von der Seite an. Er schien es kaum erwarten zu können. Vermutlich dachte er, mit dem kalten Entzug sei die Therapie bereits abgeschlossen. Doch so war es leider nicht. Der akute Suchtdruck, das Craving, war eingedämmt, für den Moment. Die Sicherheit war jedoch nur konstruiert und flüchtig. Einer Sucht konnte man nicht vertrauen.

Vergessen hatte Lennis Gehirn nicht, wie es todsicher für einen kurzen Moment glücklich wurde. Nicht nachhaltig, aber »fast and dirty«. Ein unbeobachteter Augenblick, ein achtlos liegen gelassenes und entsperrtes Handy, und die schlummernden Glücksritter in seinem Hirn würden zu neuem Leben erwachen und Lenni erneut in altbekannte Verhaltensmuster treiben: heimliches Zocken bis zum kurzen Glücksrausch. Dann Schuldgefühle, Angst, Vertuschen der Heimlichkeiten, neuer Suchtdruck, Ausspähen neuer Glückschancen, neue Lügen aus großen Kinderaugen, die teils fürchteten, teils hofften, ertappt zu werden.

Sein Gehirn musste vergessen lernen. Es musste Zufriedenheit und Entspannung auf gesunde Weise lernen.

Aber was sind gute, nicht schädigende Glücksgefühle und wie bringen wir sie unseren Kindern bei? Ich hätte geglaubt, dass wir gerade darin nicht schlecht gewesen waren: Sophie,

Franzi und Lenni kleine und große Abenteuer zu bieten und vorzuleben, was Zufriedenheit und Glück im Kleinen wie im Großen bedeuten konnte, trotz aller Pflichten, Widrigkeiten und Anstrengungen, die das Leben mit sich brachte.

Die Fackelwanderungen mit Gruselgeschichten bei Nacht, die Fahrradtouren mit Freunden zur Eisdiele, das Inline-Skating mit Hund, das Versteckspiel in den sommerlichen Dünen, das Canyoning in eiskalten Bergflüssen, das Drachensteigen am stürmischen Strand, das Stand-up-Paddling und Kajakfahren auf dem Meer.

Wir Eltern zehrten lange von unseren Familienabenteuern. Doch Lennarts Erinnerungen schienen im Alltag zu verblassen gegen den gleißenden Rausch, den die genial konstruierten virtuellen Spielwelten im Kinderzimmer auslösten. Lennis unfertiges Kinderhirn hatte sich leicht von Brawl Stars, Fortnite und Co. beeindrucken lassen und schnell gelernt. Aus dem belanglosen Vergnügen wurde in null Komma nichts schädliche Gewohnheit. Tief gruben sich die biochemischen Automatismen ins Nervensystem ein.

Niemand kommt ohne Weiteres gegen seine Gewohnheiten an: Gewohnheiten helfen Menschen und Tieren seit Jahrtausenden zu überleben. Gewohnheiten automatisieren wichtige Abläufe, schaffen freie Kapazitäten im Gehirn für andere bedeutsame Aufgaben. Kein Wunder, dass Gewohnheiten neuronal extra gut gegen Löschen gesichert sind.

Und ausgerechnet wir sollten gegen diese neuronalen Urkräfte der Menschheit ankommen? Herr Körner-Nitsche würde uns Tipps geben, umsetzen mussten jedoch wir Eltern sie. Ich hätte heulen können, so groß kam mir diese Aufgabe vor. Und sie war es auch.

Ich sah mich bereits wie eine ältliche Zeugin Jehovas in dunkelbeigen Strumpfhosen und braunem, wadenlangen Rock an die Kinderzimmertür klopfen und Lennart eine schlecht gemachte 16-seitige Broschüre *Erwache! Lerne analoges Glück!* in Vierfarbdruck entgegenstrecken und dafür schallendes Gelächter ernten.

Ich schob meine Gedanken beiseite und versuchte, sachlich zu bleiben. Natürlich war es theoretisch machbar, Gewohnheiten zu ändern, aber es war schwierig und langwierig.

Herr Körner-Nitsche erklärte: »Das Suchtverhalten funktioniert wie eine Krücke, mit der der Süchtige durch den Alltag läuft, weil er sein schmerzendes Bein entlasten will. So wie die Krücke übernimmt das Suchtverhalten meist irgendeine Funktion.«

Interessant. Die Frage war, welche wichtige Funktion das Zocken neben trivialen und legitimen Funktionen wie Spaß und Unterhaltung für Lenni übernahm.

Der Psychologe verriet es uns: Fast immer geht es im Kern darum, wichtige menschliche Bedürfnisse zu regulieren und unangenehme Gefühle in den Griff zu bekommen: Die Sucht hilft, Antriebslosigkeit, Frust, ein bisschen Einsamkeit, oft Langeweile zu verdrängen. Vielen Kindern und Jugendlichen fällt es im Computerspiel leichter, Bedürfnisse nach Anerkennung, Autonomie, Macht, Kontrolle oder Gruppenzugehörigkeit zu befriedigen, als im »echten« Leben.

Bedürfnisse, die jeder kennt. Bedürfnisse, die sich in der Pubertät besonders heftig anfühlen, weil das Hirn noch eine Baustelle ist, die ausgleichende Kontrollzentrale noch nicht fertig und die Hormone verrücktspielen.

Lennart war noch kein Teenie, aber so wie es aussah in einer vorpubertären Sturm-und-Drang-Phase.

Ich stellte mir es so vor, dass sein junges Hirn zwischenzeitlich wie ein Sportwagen ohne Tempolimit unterwegs war. Geradeaus mit Leitplanken und Strohballen am Rand war das nicht schlecht. Im Judoclub hatte er als Newcomer mit seiner

Reaktionsschnelligkeit alte Hasen überrumpelt. Nur was, wenn die Leitplanken und Strohballen nicht schützend am Rand lagen?

Seine Kontrollzentrale schien noch vergleichsweise langsam zu arbeiten. Wie auch immer man sich die Bremsen in seinem Hirn vorstellen mochte: Sie schienen in etwa so griffig wie die Bremsen seines alten 18-Zoll-Kinderfahrrades. Kein Problem im Internet: In den rasanten 3-D-Welten der Games punktete er mit seiner ganzen Schnelligkeit und Reaktionsfähigkeit und fühlte sich sauwohl.

Online erlebte er atemberaubende und gefährliche Abenteuer ohne Beulen am Kopf, eroberte unbekannte Welten, lebte fantastische Fähigkeiten und extravagante Rollen ohne Scham und Reue aus, die der geregelte, durchgetaktete und sichere deutsche Kinderalltag einfach nicht hergaben.

Gleichzeitig sind Computerspiele psychologisch extrem raffiniert aufgebaut. Es braucht schon einen starken Willen und einen klaren Kopf, um sich nicht einwickeln zu lassen und bei normalem Schülerfrust lieber mit Malen, Klavierspiel oder Yoga zu entspannen als mit einer Runde Fortnite. Dabei wird Dopamin erwiesenermaßen auch bei Meditation, Musik und künstlerischen Tätigkeiten freigesetzt, aber nicht so intensiv, also: uninteressant für viele Halbwüchsige.

Läuft der Teufelskreis nach einiger Zeit erst einmal rund, verlernen die Kinder Schritt für Schritt, normale Gefühle wie Frust, Wut oder Langeweile auch anders, also ohne Onlinegames, zu regulieren.

Irgendwann setzt dann die gefürchtete negative Verstärkung ein. Je weniger die Kinder in der realen Welt präsent sind, desto mehr Probleme häufen sich dort an: unerledigte Hausaufgaben, schlechte Noten, unentschuldigte Fehlstunden in der Schule, Streit. Im schlimmsten Fall so lange, bis sich die Kids im Internet mehr zu Hause zu fühlen als in ihrer eigenen Familie. Je bitterer der Frust, desto rascher die Flucht in die Geborgenheit der unwirklichen Spielwelten.

Konfuzius soll gesagt haben: »Von Natur aus sind die Menschen fast gleich; erst die Gewohnheiten entfernen sie voneinander.«

Herr Körner-Nitsche argumentierte zweieinhalbtausend Jahre später ähnlich: Psychologen bestätigen, dass alle Menschen tatsächlich in einem Punkt gleich sind, ob süchtig oder nicht: Wir alle mögen keine schlechten Gefühle und wollen sie schnellstmöglich loswerden. Kein Wunder also, dass wir uns unbewusst auf die Suche nach Dopamin machen, damit wir uns besser fühlen.

Nur: Süchtige haben es sich zur Gewohnheit gemacht, eine besonders berauschende Dopaminquelle anzuzapfen, um schlechte Gefühle so schnell wie möglich loszuwerden und sich wieder besser zu fühlen. Diese Gewohnheit schädigt sie. Die Glücksgefühle rauschen heftig an, um genauso schnell wieder abzuflauen und erneut der unangenehmen inneren Leere Raum zu geben. Der Glückseffekt hält nicht lange vor, die schlechten Gefühle danach scheinen stärker als davor.

Wir alle hörten konzentriert und ruhig zu. Das Dämmerlicht des späten Januarnachmittags hinter der großen Fensterscheibe des Besprechungszimmers war dunkler Nacht gewichen. Ich betrachtete unsere reglosen Gesichter, die sich hell in der pechschwarzen Scheibe spiegelten.

Wir erfuhren: Eine neue Strategie musste her, um mit negativen Gefühlen umzugehen. Doch wovon sprachen wir hier eigentlich?

Herr Körner-Nitsche fragte Lennart: »In welchen Situationen kriegst du besonders Lust zu spielen?«

Lenni guckte unseren Therapeuten ratlos an. Ihm war, wie fast allen betroffenen Kindern und Jugendlichen, nicht klar, was ihn zum pathologischen Zocken motivierte. Und erst recht nicht, wie er dies umschiffen konnte.

Er guckte kurz zu mir herüber: »Na ja, freitags gegen 17 Uhr werde ich schon nervös, wenn ich weiß, dass die Jungs aus meiner Klasse und der Parallelklasse ab 18 Uhr zum Zocken verabredet sind. Vor allem, wenn meine Eltern dann plötzlich davon anfangen, dass wir gemeinsam einen Spieleabend machen oder einen schönen Film gucken wollen. Da kommt so ein Druck, dass ich ins Spiel will, um jeden Preis.«

Ich hörte gebannt zu. Gedanken darüber, welche negativen Gefühle die Sucht auslösten, hatte ich mir bislang nie gemacht.

Herr Körner-Nitsche zitierte einen Kollegen, Klaus Wölfling, einen der führenden Therapeuten für Onlinespielsucht in Deutschland, der die Wurzel des Übels der meisten Süchtigen auf den Punkt brachte: »einsam, ängstlich, männlich«. Dies sei statistisch gerechtfertigt.

Aber passte die Statistik zu unserem Sohn?

Männlich, ja.

Einsam, vielleicht.

Seit Jahren sprach Lenni davon, dass er sich einen kleinen Bruder wünschte, damit er wie seine beiden Schwestern endlich einen Verbündeten »aus dem eigenen Lager« in der Familie hätte.

Aber ängstlich?

Er war der Erste, der sich im Alter von vier Jahren beim St.-Martins-Umzug des Kindergartens von meiner Hand losriss und sich im Dunkeln an der Musikkapelle und den Fackelträgern vorbei zu St. Martin auf seinem stattlichen Schimmel vorkämpfte und krähte: »Du, St. Martin. Die Mama hat gerade gesagt, sie hasst dich!«

Woraufhin ich allen Ernstes von St. Martin persönlich nach vorne zitiert wurde und mich vor versammelter Mannschaft entschuldigen musste für diese unchristliche Äußerung.

Dabei hatte ich weniger den ältlichen Laiendarsteller im roten Umhang persönlich gemeint, sondern eher meinen desolaten Zustand: begraben unter drei unangenehm warmen Winterjacken, derer sich Sophie, Franzi und Lenni längst entledigt hatten. Ihre drei selbst gebastelten Laternen im Arm, außerdem eine Tasche mit Ersatzbatterien und Sammelbeutel. Meine Kinder im dunklen Nirgendwo mit ihren Freunden verschwunden, mein Mann im Büro und ich mutterseelenallein, verschwitzt und angeschickert von zu viel klebrigem Supermarkt-Glühwein, den ein paar Mütter vor dem Kindergarten trotz fast spätsommerlicher Temperaturen im Nieselregen ausgeschenkt hatten. In solchen Momenten konnte einem schon mal ein herzhaftes »Ich hasse St. Martin« über die Lippen kommen.

Dass Lenni hin und wieder Ängste hatte, war gut möglich, sogar wahrscheinlich, doch ein ängstlicher Typ war er nicht. Aber was wussten wir eigentlich von unserem Sohn?

Herr Körner-Nitsche erklärte weiter: Die Gefühle wahrzunehmen erlaubte, sich von ihnen zu distanzieren; sie auszuhalten zu lernen, ohne blindlings in Aktion zu fallen. Puh, dachte ich. Das gelang ja selbst Erwachsenen nicht so ohne Weiteres. Ich schaute den Psychologen an und überlegte, wie viele seiner Patienten und ihrer Familien dies tatsächlich schafften.

Das große Zen-Ziel war, die unangenehmen Gefühle in Ruhe kommen und gehen zu lassen, wie Wellen, die einen Fels in der Brandung überfluteten und sich von allein wieder zurückzogen. Es klang wie in der Broschüre des Achtsamkeits-Kurses, den ich nie besucht hatte …

Herr Körner-Nitsche hob die Stimme: »Lennart, weißt du, was wir jetzt machen? Wir begeben uns auf Spurensuche wie echte Detektive. Wir spüren auf, welche Gefühle diese ganze Kettenreaktion in Gang setzen und welche Auslöser. Bei manchen Kindern reicht das Gefühl des glatten schönen Handys in der Hand, und sie können sich nicht mehr bremsen.«

Mir fiel eine Textstelle aus einem früheren Lieblingslied unseres Sohnes von Julien Bam ein: »Drei Jahre schon / Hab'n wir zusammen gewohnt / Deine Haut im Silberton / Hab'n so oft gelacht (…) Smartphones sind populär / Doch für mich warst du viel mehr / Ich bin nichts ohne dich / Geld für 'n Neues hab ich nicht / Bitte lass mich nicht im Stich / Wenn dein Display bricht!«

Nicht nur das schmeichelnde Gefühl der glatten »Haut im Silberton« kann die Suchtspirale auslösen. Häufig sind es das Gefühl der Maus in der Hand, das Geräusch der klickenden Tasten, das Aufleuchten des Bildschirms, der Anblick des Spiele-Logos, die Musik, die intime Atmosphäre des abgedunkelten Kinderzimmers, der sanfte Druck des Headsets auf dem Kopf. Meist sind es mehrere Reize, die miteinander verkettet sind und den Spielenden Schritt für Schritt in den Teufelskreis der Sucht ziehen.

Um all diese Verstrickungen zu lösen, fingen wir ganz am Anfang an. Und so begann für Lenni der therapeutische Zugriff nach dem Entzug mit einer unfreiwilligen Zeitreise in die digitale Steinzeit.

Er würde sein Smartphone wiederbekommen: ja. Aber er würde es nur nutzen dürfen wie ein analoges, tragbares Telefon, so wie wir Eltern das noch aus der Zeit um die Jahrtausendwende kannten.

Lennart schaute uns entsetzt aus seinen blauen Kinderaugen an, seine geschwungenen dunkelblonden Augenbrauen in die Höhe gezogen.

Herr Körner-Nitsche schmunzelte: »Nur für kurze Zeit, das schaffst du. Stell dir vor: Mit den Telefonen in unserer Jugend konnte man auch nur telefonieren, und wir haben überlebt!«

Skeptisch erwiderte Lennart den Blick des Therapeuten. Dieser legte nach: »Wir wissen ja: Irgendein Reiz auf dem Weg vom Smartphone bis zur Brawl-Stars-App löst dein Suchtverhalten aus. Aber wir wissen nicht, was genau. Das wollen wir herausfinden. Wir starten bei null und tasten uns Schritt für Schritt voran.«

Er fuhr fort: »Du bekommst dein Handy wieder, aber nur zum Telefonieren, keine Weckerfunktion, nichts. Nach zehn Minuten stoppst du und gibst das Handy ohne Aufforderung ab. Wenn das drei, vier Tage gut geklappt hat, darfst du das Handy fünf Minuten länger haben. Du musst dich beweisen, dass du das steuern kannst.«

Lennart sollte von jetzt an parallel die Uhr im Zimmer im Auge behalten, während er das Handy nutzte. Ganz im Sinne des Digital Detox half ihm dabei nicht die Timer-Funktion des Handys, sondern ein laut schrillender, analoger Wecker. Später, als wir bei längeren Zeiträumen waren, eine Sanduhr, um es anspruchsvoller zu machen. Die Uhr hatte ich extra bei einer Mädels-Tour in Münster gekauft, ihr olivfarbener Sand brauchte genau eine Viertelstunde, um lautlos durch das filigrane Glasrohr nach unten zu rieseln.

Ein einfacher, aber wirkungsvoller Trick. Der Blick auf die Uhr sollte ihm helfen, Distanz aufzubauen, sich von seinem Handy nicht völlig in den Bann ziehen zu lassen und das »Aufhören« zu üben.

Obwohl er sein Handy wiederbekommen sollte, sah Lenni nicht gerade begeistert aus:

Schon klar. Ich kannte mich mit Handys viel besser aus als meine Eltern. Aber ich sollte jetzt so eine Art Handy-

führerschein machen und bremsen, stoppen und aussteigen üben? Ätzend. Nur war das meine einzige Chance,
mein Handy vor meinem achtzehnten Geburtstag wie-
derzukriegen. Und so schwer konnte es ja wohl nicht
sein, das mit dem Handy in den Griff zu bekommen.

Marc Körner-Nitsche erklärte, dass wir im Laufe der kommenden Wochen Schritt für Schritt mehr Funktionen seines Smartphones freischalten und jedes Mal akribisch prüfen sollten, ob
Lennart sich im Griff hatte. Als Nächstes würden wir Whats-
App freigeben und schauen, was passierte, wenn Lenni Nachrichten seiner Kumpels las, die sich möglicherweise zum Zocken verabredeten. Danach würden wir mit Computerspielchen
starten, zunächst harmlos mit Apps wie *Vier-Bilder-Ein-Wort*.

Wir waren gespannt, aber hatten gleichzeitig gehörigen
Respekt. Auf keinen Fall wollten wir den Zeitpunkt versäumen,
in dem wir dem noch unbekannten Suchtstimulus richtig nahe-
kamen. Auf gar keinen Fall durfte der Trigger unkontrolliert
seine unheilvolle Macht ausüben.

VERBANNT INS REICH DES ANALOGEN
Unser Therapiebeginn zu Hause

Bei der Verabschiedung von unserem Therapeuten hatte Lennart noch etwas genervt gewirkt, doch auf der Rückfahrt im Auto überwog seine Vorfreude: Er hatte die erste große Etappe, den kalten Entzug, gemeistert, Herr Körner-Nitsche hatte ihn gelobt, und er würde zur Belohnung wie verabredet sein Smartphone wiederbekommen!

Vorher würden wir gemeinsam einen Handy-Nutzungsvertrag ausarbeiten und unterschreiben müssen. Ich zerbrach mir den Kopf, wo wir sein Handy vor sechs Wochen überhaupt versteckt hatten. Es war irgendein ungewohntes Versteck gewesen, das wusste ich noch. Oben in den Einbauschränken in der Küche hinter der Sauciere und den von Oma geerbten gläsernen Dessertschälchen, die wir nie nutzten? Oder seitlich neben dem Stapel dicker blauer Frottee-Strandlaken, die im obersten Fach des Kleiderschranks im Schlafzimmer auf die nächste Badesaison warteten?

Unser Sohn hatte es längst gefunden, was er uns aber erst sehr viel später verriet:

> Es lag bei den Strandlaken ... Ich bin aber nicht drangegangen.

Als die Kinder schliefen, steckten wir Eltern die Köpfe zusammen und überlegten, was der Medienvertrag alles regeln sollte.

Der Handybesitz sollte daran geknüpft werden, dass Lennart am Vortag das Handy ohne Aufforderung zum Ablauf der Frist einem von uns Eltern in die Hand gedrückt hatte. Die erlaubte Nutzungsdauer würde sich bei »guter Führung« alle drei, vier Tage um fünf Minuten erhöhen. Die erlaubten Funktionen sollten wöchentlich, ebenfalls bei guter Führung, erweitert werden: erst nur Telefonieren, später WhatsApp, dann Google, dann YouTube. Die Uhrzeit unseres Handyexperiments: zwischen 18:00 und 19:00 Uhr werktags. Zwischen 17:00 und 19:00 Uhr am Wochenende. Wenn möglich: keine Ausnahmen.

Mein Mann stand auf, holte Rotwein und die allerletzten Reste des Weihnachtsgebäcks. Was für ein Aufriss!

Am nächsten Tag reichten wir unserem Sohn den ausgedruckten Vertrag. Er studierte alles sorgfältig. Im Bruchteil einer Sekunde entdeckte er Unstimmigkeiten.

»Was ist, wenn wir zu dem Zeitpunkt nicht zu Hause sind?« »Wenn ich das Zeitfenster nicht nutze, wird mir die Zeit gutgeschrieben?« »Was passiert, wenn ich es mir heimlich nehme?« »… eine Minute zu spät abgebe? Fünf Minuten?«

Oh, Mann, dachte ich. Das ging ja gut los! Aber im Prinzip hatte Lenni ja recht: Verträge waren dazu da, immer dann das Miteinander zu regeln, wenn es nicht von alleine lief.

Mich wunderte zugleich, dass Lennart die Sicherheitslücken mit einer kindlichen Freude aufdeckte, anstatt sie stillschweigend zur Kenntnis zu nehmen, um sie später auszunutzen. Ihm schienen der Erfolg des Handyexperimentes sowie verlässliche Strukturen in unserer Familie wichtiger zu sein, als nonstop im digitalen Nirwana zu zocken.

Ich schaute ihn liebevoll an, wie er sich mit roten Wangen in die Spielregeln vertiefte und sein neues Handyleben mitgestaltete.

Lennart schien zu akzeptieren, dass es handyfreie Oasen und Zeiträume geben musste. Allerdings beharrte er auf geschwisterlicher Gerechtigkeit. Er kaperte dreist unsere Argumente und forderte, dass auch seine Schwestern vor zu viel Internet geschützt werden mussten und ab sofort Auszeiten berücksichtigen sollten.

Mein Mann und ich schauten uns an. Wir kannten uns gut genug, um zu wissen, dass wir beide innerlich genervt die Augen verdrehten.

Unser Argument, dass die Schwestern älter waren und kein auffallendes Onlineverhalten zeigten und deshalb weiterhin die Privilegien der autonomen Selbststeuerung behalten sollten, ließ unser Jüngster nicht gelten.

»Das ergibt keinen Sinn! Wenn es einem Kind guttut, auf Handyzeiten zu verzichten, dann tut es allen Kindern gut.«

Wir wussten, dass Lennart keinen Bock hatte auf eine Position des süchtigen Underdogs und nun, etwas scheinheilig, versuchte, sein Standing in der Familie zu verbessern. Trotzdem, sein Argument hatte einen wahren Kern. Unsere Familie musste zeigen, wie ernst sie es meinte mit der Optimierung der Medienkompetenz, vor allem wir Eltern.

Sophie und Franzi schäumten vor Wut, als wir ihnen einzeln berichteten, dass wir alle aus Solidarität unser Onlineverhalten transparenter und kontrollierter gestalten wollten. Von wegen Vorbildfunktion und so.

Die vierzehn- und sechzehnjährigen Mädels gifteten herum wie wild gewordene Wespen, in deren schützendem Nest ihre eigenen Eltern gerade mutwillig mit einem Ast herumstocherten. Sie waren überhaupt nicht *amused* und kämpften wie ihr kleiner Bruder mit aller Kraft darum, ihre Pfründe zu schützen. Sie argumentierten, als ginge es um ihr Leben.

»Das ergibt doch keinen Sinn«, hörten wir zum zweiten Mal an diesem Tag. »Nur weil unser kleiner Bruder zu doof ist, mit dem Zocken aufzuhören, sollen wir plötzlich unsere Laptops nachts abgeben? Nö! Machen wir nicht!«

Wir merkten außerdem: Der Zugang zum Internet schien für sie so etwas wie ein Grundlebensmittel zu sein, ähnlich wie Essen, Trinken und Behausung. Unverhandelbar. Die Ressource »Online« war so kostbar, dass alle unsere Kinder sie nur im äußersten Notfall abgeben würden und sich von ihren Erziehungsberechtigten nicht ohne Weiteres alles sagen ließen.

Randnotiz: Im Jahr 2013 hat der Bundesgerichtshof tatsächlich erklärt, dass das Internet zur Lebensgrundlage von Privatpersonen gehört, und hatte Schadenersatz für den Ausfall eines Internetanschlusses anerkannt mit der Begründung: »Die Nutzbarkeit des Internets ist ein Wirtschaftsgut, dessen ständige Verfügbarkeit seit längerer Zeit auch im privaten Bereich für die eigenwirtschaftliche Lebenshaltung typischerweise von zentraler Bedeutung ist.«

Vom Urteil des Bundesgerichtshofs wussten unsere Kinder glücklicherweise nichts. Auch so war die Argumentation schon schwierig genug.

Die Vertragszeichnung musste daher vertagt werden. Es folgten bilaterale Gespräche mit Sophie und Franzi. Zunächst ohne nennenswerten Erfolg. Zum ersten Mal in ihrem Leben begehrten unsere Töchter richtig nachhaltig auf und verharrten vehement auf ihrem Standpunkt. Wir erkannten sie kaum wieder.

Es dauerte zwei Abende der Überzeugungsarbeit, bis sie sich auf eine minimal eingeschränkte WLAN-Zeit mitten in der Nacht, nicht mehr als ein winziges Symbol ihrer Solidarität mit ihrem süchtigen Bruder, einließen und wir den Mediennutzungsvertrag der Familie erweitern und unterzeichnen konnten.

Lenni hatte mit Bleistift die Paragrafen ergänzt. Wir Eltern prüften die Einträge, übernahmen den einen, änderten den anderen, und alle lasen noch einmal die finale Fassung.

Ich spürte, wie wichtig dieser Vertrag für unsere Familie war. Zum ersten Mal verhandelten wir ernsthaft mit unseren

Kindern auf Augenhöhe ein solches Regelwerk. Es war eine fast feierliche Stimmung, getragen von gegenseitigem Respekt, der Furcht vor einem erneuten Absturz und der Hoffnung auf eine bessere gemeinsame Zukunft.

Ich musste an die staatstragende Unterzeichnung des internationalen Abkommens zum iranischen Atomprogramm denken, die wir vor ein paar Jahren im Fernsehen verfolgt hatten. Nach zwölfjährigem Verhandlungsmarathon war die Unterzeichnung ein großer Erfolg gewesen. Leider folgte auf die Euphorie bald Ernüchterung. Der US-amerikanische Präsident hatte das Abkommen kurzerhand wieder gekündigt, weil er kein Interesse oder keine Geduld mehr hatte, sich an die kleinteiligen Regeln der Gemeinschaft zu halten.

Auf dem Weg zum Drucker, der gerade laut summend vier Fassungen des Mediennutzungsvertrags ausspuckte, fragte ich mich still in einem Anflug von ernüchtertem Selbstzweifel, ob wir es als Eltern besser hinbekommen würden als ein Donald Trump. Wir mussten einfach. *Make parents great again!*

Zurück am Esszimmertisch, reichte ich meinem Mann und Lennart die finale Fassung und las sie selbst noch einmal Wort für Wort durch. Feierlich unterschrieben wir.

Und jetzt kam das, was für ihn vermutlich besser war als Weihnachten und Silvester zusammen: Wir überreichten unserem Sohn nach über sechs Wochen sein Handy. Lenni glühte vor Stolz und Verlangen. Er nahm das Handy in die Hand, legte es sich an die Wange und genoss mit geschlossenen Augen die glatte Kühle auf seiner Haut.

Tat das gut! Ich war glücklich. Zumindest im ersten Moment. Denn dann fiel mir ein: Telefonieren interessier-

Drei Wochen nach den Winterferien hatte Lenni also sein Smartphone wieder. Ins Internet durfte er nicht. Auch nicht, um auf YouTube Filme zu gucken.

Stattdessen setzten wir unser filmisches »Therapieprogramm« fort und guckten gemeinsam Filme auf dem guten alten Fernseher. Am dritten Freitagabend nach den Winterferien, an dem sich fast alle von Lennis Kumpels online zum Zocken trafen und vermutlich viel Spaß hatten, machten wir es uns gemütlich mit *Zurück in die Zukunft*. Auch Franzi, seine drei Jahre ältere Schwester, hatte Lust mitzugucken.

Ich war voller Vorfreude, denn es war über dreißig Jahre her, seit ich die Science-Fiction-Trilogie zuletzt geschaut hatte. Die Zeitreisen des amerikanischen Provinz-Teenies Marty McFly (Michael J. Fox), die er gemeinsam mit seinem ältlichen Freund Dr. Emmet L. »Doc« Brown (Christopher Lloyd) in einem zur Zeitmaschine umgebauten Sportwagen DeLorean DMC-12 unternimmt, kamen raus, als ich in der Mittel- und Oberstufe war. Sie wurden genau am Ende des analogen Zeitalters gedreht, kurz bevor das Internet seinen Siegeszug antrat.

Wir starteten mit *Zurück in die Zukunft I*. Meine Kinder fanden ihn witzig und spannend. Ich amüsierte mich über Produktplatzierungen und inhaltliche Ungereimtheiten, die ich damals nicht registriert hatte.

Genau wie im Film verschoben sich bei uns die Zeitachsen und Generationen. Meine fünfzehnjährige Tochter fragte: »Und der Film kam echt raus, als du so alt warst wie ich jetzt?« Sie schaute ungläubig vom Bildschirm auf mich und wieder zurück. Vermutlich war sie überrascht, dass es in meiner Jugend bereits Farbfernsehen gegeben hatte.

Im zweiten Teil, in dem Marty McFly in seiner Heimatstadt im Jahre 2015 landete und tatsächlich vom damaligen Standpunkt dreißig Jahre in die Zukunft blickte, war ich es, die völlig gebannt vorm Fernseher saß. Franzi und Lenni warfen sich bedeutsame Blicke zu und grinsten mich an.

Ich konnte kaum an mich halten: »Das gibt's doch nicht, Kinder, das ist ja unglaublich!«

»Was denn, Mama?«

»Ja, seht ihr denn das nicht? Im Film gibt es Drohnen und überall große Flachbildschirme! Doc Brown sagt mithilfe seiner Armbanduhr das Wetter voraus! Marty öffnet Türen mit seinem Fingerabdruck, benutzt Videotelefonie-Software und spendet Geld über ein Tablet für die neue Rathausuhr!«

Meine Kinder schauten mich verständnislos an: »Ja, und?«

Ich kam nicht zum Antworten. Eben lief die Szene am abendlichen Esstisch der McFlys. Die Kinder ignorierten ihre Eltern komplett, da sie von ihren Videobrillen abgelenkt wurden. Marty stand auf und ließ per Sprachbefehl einen elektronischen Obstkorb von der Decke herunterfahren und bediente sich.

»Versteht ihr, Kinder? Sprachsteuerung, biometrische Identifikation, VR-Brillen. All diese Technologien gab es nicht, als der Film gedreht wurde. Der Regisseur und der Drehbuchautor haben sie vorhergesagt. Und ihr zuckt nicht mal mit der Wimper, weil Siri, Touch-ID und das ganze Gedöns für euch völlig normal sind!«

Genauso musste sich Oma gefühlt haben, als sie von früher erzählte. Ich schaute in die völlig verständnislosen Gesichter meiner Kinder. In ihre Blicke mischte sich Mitleid, aber auch Ungeduld.

Mit einem Mal wurde mir klar, dass es wohl stimmte: Das Internet ist eine der größten Veränderungen unserer Informations- und Kommunikationskultur seit über einem halben Jahrtausend. Das Internet verändert die Gesellschaft ähnlich stark wie einst der Buchdruck. Nur ist die digitale Revolution unsichtbarer, unbegreiflicher. Dennoch verändert sie das Familienleben massiv. *Mickey Mouse, Biene Maja* und die *BRAVO* gibt es zwar immer noch, aber eine Kindheit und Jugend heute ist ansonsten grundlegend anders als unsere eigene.

Warum fällt es uns und vielen anderen Eltern so schwer, dies wahrzunehmen? Wir leben selbstgefällig im falschen Film wie Fossilien aus einer untergegangenen Zeit. Im digitalen »Heute« sind nicht unsere Kinder fremd, sondern wir.

Ein beunruhigender Gedanke, dem wohl die wenigsten Eltern freiwillig nachgehen. Auch uns hat erst die Schockdiagnose Computerspielsucht aus unserem Schönheitsschlaf gerissen und uns »motiviert«, über unsere digitale Vorbildfunktion, unsere Erziehung im Allgemeinen und unsere digitale Medienerziehung im Besonderen nachzudenken.

VOLL AUF DIE ZWÖLF!
Elternmythen über das Internet

Unserer cineastischen Zurück-in-die-Zukunft-Reise hatte ich einen wichtigen Aha-Moment zu verdanken: Es geht gar nicht darum, unseren Kindern handyfreie oder analoge Zeiten und Räume wieder anzugewöhnen. Sie sind sie nie gewohnt gewesen! Völlig handyfreie Zeiten und Räume haben unsere Kinder höchstens vormittags in der Bärengruppe im Kindergarten kennengelernt, bis auf die Pausen, in denen ihre Erzieher hinter der Hausecke rauchend aufs Handy gestarrt haben.

Spätestens seit der Schule sind handyfreie Momente eher eine ungeliebte Ausnahme – analoge Wüsten im digitalen Eldorado, die man irgendwie durchstehen musste. Für unsere Kinder gilt:»Ich bin online, also bin ich.« Sorry, Descartes!

Fahren wir in den Urlaub, schaffen wir Eltern es bei der Ankunft kaum noch zu fragen:»Wann gibt es Frühstück? Wo ist der nächste Bäcker?« Schon haben die sonst so redefaulen Kinder die völlig fremde Pensionswirtin, den Zeltplatzwart oder den Hotelconcierge bereits mit »Free WIFI?« bestürmt und nach Bejahung einen peinlichen Freudentanz aufgeführt.

Dabei tun unsere Kinder nur das, was Kinder in allen Zeiten getan haben und tun müssen: den eigenen Platz in der Welt finden. Was können sie dafür, dass die Welt heute komplett anders ist, als ihre Eltern es sich je erträumt hätten?

Tatsächlich hatte Lenni neulich im Brustton der Überzeugung von sich gegeben, dass ohne Internet niemand aus seiner Generation überleben könnte. Internet bräuchte man zum Leben. Er hatte mich dabei angeschaut, als ob ich von vorgestern wäre:»Boah, Mama, du bist so 90er.«

Nachvollziehbar. Lenni und seine Zeitgenossen kennen ja kein Leben ohne das Internet. Sie haben deshalb keine Gewissheit, dass sie auch ohne Internet überleben werden. »Offline« setzt vermutlich Todesängste frei.

Wir können unseren Kindern weder vorwerfen noch uns darüber lustig machen, dass sie zu spät geboren sind, um echte analoge Lebenserfahrung zu sammeln. Für das Timing ihrer Geburt sind – wenn überhaupt – wir Eltern verantwortlich, nicht sie.

Diese Denkfehler haben sich zusammen mit anderen Fake News und diffusen Ängsten im kollektiven Elternbewusstsein festgefressen und sorgen tagein, tagaus für Verstimmung auf beiden Seiten. Auch unser Sohn war in der Hinsicht recht deutlich, als er am Ende der Therapie wieder mehr WLAN-Zeit hatte:

> Am meisten nervte mich, wenn Papa von der Arbeit nach Hause kam, in mein Zimmer guckte und fragte: »Ach, schon wieder im Internet?« Das konnte er sich ja selbst beantworten, denn er machte ja die Nutzungsverträge. Jetzt hatte ich ja endlich Onlinezeit, und natürlich war ich dann im Internet, wo denn sonst. Die Stimmung war dann direkt schlecht. Papa genervt und ich genervt.

Abends, im Bett, dachte ich in diesen Tagen oft über die Kluft zwischen uns Eltern als digitale Steinzeitwesen und unseren Kindern als Digital Natives nach. Ich scrollte auf meinem Laptop durch verschiedene Studien aus dem deutschsprachigen Raum, die wissenschaftlich untersuchten, wie komplett unterschiedlich Kinder und Jugendliche das Internet nutzen im Gegensatz zu uns Eltern.

Parallel machte ich mir Notizen zu erstaunlichen Fakten, die mich überraschten und einige hartnäckige Eltern-Mythen entkräfteten.

Die Tatsache, dass mein Mann und ich – wie unzählige andere Eltern – ein bisschen zu entspannt waren, was die digitale Medienerziehung und Beaufsichtigung unserer Kinder beim Surfen anging, war auf mehrere Denkfehler unsererseits zurückzuführen.

Einige Fehlannahmen führten zu einer Verharmlosung, andere zu einer Dramatisierung der Risiken des Internets. Die meisten waren nicht mehr als Schutzbehauptungen, um unsere mangelnde Medienerziehung schönzureden. Alle aber führten sie zu Befremdung und Vertrauensverlust und gefährdeten so unsere eigenen Kinder.

Eltern-Mythos 1: Unsere Kinder kommen alleine klar mit dem Internet

Dieser Gedanke ist nachvollziehbar, weil wir damals das Internet ja auch ohne elterliche Hilfe auf eigene Faust erforscht haben. Nur: Wir waren da bereits erwachsen, unsere Hirne in der Lage, beunruhigende Inhalte einzuordnen. Unsere Kinder sind dazu frühestens ab Anfang zwanzig in der Lage. Ganz sicher nicht vorher.

Die Chancen sind hoch, dass Kinder mit fragwürdigen Inhalten in Kontakt kommen, bevor ihre Hirne reif genug sind. Selbst Babys und Kleinkinder sehen ihre Eltern oder Betreuer mit dem Smartphone oder Tablet hantieren. Geräte mit Touchscreen oder Sprachsteuerung erfordern keine Schreib-

oder Tastaturkenntnisse, sodass auch Kleinkinder problemlos digitale Anwendungen nutzen können.

Fazit: Unsere Kinder kommen nicht allein klar mit dem Internet, und es ist unsere Verantwortung, sie bei ihren virtuellen Streifzügen zu schützen.

Eltern-Mythos 2: Das Internet ist heute so harmlos wie früher

Wir erinnern uns vielleicht nicht mehr so gut daran, aber vor der Jahrtausendwende waren die meisten Websites eintönig, langweilig und nicht besonders interaktiv. Was wir uns als junge Erwachsene online angeschaut haben, hatte den Charme eingescannter Telefonbuchseiten.

Heute ist das Internet alles andere als langweilig. Es bildet ab, was über sieben Milliarden Menschen auf diesem Planeten lieben und hassen. Nicht alle von ihnen sind kognitiv voll auf der Höhe oder meinen es gut mit unseren Kindern. Die Manipulationen und Perversitäten, die im Internet immer nur wenige Klicks entfernt sind, können selbst viele Erwachsene gedanklich nicht richtig einsortieren. Kinder erst recht nicht.

Wollen wir unsere Kinder also allein das ungeschminkte Leben im Netz erkunden lassen?

Eltern-Mythos 3: Wir waren früher doch auch viel im Internet

So viele Stunden wie unsere Kinder waren wir noch nicht einmal als junge Erwachsene im Internet unterwegs! In den 90ern war es noch teuer, ins Internet zu gehen, zudem umständlich, unendlich langsam und laut. Erinnern Sie sich noch an das »Düüt piiieeep chrrrchrrr« des Modems, das sich mühsam mit dem Internet verband? Fun Fact: Das Modem-Fauchen gehört zu den aussterbenden Geräuschen, die heutzutage kein Kind mehr kennt.

Die Webseiten waren damals so statisch und langweilig, dass ohnehin fast niemand freiwillig lange im Internet surfte. Nur fünf von hundert Jugendlichen gingen damals regelmäßig online, und die waren schon von Weitem an ihren Parkas und den leicht fettigen Haaren als IT-Nerds zu erkennen. Tatsächlich wurden Computer damals häufiger programmiert als mit ihnen gesurft! Erst 2002 entdeckte jeder zweite Jugendliche das Surfen für sich, 2009 waren es über 90 Prozent.

Fazit: Wir können uns mit unseren Kindern nicht vergleichen. Als Kinder waren die meisten heutigen Eltern so gut wie gar nicht im Internet, vielleicht als junge Erwachsene, aber auch dann nie lange.

Eltern-Mythos 4: Wir haben genug Lebenserfahrung, um beurteilen zu können, was unseren Kindern digital guttut

Es stimmt, wir Eltern haben mehr Lebenserfahrung, vor allem analoge, und die ist Gold wert! Was die digitale Lebenserfahrung angeht, na ja …

Welche Eltern hecheln nicht ständig hinter den neu hochkochenden Trends und Must-have-Apps ihrer Kinder her? Wer merkt nicht selbst, dass er weder Überblick noch Interesse an den neuesten Trends im Netz hat? Welches der vielen Games gerade »in« ist oder ob aktuell Snapchat, Instagram oder TikTok angesagter ist?

Digitalexperten beschreiben die aktuelle Elterngeneration als »Übergangsgeneration«. Wir sind die ersten Eltern der digitalen Revolution. Die ersten Eltern einer Generation echter Smartphone-Kinder. Digitale Pioniere, die sich wacker schlagen und vielleicht ein Facebook-Profil haben, aber in der Regel nicht mehr zu Snapchat oder TikTok mit umgezogen sind.

Tag für Tag werden wir aufs Neue vom unaufhaltsamen digitalen Wandel überrollt. Uns fehlt schlicht die Zeit für eine angemessene Gewöhnung und Souveränität im Umgang mit immer neuen digitalen Inhalten und Apps. Wir versuchen, in der Info-Flut den Kopf über Wasser zu halten – zum Nachdenken kommen wir kaum noch.

Fazit: Unsere analoge Lebenserfahrung, allein reicht nicht aus, um unsere Kinder stark und unabhängig zu machen. Es braucht auch digitale Lebenserfahrung und die müssen wir uns aktiv erarbeiten!

Eltern-Mythos 5: YouTube ist harmlos

Gibt es so etwas wie digitalen Gedächtnisschwund? Vielleicht. Auf jeden Fall denken viele Erwachsene genau wie ihre Kinder: Das Unterhaltungsportal YouTube gibt es schon unser ganzes Leben lang! Deshalb müssen wir es hier nicht so streng nehmen mit der elterlichen Aufsicht. Unsere eigenen Eltern haben uns ja auch nicht mit YouTube geholfen (s. Mythos 1). Dabei startete der Dienst erst am 15. Februar 2005.

Man kann froh sein, wenn es nur vegane Rezepte, langatmige Meditationsübungen und historische Sportübertragungen sind, die YouTube einem empfiehlt aus der Flut der über 500 Stunden an Videomaterial, die jede Minute von rund zwei Milliarden aktiven Nutzern aus allen Winkeln der Welt hochgeladen werden.

Leider kommt YouTube mit dem Löschen anstößiger Inhalte trotz ausgeklügelter Algorithmen kaum hinterher, und so werden auch Videos empfohlen, die Eltern das Blut in den Adern gefrieren lassen: von pornografischen Szenen unter »Trending« über Let's Plays von Shooter-Spielen im Kinderbereich bis hin zu Verschwörungstheorien mit Holocaustleugnung und anderer Propaganda, berichten Elternratgeber.

Fazit: YouTube ist Schatz- und Schreckenskammer zugleich – und garantiert kein betreutes Kinderparadies.

Eltern-Mythos 6: Es schadet nicht, das Smartphone als elektronischen Babysitter zu nutzen

Natürlich atmen alle Eltern auf, wenn sie mithilfe des Smartphones oder des PCs auf Knopfdruck ihre Ruhe haben. YouTube und Computerspiele stellen wohl alle Kinder auf Anhieb verlässlich ruhig, nur leider nicht länger als die tatsächliche Dauer der Nutzung. Schlimmer noch: Nach dem Spiel entlädt sich die gestaute Energie oft lauter und fordernder als zuvor. Vielen Kindern und Jugendlichen fällt es noch schwerer, sich im Anschluss entspannt alleine zu beschäftigen.

Fazit: Smartphone, Tablet, Switch und Playstation ermöglichen auf Dauer kein Abkürzen der elterlichen Pflichten.

Eltern-Mythos 7: Es gibt eine Internetsucht

Auf Klinik-Websites oder an Ambulanz-Türen stehen häufig Begriffe wie »Internetsucht« oder »Mediensucht«. Dies sind jedoch nur unglücklich gewählte Sammelbegriffe für alle »medienbezogenen« oder »internetbezogenen« Verhaltenssüchte.

Betroffene sind nicht abhängig vom Internet selbst. Von Abermillionen Computern, die über Tausende Kilometer durch Gebirge, Meere und Kontinente hinweg über dünne Kabel aus Glas und Kupfer miteinander verbunden sind, kann man genauso wenig süchtig werden wie nach einem Gerät wie einem Smartphone. Betroffene sind abhängig von den Glücksgefühlen, die sie bekommen, wenn sie im Internet shoppen, zocken, chatten, Likes einsammeln oder Informationen, Glücksspiele spielen oder pornografische Filmchen gucken.

Der Begriff »Internetsucht« ist unglücklich gewählt, weil er den Blick von den eigentlichen Ursachen ablenkt, Vorurteile schürt sowie Unverständnis und instinktive Abwehrhaltung vieler Eltern verschärft.

Fazit: Das Internet ist nicht verantwortlich dafür, dass ein Kind süchtig wird.

Eltern-Mythos 8: Computerspiele sind vergleichbar mit Rauschgift

Auch wenn die Therapie nach ähnlichem Muster abläuft: Ich finde es unangebracht, wenn Medienvertreter oder Politiker bei Games vom »Kokain im Kinderzimmer« sprechen und gleichzeitig vorgeben, differenziert über die realen Gefahren des Internets zu informieren.

Es ist sicher richtig, Erziehungsberechtigte wachzurütteln aus Schonhaltung oder Schockstarre. Es ist klug, die Folgen neuer Technologien sorgfältig abzuschätzen. Es ist jedoch wenig zielführend, wenn vermeintliche Meinungsbildner und Vordenker diffuse Ängste in irreführende sprachliche Bilder kleiden, die zu einem falschen Verständnis der realen Gefährdungssituation oder zu einem Verteufeln der Games führen.

Fazit: Games sind ein Leitmedium der Unterhaltungskultur und machen bei angemessener Kontrolle nicht ohne Weiteres abhängig.

Eltern-Mythos 9: Teenager geben im Netz alles von sich preis

Die meisten Eltern kommen verstört vom Medien-Informationsabend der Schule zurück und fragen sich, warum in aller Welt so viele Schülerinnen und Schüler Fotos von intimen Körperteilen machen und diese Bilder ohne Probleme (die kommen erst danach) an vermeintliche Freunde herumschicken.

Tatsache ist: Dies tut nur ein kleiner Teil der Jugendlichen, wie die *JAMES*-Studie der Zürcher Hochschule für Angewandte Wissenschaften (ZHAW) ermittelt hat: Zumindest in der Schweiz verhalten sich Jugendliche in sozialen Netzwerken zurückhaltend und geben wenig von sich öffentlich preis, sie setzen vielmehr auf halböffentliche Räume, auf ein ausgewähltes Publikum, oft zeitlich limitiert und nicht speicherbar. Beliebt sind Snaps, die man nur einmal anschauen kann, und Storys, die nach 24 Stunden verschwinden. Allerdings sind Screenshots möglich.

Fakt ist: Kinder sind oft vorsichtiger mit privaten Daten im Netz als Erwachsene.

Eltern-Mythos 10: Teenager konsumieren wahllos im Internet

Es stimmt: Von der Kinderzimmertür aus betrachtet sieht es chaotisch aus: Teenager jonglieren mühelos mit mehreren Apps, bespielen parallel unterschiedliche Kommunikationskanäle und wechseln von einem Screen zum nächsten.

Tatsächlich behalten sie aber recht gut den Überblick. Die ständig steigende Informationsflut bewältigen sie durch ein knallhartes Auswahlverfahren: Sie klicken, lesen und schauen an, was andere aus dem digitalen Umfeld für gut befunden haben. Sie surfen also gar nicht ziellos herum, sondern treffen eine Auswahl. Allerdings laufen sie mit dieser Strategie Gefahr, in einer Meinungsblase der eigenen Interessen stecken zu bleiben und kontroverse Diskussionen eines Themas zu verpassen.

Fazit: Teenager konsumieren gezielt im Internet, aber können Gefahr laufen, durch einseitige Berichterstattung eine verzerrte eigene – möglicherweise extreme – Weltansicht zu entwickeln.

Eltern-Mythos 11: Teenager hängen nur im Internet rum und vereinsamen

Klar gibt es Teenager, die nur im Internet rumhängen und vereinsamen, aber es sind nicht alle. Es ist noch nicht einmal die Mehrheit.

Nach wie vor treffen 70 Prozent der Jugendlichen gerne Freunde oder treiben Sport. Sie tun dies laut einer aktuellen Jugend-Internet-Medien-Studie allerdings etwas weniger oft als noch vor zwei Jahren. Dafür unternehmen Jugendliche öfter etwas mit der Familie.

Auch die *JAMES*-Studie 2018 der Zürcher Hochschule für Angewandte Wissenschaften (ZHAW) ergibt: Die Entwicklung des Medien- und Freizeitverhaltens von Jugendlichen ist vielschichtiger und differenzierter, als Erwachsene denken.

Der Trick als Elternteil ist zu erkennen, wann man sich entspannen kann und wann nicht. Ob die eigenen Kinder gefährdet sind, sich selbst zu schädigen, wenn sie stundenlang online sind, oder ob sich das viele Surfen oder Zocken im Laufe der Pubertät auswächst.

Eltern-Mythos 12: Unsere Kinder sind alle internetaffine und kompetente »Digital Natives«

Kinder kommen immer früher mit digitalen Medien in Berührung. Trotzdem stimmt es nicht, dass alle Kinder und Jugendlichen, die in einem medienbestimmten Umfeld aufwachsen, digitale Medien auch kompetent nutzen.

Die selbstbestimmte und souveräne Nutzung erfordert mehr als die zweifelhaften technischen Fähigkeiten, die Kinderschutzsicherung der FRITZ!Box kaltzustellen oder die Altersverifizierung der einschlägigen Pornoportale zu umgehen.

Sehr viele Jugendliche träumen zum Beispiel davon, YouTuber oder Influencer zu werden. Die wenigsten wissen jedoch, wie der Job eines Influencers hinter den Kulissen tatsächlich aussieht, mit welchen perfiden Tricks viele ihren Fans das Geld aus der Tasche ziehen und wie Onlinewerbung oder Propaganda funktionieren. Kaum jemand weiß, was Algorithmen sind und wie sie sich auswirken auf die eigene Onlinenutzung.

ANPIRSCHEN UND AUSSPÄHEN
Vorbereiten der Expositionstherapie

Marc Körner-Nitsche hatte Lennart am 20. November ins analoge Lager verbannt. Seit Anfang Januar arbeitete er sich Schritt für Schritt wieder ins Reich des Digitalen vor. In winzigen, aber wichtigen Schritten hatten wir in den letzten vier Wochen die Bandagen gelockert, die zugestandenen Medienzeiten in 5-Minuten-Schritten verlängert. Lennart schaffte es fast immer rechtzeitig, die Fristen einzuhalten.

Wir alle gingen vorsichtig und wohlwollend miteinander um. Lennart hielt sich gut an die Regeln, berührte keine Handys von uns Eltern oder seinen Schwestern, log uns nicht an. Wir alle klammerten uns fest an unsere Chance, die gestellten Aufgaben eine nach der anderen zu bewältigen und die Sucht Schritt für Schritt in den Griff zu bekommen.

Inzwischen durfte Lenni sein Handy 20 Minuten am Stück haben und alles damit machen außer Surfen und Gamen. Der App Store war für ihn noch immer gesperrt. Einen Sucht-Stimulus, der ihn ernsthaft nervös machte, hatten wir bislang noch nicht identifiziert. Fast jede Woche hatten wir unsere kleinteiligen Verträge zur Mediennutzung angepasst und unterschrieben.

Bei alldem stand der positive Lerneffekt: »Ich kann die Mediennutzung kontrollieren, und es lohnt sich«, im Vordergrund, was volle Konzentration und kleinteilige Kontrolle voraussetzte.

Aber der normale Alltag unserer Familie lief weiter, und wir behielten nicht immer den vollständigen Überblick. Hinzu kam: Es lief gut, es war seit zehn Wochen nicht mehr zu schlimmen Ausrastern oder Zusammenbrüchen gekommen. Wir entspannten etwas und wurden unachtsamer.

Beim ersten Mal, als ich Lennart Ende Januar das Handy eine halbe Stunde zu früh abnehmen wollte und er lautstark protestierte, gab ich zu, dass ich mich vertan hatte, und war froh, dass er mein Eingeständnis kommentarlos quittierte.

Beim zweiten Mal, als ich Anfang Februar vergessen hatte, ob die Medienzeit freitags aktuell bis 20:30 oder 21:00 ging, wurde der Ton schärfer: »Mama, hol dir mal ein neues Gehirn.«

Keine schlechte Idee, dachte ich verärgert über mich selbst, kramte mehrere Minuten in verschiedenen Zimmern und Schubladen nach dem aktuell gültigen Mediennutzungsvertrag und klemmte ihn an meine Magnetwand im Arbeitszimmer.

Ich war froh, dass in wenigen Tagen ein weiterer Termin in der Spezialambulanz anstand, der auch mir guttat als ambulanter Suchtmanagerin wider Willen.

Das Smartphone war eine digitale Versuchung in Lennarts Hosentasche, aber das Gerät an sich oder Messengerdienste wie WhatsApp warfen unseren süchtigen Sohn bislang nicht aus der Bahn. Unseren detektivischen Blick richteten wir deshalb auf die Hauptverdächtigen: interaktive Onlinecomputerspiele wie Fortnite und Brawl Stars.

Das Angebot war überwältigend. Wir mussten den Kreis der Verdächtigen also eingrenzen. Es wäre zu riskant gewesen, das Kind unkontrolliert allen potenziellen Suchttriggern gleichzeitig auszuliefern und das Suchtgedächtnis »full blast« aus dem Dornröschenschlaf zu reißen. Lennarts Gehirn hatte im Januar gerade erst mühsam gelernt, eine Distanz zum Handy aufzubauen, die Zeit im Auge zu behalten, sich zu bremsen und das Handy aus der Hand zu geben, ohne nervös und aggressiv zu werden.

Doch die Suchtmechanismen in seinem Hirn dösten wie erfahrene Zirkusponys in der Pause hinter dem roten Samtvorhang. Das richtige Stichwort und sie würden aus dem Stand in die Manege galoppiert kommen und mit Fanfaren und Konfetti ihre große Show abziehen.

Bei unserer Sitzung im Februar setzte Herr Körner-Nitsche daher geschickt Methoden der gedanklichen Imagination ein und engte immer stärker ein, wann genau Lennis Verlangen nach Glück seine noch kindliche Vernunft besiegte und der Teufelskreis begann zu rotieren.

»Du kommst also gerade aus der Schule, bist k.o., hast auf dem Heimweg eine kleine Rempelei mit dem Doofen aus der Parallelklasse gehabt, sollst dein Zimmer aufräumen und hast noch anderthalb Stunden Zeit, um deine Hausaufgaben zu machen, bevor es zum Handballtraining geht, heute bei dem strengen alten Trainer, bei dem ihr immer gleich zu Anfang 20 Liegestütze machen müsst. Frische Sportsachen musst du auch noch suchen, weil du deinen Sportbeutel nach dem letzten Training nicht ausgeräumt hast und alles müffelt. Ätzend. Du greifst dein Handy, tippst die Ziffern deines Codes ein, entsperrst es und siehst die bunten Icons deiner Spiele-Apps. Wie fühlt sich das an?«

Lennart kam voll in Fahrt bei der Vorstellung: »Super fühlt sich das an! Alles funktioniert, ich hab alles voll im Griff, es macht voll Spaß. Und dann die vielen bunten Icons meiner Spiele. Das ist krass. Wenn ich nur das gelbe Logo von Brawl Stars sehe, läuft mir so ein Schauer den Rücken runter, und ich hab voll die Vorfreude.«

»Wenn du das Brawl-Stars-Icon siehst, kribbelt es? Was ist mit anderen Games wie Fortnite?«

Kindlich sprudelte Lenni los: »Fortnite ist auch gut, aber kribbeln tut's am stärksten bei Brawl Stars. Ich kann es dann kaum erwarten, draufzuklicken. Die Musik mache ich meistens leise, damit meine Mutter das nicht hört. Aber die Musik von Brawl Stars ist echt schön. Kennst du die?«

Unser Therapeut verneinte. »Und was passiert dann?«

»Na ja, das Spiel geht los, und ich zocke. Das macht totalen Spaß, ich bin dann voll im Tunnel, vergesse alles, was um mich herum ist. Meistens kriege ich gar nicht mit, dass 40 Minuten rum sind oder so. Das Spiel ist ja auch spannend.«

Herr Körner-Nitsche tippte etwas in seinen Computer. Diese Art von Verhaltensprotokollen halfen genau den Moment zu finden, an dem der junge Gamer den Boden unter den Füßen verlor, dem Reiz in den Teufelskreis folgte.

»Was ist denn das für ein Logo?«

»Na ja, es ist so ein gelber Schädel, ein Totenkopf.«

Schon allein die Vorstellung an das Brawl-Stars-Logo, das uns im vergangenen Jahr so viel Unglück gebracht hatte, löste eine körperliche Reaktion bei mir aus. Meine Haare stellten sich auf, mir wurde leicht übel, und ich wäre am liebsten aufgestanden und hätte den Raum verlassen, was ich dem Therapeuten mitteilte.

Er schaut von Lennart zu mir und wieder zurück. Die Fährte war heiß.

Herr Körner-Nitsche fasste mit einem Blick auf die Uhr die heutige Sitzung zusammen und gab uns unsere Hausaufgaben.

»Wir können davon ausgehen, dass das Brawl-Stars-Logo wie ein Auslöser für Lennarts Verhaltenssucht wirkt. Möglicherweise gibt es noch weitere Auslöser.«

Bis zu unserer nächsten Sitzung sollten wir uns daher bewusst mit dem Suchtstimulus Brawl Stars auseinandersetzen, um Schritt für Schritt die Exposition mit dem echten Spiel vorzubereiten. Vorsichtig würden wir uns in den nächsten Wochen an das Computerspiel anpirschen, es ausspähen, die optischen und akustischen Sinneseindrücke bewusst in uns aufnehmen und in Einzelteile zerlegen.

Wir begannen zu Hause damit, das hässliche Logo, das mir immer noch übel zusetzte, bewusst anzuschauen und zu zeichnen. Ich konnte nicht fassen, dass ich damals, ohne Lesebrille, geglaubt hatte, es sei eine grinsende Billard-Kugel.

»Ich finde, der Gesichtsausdruck ist fies und aggro. Das liegt, glaub ich, an den steilen schwarzen Balken über der Nasenwurzel«, sagte ich und ergänzte: »Schau mal, auf dem gelben Schädel ist ein weißer Kreis, das soll wohl eine Lichtspiegelung sein. So wirkt der Schädel wie frisch poliert. Und komisch, guck mal: Dem fehlt ja die Kinnlade! Der hat gar keinen Unterkiefer und kein Gebiss. Es ist gar kein vollständiger Schädel, nur das Oberteil.«

Ich verfremdete den Schädel, nutzte andere Farben als Gelb, bis wir uns das Logo nach und nach ansehen konnten, ohne dass unsere Körper in Aufruhr gerieten.

Später spielte mir Lennart die aktuelle Musik von Brawl Stars auf YouTube vor. Wir lagen beide auf dem Sofa und lauschten. Ich war überrascht, wie klassisch die Melodie war. Und wie schön. Da Lennart das Spiel meist ohne Ton gestartet hatte, um sein Zocken zu verheimlichen, wird die Musik allein nicht der Auslöser gewesen sein, aber möglicherweise verstärkte sie den Suchtdruck in Kombination mit dem hässlichen Totenkopf-Logo. Sehr gut möglich war, dass noch weitere Reize den Teufelskreis beschleunigten, zum Beispiel die Anwesenheit von zockenden Freunden.

Für die Vorbereitung auf die Exposition war entscheidend, dass das Brawl-Stars-Game der Suchtstimulus zu sein schien. Das Spiel selbst war deshalb vorerst noch tabu.

Gleichzeitig erhöhten wir Lennarts Abwehrkraft gegen attraktive Computerspiele und trainierten das »kompetente Computerspielen und Aufhören« mit Fortnite an der Switch und einem ausgeklügelten Plan:

An den ersten beiden Wochenenden im Februar durfte Lennart täglich genau 30 Minuten Fortnite spielen. Nach Ablauf der Spielzeit hatte er genau eine Minute Zeit, um uns die Switch unaufgefordert zu überreichen. Kein: »Ja, gleich …«, kein: »Ach, bitte, noch 2 Minuten!«

Lenni kämpfte hart, er wollte sich keinen Schnitzer erlauben. Ungerührt saßen mein Mann und ich mit der Stoppuhr in der Hand da, ohne viel zu sagen, und warteten einfach ab, ob er es von sich aus schaffte oder nicht.

Schaffte er es pünktlich, durfte Lenni an den folgenden beiden Wochenenden 15 Minuten länger spielen. Die Wochen darauf wiederholte sich das Spielchen, wieder mit der Option auf Bonus-Spielminuten.

Lenni legte sich ins Zeug und steigerte seine Spielzeit zügig auf 60 Minuten an Samstagen und Sonntagen. Er war stolz und wir auch. Auf Lennart und auf uns selbst. Immerhin hatten wir es geschafft, jedes Wochenende im Februar pünktlich und konzentriert im Wohnzimmer zu sitzen, um Lennis Training zu begleiten.

Der Februar war außergewöhnlich warm und sonnig. Der Vorfrühling zog uns mit aller Macht nach draußen, und liebend gerne hätten wir samstags spätnachmittags noch eine Runde auf dem Fahrrad durch die herrliche Frühlingsluft gedreht. Doch wir waren pünktlich zur Stelle. Gingen nicht aus, sagten Einladungen von Freunden ab und waren voll bei der Sache. Es klappte einwandfrei.

Herr Körner-Nitsche hatte uns beim letzten Treffen eingeschärft, wie wichtig es war, dass sich Lennart, aber auch wir, haarklein und ohne Ausnahmen an den Plan hielten. Die Toleranzzeit von einer Minute war knapp. Der Psychologe hatte bewusst eine harsche Strafe vorgeschlagen, sollte Lennart nicht rechtzeitig mit dem Zocken aufhören: Würde er die Regeln deutlich überschreiten, wäre es aus. Er müsste sein Handy verkaufen und den Erlös für einen karitativen Zweck spenden. Für welchen, durfte er selbst entscheiden.

Wir stimmten dieser Strafe mit gemischten Gefühlen zu. Ich war froh, dass uns als Eltern keine ähnliche Strafe drohte, dass wir nicht auch unsere Handys abgeben mussten, sollten wir versagen. Aber ich musste mir insgeheim ein Grinsen verkneifen, als ich sah, wie sehr Lennart sich zusammenriss und seinem Therapeuten scheinbar unbeeindruckt und cool zunickte: »Okay. Einverstanden.«

Im Nachhinein war allen klar: Der drohende Handyverkauf hatte seine Wirkung nicht verfehlt und uns geholfen durchzuhalten.

Irgendwie traute ich meinen Eltern so eine Strafe nicht zu, aber so sicher war ich mir nicht. Ich strengte mich deshalb echt an. Außerdem hat es Bock gemacht, jede Woche mehr Zockzeit herauszuspielen. Das war ein echt gutes Gefühl, und alle haben mich gelobt. Mein Vater hat abends dann noch oft mit mir Schach gespielt, obwohl er meist verliert (»Frechheit!«, Anmerkung des Vaters), oder mir Donald-Duck-Bücher mitgebracht. Und wir haben zusammen Filme geguckt.

Mental gestärkt durch diesen Zwischenerfolg, würden wir schon bald auf die Zielgerade gehen: die tatsächliche Exposition mit Brawl Stars.

TEIL 5

VERTRAUEN – ERFOLGE, RÜCKSCHLÄGE UND NEUE HERAUSFORDERUNGEN

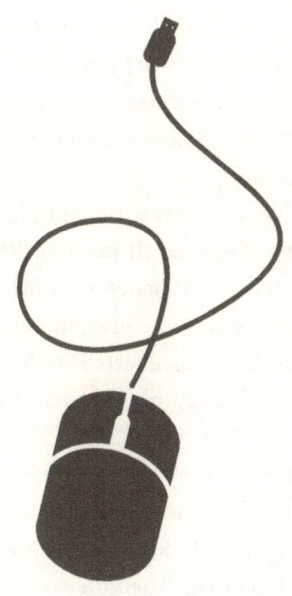

DER VERSUCHUNG SO NAH ...
Die Exposition mit Brawl Stars

Der Märzhimmel war wolkenlos, als wir nachmittags zu dritt im Auto auf dem Weg zu unserem nächsten Therapietermin eine Stunde lang der Frühlingssonne entgegenfuhren. Der Asphalt vor uns, die Felder und Wiesen rechts und links neben der Autobahn – alles war in gleißendes Licht getaucht.

Die Atmosphäre auf dem lichtdurchfluteten Klinikgelände war kaum wiederzuerkennen. Auf den Rasenflächen blühten Gänseblümchen, in den Beeten waren die safrangelben und violetten Krokusse fast verblüht. Meisen hüpften laut rufend durch die Äste einer gelb blühenden Forsythie. Patienten in Rollstühlen vertrieben sich die Zeit bis zum Abendessen draußen, wandten ihre Gesichter der warmen Frühlingssonne zu und genossen die frische Luft. Pflegeschülerinnen und -schüler verbrachten ihre Pause auf dem Rasen vor dem Seminarraum und scherzten übermütig.

Herr Körner-Nitsche wirkte heute noch tatkräftiger und fröhlicher als sonst. Zugewandt protokollierte er, was mein Mann von den letzten vier Wochen erzählte.

Er schrieb am PC mit, wie souverän der gerade mal elfeinhalbjährige Lennart die kontrollierte Handynutzung akzeptiert und gemeistert hatte. Im Protokoll würde später zu lesen sein, dass sich Lennart nach wie vor stark zu Medien jeder Art hingezogen fühlte und jede Gelegenheit nutzte, um ins Internet zu kommen – ob für die Schule oder fürs Musikhören.

Den Rest der Therapiestunde bereitete Marc Körner-Nitsche uns auf das große Finale der Therapie vor: die Exposition.

Vier Wochen lang hatten wir gezielt auf diese heiße Phase der Therapie hingearbeitet, hatten uns emotional mit dem Logo von Brawl Stars auseinandergesetzt, bis es uns fast kaltließ, hatten parallel das punktgenaue Abbrechen von Onlinegames trainiert.

Den Zugriff auf den Suchtauslöser Brawl Stars hatten wir bislang technisch unterbunden, durch unsere Kontrolle von außen. Doch solange es für Lenni eine Form der Fremdkontrolle gab, war seine Abhängigkeit nicht überwunden.

Die Sucht kontrollieren hieß: selbst die Kontrolle zu übernehmen.

Ob der Elfjährige dafür bereit war? Ob er mit seinem längst noch nicht ausgereiften Hirn dazu überhaupt in der Lage war? Ich war und blieb skeptisch, aber unser Therapeut war überzeugt: Jetzt war der Zeitpunkt gekommen, um es herauszufinden.

Wir würden alle technischen Schranken niederreißen und Lennart mit voller Absicht in Versuchung bringen. Es würde sich zeigen, ob Lenni sich gegen die Sucht entscheiden und sich ihr entgegenstemmen konnte. Es war, wie mit einem fast trockenen Alkoholiker die Hausbar aufzuräumen und abzustauben. Eine angespannte Situation, die wir sorgfältig mit Herrn Körner-Nitsches Unterstützung vorbereiteten.

»Es kann sein, dass du einen starken Drang spüren wirst zu spielen, wenn der App Store offen ist und du dir dein altes Lieblingsspiel runterladen könntest. Diese Gefühle können überwältigend sein. Sie können dich so stark stressen, dass du kaum noch klar denken kannst und Angst bekommst und noch dringender spielen willst, um dich zu beruhigen. Das ist alles normal. Es ist ein Riesenerfolg, wenn du diese Gefühle wahrnimmst und aushältst. Wenn du bei dir bleibst, der Versuchung nicht nachgibst, deine Finger ruhig bleiben und du nicht auf das Spiel klickst.«

Lennart schaute ihn mit großen Pupillen an. Mir wurde leicht übel. Die Erinnerungen an die furchtbare Zeit im letzten

Sommer und Herbst kamen wieder hoch – die Gefühle der Fassungslosigkeit, der Ohnmacht, des Scheiterns, der Sorge um unser Kind. Ich wünschte, ich hätte mich abgeklärt und zuversichtlich gefühlt, aber das Gegenteil war der Fall. Na toll.

Marc Körner-Nitsche musste gesehen haben, dass ich Angst vor der Exposition hatte, oder genauer: Angst vor einem Absturz.

Ruhig führte er aus: »Wir erarbeiten einen Notfallplan, was zu tun ist, wenn der Suchtdruck einsetzt. Damit du dich sicher fühlst. Wirklich: Es ist ein großer Erfolg, wenn du erkennst, dass der starke Drang kommt. Du stoppst dann sofort und holst dir Hilfe von deinen Eltern, okay? Wenn du es willst, dann kannst du es schaffen.« Er lächelte uns aufmunternd an.

Unser Therapeut war streng zu Lennart, aber verständnisvoll. Sowieso schien sich der mehrfache Familienvater und Gamer viel besser in Lennis Situation hineinversetzen zu können als wir. Das war unser Glück.

Marc Körner-Nitsche wirkte heute optimistisch. Ich schaute nach rechts zu Lennart und sah ihn siegesbewusst grinsen. Irgendwie traute ich dem Braten aber nicht. Ich konnte mich nicht zurückhalten und unkte: »Schauen wir mal.«

Ich wollte es nicht, aber ich sollte recht behalten.

Am selben Abend war es so weit. Mit ungutem Gefühl entsperrte ich Lennarts Handy, öffnete den App Store. Nur seine Willenskraft hinderte ihn jetzt noch, sich das Spiel Brawl Stars runterzuladen. Lenni beobachtete mich genau. Er wusste, dass ich nervös war.

»Ach, Mama, das schaffe ich. Mach dir keine Sorgen.«

Wie oft hatte ich ihm vertraut, wie oft war es schiefgegangen? Ich wollte ihm vertrauen, doch meine Angst stand mir im Weg.

Vorsichtshalber schärfte ich ihm noch mal ein: »Lenni, bitte pass auf. Du hast so viel erreicht. Denk an den Notfallplan.

Wenn du dieses starke Verlangen spürst zu spielen, komm bitte zu Papa oder mir. Bitte.«

Lennart würde Wort halten. Er würde tatsächlich kommen, als der Suchtdruck einsetzte. Doch ich würde seinen Hilferuf nicht verstehen.

Irgendwie stehe ich voll unter Strom, bin aufgeregt. Ich will es gut machen. Aber Brawl Stars mag ich halt immer noch. Das Zocken hat mir immer so Spaß gemacht. Mehr als fast alles andere in meiner Freizeit. Ich weiß gar nicht so richtig, was ein guter Ersatz sein könnte. Also, was mir genauso viel bedeutet wie Brawl Stars. Irgendwie habe ich tausend Gedanken und Gefühle durcheinander im Kopf. Aber ich will es schaffen. Stark sein. Kein Opfer.

Als Lenni das Handy nach dem ersten Tag der Exposition wie verabredet um 20 Uhr in die Küche gebracht hatte, wartete ich, bis er wieder in seinem Zimmer verschwunden war. Nervös entsperrte ich sein Telefon und kontrollierte angespannt, ob ich auf dem Bildschirm den gelben Totenkopf von Brawl Stars entdecken würde.

Diesmal war ich schlauer und kontrollierte jeden einzelnen Ordner. Gewissenhaft prüfte ich anhand der kleinen Kreise am unteren Rand der Ordner, wie viele Seiten jeweils in »Spiele«, »Mathe« und »Dies und das« enthalten waren, und blätterte alle nacheinander durch.

Nichts. Kein Brawl-Stars-Logo zu sehen.

Puh! Ich atmete auf. Die ersten 24 Stunden waren geschafft. Ich war fertig mit den Nerven, so konnte das nicht weitergehen.

Ich musste lockerer werden. Doch bei diesem Balanceakt auf einem schwankenden Drahtseil war der gähnende Abgrund jederzeit in Sicht.

Tags drauf fragte uns Lennart, ob sein Sandkastenkumpel Nils von Freitag auf Samstag bei ihm übernachten dürfte.

Früher waren »Overnites« nicht selten herrliche Zockerpartys mit Freunden und Geschwistern gewesen, meist Terraria oder Mario Cart. Eine Zockerparty durfte es diesmal nicht werden. Aber wir alle sehnten uns so nach Normalität. Lennart hatte sich bisher so gut und wacker geschlagen. Natürlich sagten wir »Ja«! Wir freuten uns, es war der erste Übernachtungsbesuch seit mehreren Monaten.

Am Freitagnachmittag parkte Nils sein Fahrrad bei uns in der Garage, textete seinen Eltern, dass er gut angekommen war, und steckte sein Handy wieder in die Übernachtungstasche. Ich brachte es nicht übers Herz, ihm bei der Begrüßung das Telefon abzuknöpfen. Warum auch? Wir wollten Normalität. Und hier war sie! Dies war die Stunde der Wahrheit, eine Bewährungsprobe im ganz normalen Kinderalltag.

Nils und Lenni kannten sich ihr Leben lang, hatten zusammen auf der Wickelkommode gelegen, gemeinsam nebeneinander ihre Mittagsschläfchen gemacht. Sie hatten denselben Kindergarten und dieselbe Grundschule besucht, jetzt dasselbe Gymnasium. Nur: Seit Lennarts intensiver Zockphase hatten sie weniger miteinander gespielt. Nils spielte so gut wie kein Fortnite, er war bei Minecraft geblieben und bei Brawl Stars.

Die beiden verzogen sich ins Kinderzimmer, machten die Tür zu, und ich hörte vergnügtes Kichern. Nur einmal klopfte ich noch an, steckte den Kopf durch die Tür und sagte: »Denkt bitte dran, kein Brawl Stars, Lenni macht ja gerade so ein Trainingsprogramm. Ihr könnt ja was anderes spielen. Der Spieleschrank oben ist voll.«

»Ja, ja« kam als Antwort, und die beiden giggelten wieder ausgelassen.

Ich hatte keine Lust, »Fräulein Rottenmeier« raushängen zu lassen und ließ den beiden ihre Privatsphäre. Nach einiger Zeit kam Lenni aus seinem Zimmer und sagte: »Komm, Nils, wir gehen ins Wohnzimmer.«

Ich schaute von der Zeitung hoch. Die Köpfe zusammengesteckt saßen sie dicht an dicht auf dem Sofa, und spielten mit ihren Handys *Vier-Bilder-ein-Wort*. Mir war nicht wohl dabei, mussten die beiden denn unbedingt am Handy spielen?

»Warum spielt ihr denn nicht etwas Richtiges?«, fragte ich sie.

Lenni verdrehte die Augen.

»Och bitte, Mama«, bettelte er, »es macht so einen Spaß!«. Und den wollte ich ihm, nach all dem, was hinter uns lag, nicht vermiesen.

Ich registrierte die ausgelassene, etwas aufgekratzte Stimmung. Kein Wunder, für Lennart war es seit Langem der erste Abend in »Freiheit«. Ich kämpfte mit meinen widersprüchlichen Gefühlen und rief mir in Erinnerung, was Marc Körner-Nitsche gesagt hatte: Es brachte nichts, alles zu emotional zu sehen. Lennart musste den entscheidenden Schritt selbst gehen, sich aus eigener Kraft gegen seine Sucht entscheiden.

Ich hielt es nicht aus, zog mich ins Schlafzimmer zurück und versuchte, mich mit Yoga zu entspannen. Ich war gerade beim dritten herabschauenden Hund, als Franzi zur Tür hereinstürzte.

Augenblicklich schlug mein Herz bis zum Hals. Ich sah ihr ins Gesicht und ahnte, dass etwas passiert war. Sie wusste, dass ich Petzen hasste, aber es brach aus ihr heraus: »Ich glaube, Lenni hat sich gerade Brawl Stars runtergeladen!«

Eine Hitzewelle überflutete mein Gesicht, mein ganzer Körper war auf Alarmstufe Rot, ich nahm jede noch so kleine

Einzelheit überdeutlich wahr. Jetzt ein Säbelzahntiger im Zimmer und er wäre Hackfleisch gewesen.

Ich zwang mich, ruhig ins Wohnzimmer zu gehen, und sah die beiden Jungs, die etwas zu fröhlich und harmlos auf ihren Handys spielten.

»Jetzt könnt ihr aber mal zum Ende kommen und die Handys ausmachen, Jungs«, sagte ich und setzte mich zu ihnen aufs Sofa. »Los, Lenni, Zapfenstreich! Das Handy kommt jetzt ans Ladekabel in der Küche. Wollt ihr vielleicht noch *Monopoly* spielen oder *Spiel des Lebens*? Oder wollt ihr noch was essen oder trinken?«

Nils wurschtelte sein Handy etwas umständlich in die Hosentasche. Lennart reichte mir sein Telefon mit undurchdringlicher Miene. In seinen Augen sah ich ein ungutes Flackern, das ich nur zu gut kannte. Aber da war auch etwas anderes in seinem Gesichtsausdruck: Stress, Trauer oder war es Angst?

Die beiden trollten sich in Lennarts Kinderzimmer, und ich verzog mich in die Küche. Mit zitternden Händen entsperrte ich das Handy.

Ertappt! Der fette gelbe Totenkopf des Brawl-Star-Logos grinste mir dreist entgegen. Mir brach kalter Angstschweiß aus. Meine Beine zitterten, mein Kopf fühlte sich wattig an, alles drehte sich. Ich ließ mich auf den weißen IKEA-Kinderhocker vor dem Küchenschrank sinken. Was sollte ich jetzt tun?

Lenni hatte es nicht geschafft. Seine Sucht hatte gesiegt, bei der ersten richtig großen Bewährungsprobe. Nur 48 Stunden nachdem Herr Körner-Nitsche so optimistisch gewesen war. Das konnte nicht wahr sein. War es aber.

Meine Gedanken rasten. Was war geschehen?

Lenni war mit Nils aus dem Kinderzimmer gekommen und hatte sich zu seiner Schwester aufs Sofa gesetzt.

War er zu uns gekommen, wie wir es vereinbart hatten, weil er unruhig wurde? Hatte er auf seine Weise Schutz gesucht, weil der Suchtdruck stieg, nur hatte ich es nicht richtig verstanden? Hatte er – was nicht ungewöhnlich wäre – gedacht, er könnte es alleine meistern? Wollte er vor seinem Freund Stärke beweisen, dass er es im Griff hatte? Ich wusste es nicht.

Ich war durcheinander und aufgeregt. Ich freute mich so, dass Nils da war. Es war so wie früher, ich fühlte mich richtig gut und stark. Nils spielte immer noch Brawl Stars und andere Spiele, die ich noch gar nicht kannte, weil ich ja fast ein halbes Jahr nicht gamen durfte. Ich schaute auf seine Apps und hatte Lust zu spielen, so wie immer. Es fühlte sich alles so vertraut und schön an. Aber ich konnte kaum still sitzen, da war so eine komische Unruhe in mir, so ein blödes Gefühl, da bin ich hoch vom Bett und hab gesagt: »Komm, Nils, wir gehen ins Wohnzimmer.« Auf dem Sofa war dann alles gut. Meine Schwester war am Handy, meine Mutter hat gelesen. Ich fühlte mich wieder besser. Nils und ich machten ein bisschen Quatsch, spielten Vier-Bilder-ein-Wort. Aber Nils wischte mal zur Seite, ging kurz zur Brawl-Stars-App, wischte wieder zurück zu Vier-Bilder-ein-Wort. Er durfte ja spielen. Für ihn war das kein Problem. Es fühlte sich schön an, so einen geheimen Quatsch zu machen. Auf einmal fühlte ich mich übermütig, ich hatte auf einmal so große Lust, selbst zu bestimmen, was ich tue. Einfach mal was Verrücktes mit meinem Freund tun. Nils hat fragend geguckt, aber ich hab dann die Brawl-Stars-App einfach auf mein Handy geladen, das hat sich so cool angefühlt. Alles ging ganz schnell. NATÜRLICH kam meine Mutter kurz darauf und nahm mir das Handy ab, bevor ich die App wieder löschen konnte. Sch...!, dachte ich. Mir fiel wieder ein, was da alles dranhing, die Verträge, Herr Körner-Nitsche und das alles, mir wurde richtig schlecht. Warum durfte ich nicht einfach mal Spaß haben wie alle anderen auch?

In Lennis Augen hatten Angst und Trauer gelegen, als ich ihn ertappte, so wie bei mir. Was sollte ich tun? Den ersehnten Übernachtungsbesuch durch eine Standpauke ruinieren? Das wollte ich nicht. Auch Nils musste sich unwohl fühlen. Auch er hatte meine Ansage gehört: »Kein Brawl Stars heute!« Er war ein ausnehmend lieber, vorsichtiger Junge, der nie mit Absicht Grenzen überschritt, erst recht nicht, wenn er irgendwo zu Besuch war. Für ihn war Brawl-Stars-Spielen nichts Schlimmes.

Ich machte einen Screenshot des Startbildschirms mit dem gelben Logo als Beweismittel, löschte die App, navigierte zu Einstellungen und sperrte den App Store.

Unser Expositionsversuch war an Tag 2 gescheitert. Zurück auf null. Wir mussten wieder ein paar Schritte zurückgehen und von vorne beginnen.

Ich war traurig und still. Marc Körner-Nitsche würde später sagen: Rückschläge und Rückfälle passierten. Aus Fehlern wurde man klug, solange die Eltern es nicht zu persönlich und emotional nahmen, aus den Fehlern lernten, wach blieben und ihre Kontrolle anpassten.

Lennart hatte sich seine Sucht nicht ausgesucht. Er hatte sich verführen lassen, war »lost in cyberspace«. So gut wie jeder Süchtige würde seine Sucht liebend gerne loswerden!

Das Wichtigste sei Vertrauen, dass Lennart es schaffen würde, irgendwann. Wir mussten ihn stützen, wenn er strauchelte; ihm die Hand reichen, wenn er fiel. Und immer einen Schritt voraus sein.

Ich stellte mir vor, wie Lennart sich in diesem Moment fühlen musste: bestimmt nicht gut. Vermutlich würde er sein schlechtes Gefühl überspielen, womöglich seine Tat leugnen. Ich wollte nicht viele Worte verlieren. Der Fotobeweis musste genügen.

Ich ging hinüber zum Kinderzimmer, klopfte an: »Lenni, kommst du noch einmal kurz zu mir, bitte? Nils, dauert nicht lang.«

In der Küche ging ich in die Knie, um meinem Sohn auf Augenhöhe ins Gesicht schauen zu können.

»Lenni, wir müssen reden. Du hast dir Brawl Stars runtergeladen. Hier schau mal, ich habe einen Screenshot gemacht. Du hast die heiße Probe heute nicht geschafft. Zocken und Handy sind dieses Wochenende komplett gestrichen. Aber Montag bekommst du dein Handy wieder, und dann trainieren wir weiter, okay?«

Lennart holte Luft, wahrscheinlich wollte er sich rausreden oder widersprechen, doch er besann sich eines Besseren. Und nickte traurig.

»Nächste Woche kriegst du eine neue Chance, stark zu sein! Jetzt genießt eure Zeit zu zweit. Wir haben dich lieb, Lenni. Vergiss nicht, wir sind in einem Team.«

In den nächsten zwei Wochen musste sich Lennart erneut beweisen, dass er seine Onlinenutzung bremsen konnte, sich im Griff hatte. Er bekam die Kurve und schaffte es. Es folgte der zweite Versuch, die zweite Exposition.

Wieder brachten wir Lennart gezielt in Versuchung, schalteten den App Store abermals frei. Jeden einzelnen Abend kontrollierte ich, ob er Brawl Stars runtergeladen hatte.

Nur eins war anders: In der Zwischenzeit war ich raffinierter geworden. Ich veränderte die Einstellungen so, dass er Apps runterladen, aber nicht wieder löschen konnte. Lennart verriet ich von dieser kleinen Änderung natürlich nichts.

Lennart und ich spielten jetzt in der Champions League. Die Eigenkontrolle übernehmen zu lernen war die Königsdisziplin. Aber genau die war für einen unternehmungslustigen Elfjährigen alles andere als ein Kinderspiel.

Er war einmal schwach geworden. Aber mit jedem frischen »Ja« zum Weitermachen wuchs seine und unsere Widerstandskraft. Und unser Wissen, wie wir nach Niederlagen wieder aufstehen konnten.

Lennart schlug sich gut seit dem Zwischenfall bei Nils' Übernachtungsbesuch. Einen Tag nach dem anderen blieb er standhaft. Acht Tage lang. Er nutzte das Handy, er ging zur Schule, er traf seine Freunde, und er schaffte es, die Brawl-Stars-App nicht runterzuladen. Er war stolz auf sich und wir auf ihn. In fünf Tagen würden wir Herrn Körner-Nitsche wieder in der Klinik besuchen.

Was hatten wir alles in den letzten vier Wochen erlebt, in diesem viel zu warmen Vorfrühling! Ich freute mich, dass Lennart die Königsdisziplin, die Eigenkontrolle, so prima meisterte. Prompt meldete sich meine innere Stimme zu Wort: Freu dich bloß nicht zu früh!

Am vorletzten Samstag im März lachte wieder die Sonne vom Himmel, doch ich hatte nur meinen To-do-Zettel im Blick. Schon um halb zwölf vormittags war ich k.o. Wie immer samstags liefen mein Mann und ich auf Hochtouren: früh raus aus den Federn, schnelles Frühstück, die Kinder dazu bringen, die Tiere zu versorgen, mit dem Hund Gassi zu gehen, die Geschirrspülmaschine aus- und wieder einzuräumen, das Haus zu saugen. Parallel: Großeinkauf für die Woche für fünf Personen, Erledigungen, kochen, Wäsche, Bäder putzen, Vokabeln für den Französisch-Test abfragen und diverse Fahrdienste, bei denen wir knapp 90 Kilometer zurücklegten: Lennart zum Handball-Auswärtsspiel tief im Bergischen Land fahren und als Zeitnehmer aushelfen, die jüngere Tochter samt Freundin zu einem Babysitter-Lehrgang des Deutschen Roten Kreuzes in einem Kölner Gewerbegebiet shutteln.

Wir kamen gegen 18 Uhr erschöpft und gereizt wieder zu Hause an. Die Geschwister kabbelten sich, und als mein Mann vorschlug, gemeinsam *Siedler von Catan* zu spielen, merkte ich: Es ging nicht mehr, ich brauchte eine Auszeit von den Kindern.

Wir kamen jeder für uns, aber auch als Paar, seit vielen Monaten zu kurz. »Lass uns ins Kino gehen«, schlug ich meinem Mann vor. Es war der erste Abend seit einem halben Jahr, an dem wir Lennart über mehrere Stunden allein ließen. Immerhin: Die Schwestern waren im Haus.

Unsere Kinder staunten nicht schlecht, wie plötzlich Leben in uns kam. Vor Vorfreude begannen wir zu strahlen, googelten in wenigen Minuten das Kinoprogramm, bestellten Tickets und schnappten uns unsere Mäntel. Es fühlte sich nicht nur für uns wie eine Flucht an, aber es war herrlich.

Wir erlaubten Lennart, Fernsehen zu gucken, solange er wollte, wir wären gegen 22:00 Uhr wieder zu Hause. Dies erschien uns als halbwegs sicher. Überstürzt brachen wir in die Kölner Innenstadt auf.

Den Film hatte mein Mann ausgesucht, ein Kriegsfilm. Ich hätte mich wohl eher für etwas Leichteres entschieden, aber ich genoss die Zeit zu zweit mit meinem Mann im Kino – eine

Flasche Bier in der einen Hand, eine Portion Nachos mit einer grausigen Käseimitat-Soße in der anderen.

Es hatte gutgetan, einfach mal abzuhauen. Für einige Stunden nicht an die Familie zu denken. Nun, auf dem Nachhauseweg durch das nächtliche Köln, fiel mir die familiäre Situation wieder ein. Ob zu Hause alles in Ordnung war? Würden wir für unsere kleine Flucht bezahlen müssen?

Mein Mann beruhigte mich: »Was soll schon passiert sein? Wir können nicht ewig und rund um die Uhr Wache schieben.«

Um kurz vor zehn bogen wir in die Einfahrt ein, durchs Fenster flackerte das blaue Licht des Fernsehers. Wir schlossen die Haustür auf und betraten das Wohnzimmer. Als Lennart sich nicht vom Sofa erhob, um uns zu begrüßen, sondern unverwandt *Bernd, das Brot* schaute, war mir klar, dass etwas passiert sein musste. Lennart begrüßte uns sonst immer lauthals. Außerdem würde er niemals freiwillig *Bernd, das Brot* in der Nachtschleife des KiKa schauen.

Zerknirscht und ängstlich schaute er uns an.

»Es tut mir leid. Mir ist was passiert. Ich hab was Doofes gemacht.«

Die roten Rücklichter unseres Autos müssen noch zu sehen gewesen sein, als Lennart das Handy in der Hand hatte und zum App Store navigierte. Die ungewohnte Situation hatte ihn wohl aufgewühlt. Unsere gereizte Stimmung, der überstürzte Aufbruch, die fehlende Planung, die mangelnde Struktur, die überraschende Freiheit hatten den Suchtteufel aufgestachelt.

Schneller, als er denken konnte, hatte er Brawl Stars runtergeladen. Ich nehme an, er war einige Zeit später zur Besinnung gekommen und hatte versucht, das Game zu löschen. Konnte er aber nicht, dank meiner Einstellungen auf seinem Handy, wie er seit über drei Stunden erst wütend, dann ängstlich feststellen musste. Er war klein mit Hut und äußerst zerknirscht.

Zum ersten Mal seit Therapiebeginn kam keine Angst in mir hoch, sondern Wut. Ich fiel komplett aus meiner Rolle und schrie – immer noch im Mantel – unseren Sohn an, dass es mir echt reichen würde. Dass mich seine Sucht maßlos belasten würde, ich noch nicht mal mit meinem Mann ins Kino gehen konnte, ohne dass irgendein neuer Sch... passierte.

Ich stürmte aus dem Wohnzimmer und knallte die Tür zu. Am liebsten wäre ich geradeaus weitergelaufen – zur Haustür hinaus. Doch ich bog nach kurzem Zögern ab und verzog mich ins Schlafzimmer.

Der zweite Rückfall innerhalb von drei Wochen. Wahrscheinlich hatte mein Mann recht, und das Therapieziel war für uns völlig ungeeignet. Wie sollte ein süchtiger Elfjähriger auch lernen, kompetent Ballerspiele zu spielen, wenn sein Hirn erst in mehr als zehn Jahren voll funktionstüchtig war? Ein utopisches Ziel! Er war einfach noch nicht reif genug. Mein Mann war die ganze Zeit dagegen gewesen. Aber ich hatte meinen Dickkopf durchgesetzt und dem sympathischen leitenden Psychologen vertraut.

Und hatte nicht eine befreundete Mutter erst vorgestern erzählt, dass die Terrororganisation Islamischer Staat ihre Kindersoldaten mit Ballerspielen wie Fortnite abrichtete? Ich hatte bloß noch keine Zeit gehabt, das zu recherchieren.

Schwer atmend saß ich – immer noch im Mantel – allein mit meiner Empörung im Schlafzimmer auf dem Bett und wusste nicht recht, was ich mit mir anfangen sollte. Mein Auftritt gerade war wirklich nicht toll gewesen. Mir war übel, auch von den fiesen Cheese Nachos.

Ich zog meinen Mantel und meine Schuhe aus, nahm mein Handy, um mich abzulenken, und googelte »Islamischer Staat + Games«.

In weniger als einer Sekunde spuckte Google einen Onlineartikel des *Handelsblatt* vom 25. Juli 2016 aus. Darin stand tatsächlich, dass der »IS … gewaltverherrlichende Games als Teil seiner Propaganda« nutzte. Außerdem habe der achtzehnjährige Amokläufer von München vor seiner schrecklichen Tat noch Counter Strike gespielt und sich laut Leitendem Kriminaldirektor des Polizeipräsidiums München, Herrn Hermann Utz, »wie in einem Computerspiel bewegt«.

Die Worte verfehlten ihre Wirkung nicht, mich gruselte und empörte es zugleich. Das konnte nicht wahr sein! Hatte ich es doch geahnt!

Aufgebracht las ich weiter. Aber mit jedem Atemzug und jedem Satz ebbte meine Empörung langsam ab. Komisch: Wo waren die seriösen Belege und Quellen für diese Behauptungen? War das nur eine journalistische Schlamperei, oder mehr?

Ich öffnete ein zweites Browser-Fenster und googelte detaillierter, auch auf Englisch. Nichts. Keine seriösen Abhandlungen über Kindersoldaten und Computerspiele. Die angeblichen Fakten im Teaser des Artikels schienen reines »click baiting« zu sein. Das hätte ich dem *Handelsblatt* nicht zugetraut.

Doch selbst dieser Artikel endete mit dem entwaffnenden Fazit: Einen kausalen Zusammenhang zwischen dem Spielen von Egoshootern und Amokläufen hätten Wissenschaftler bis heute nicht messen können. An den Games allein lag es also nicht, wenn etwas schieflief.

Inzwischen hatte ich mich wieder abgeregt und atmete tief aus. Okay, vielleicht hatte unser Therapeut ja doch recht. Sehr wahrscheinlich sogar.

Mein Mann kam leise ins Zimmer und umarmte mich, ohne viele Worte zu verlieren. Wir wussten beide, dass uns die Therapie mehr erschöpfte, als wir uns selbst eingestanden.

Ein Quäntchen Misstrauen blieb. Auf der Fahrt zu unserer nächsten Sitzung, vier Tage später, nahm ich mir vor, Herrn Körner-Nitsche ein paar kritische Fragen zu stellen.

Wieder knallte die Sonne von einem wolkenlosen Himmel, wieder sonnten sich Patienten mit weißen Verbänden an Armen und Beinen in Rollstühlen vor dem Klinikhauptgebäude, den Tropf auf Rädern neben sich. Die Forsythie war inzwischen verblüht.

Es war der erste Mittwoch im April. Wortreich hatte ich von unseren Expositionsversuchen in den letzten vier Wochen berichtet, von den Erfolgen und Rückschlägen. Ich hatte mich um Sachlichkeit bemüht, doch schwangen meine aufgewühlten Gefühle unüberhörbar mit.

Marc Körner-Nitsche hörte ruhig zu, tippte parallel Stichworte in sein Sitzungsprotokoll. Er blieb entspannt und ließ mich reden.

Als ich zum Ende gekommen war, lächelte er und meinte, die Expositionsversuche seien doch erfolgreich verlaufen!

Ich verstand nicht gleich, wie ich seine Einschätzung auffassen sollte, und lehnte mich mit verschränkten Armen in meinem Stuhl zurück. Offensichtlich hatten der Psychologe und ich unterschiedliche Auffassungen von »erfolgreich gelaufen«.

Schwungvoll beugte sich der Therapeut nach vorne, fixierte Lenni mit ernstem Gesicht und nahm ihn eindringlich ins Gebet: »Lennart, du hast gesehen, du kannst es schaffen. Du kannst deine Sucht überwinden! Aber es gab Rückfälle. Immerhin warst du ehrlich deinen Eltern gegenüber – hast dich offenbart und die *Hol-dir-Hilfe-Regel* angewendet! Das war gut. Aber denk dran: Du bist es, der hier entscheidet: Willst du die Kontrolle über dich übernehmen? Oder willst du abhängig bleiben? Ein Opfer deiner Games? Du sollst ja spielen dürfen, aber stark und selbstbewusst! Du hast die Sucht erst dann überwunden, wenn du die Kontrolle über dich übernehmen kannst. Egal, ob der App Store offen ist oder nicht. Dem Internet und den Games kannst du sowieso nicht ausweichen.«

Marc Körner-Nitsche hatte eine starke Ausstrahlung.

Lennart tastete nach meiner Hand. Der intensive Augenkontakt und die Strenge machten ihm Angst. Ich hielt seine Hand locker. Seinen Schutz suchenden, leicht klammernden Händedruck erwiderte ich nicht. Da musste Lennart jetzt alleine durch.

Wir hörten, dass Sucht kein Schicksal war, keine Krankheit, der Menschen hilflos ausgeliefert waren. Der typische Glaubenssatz »Kann ich doch sowieso nicht ändern« war falsch. Marc Körner-Nitsche verbrachte die nächsten zehn Minuten damit, ihn umzuformen in: »Kann ich ändern«.

Herr Körner-Nitsche drehte sich zu mir: »Das Gleiche gilt auch für Eltern. Sie können und sollen steuern, wie und wie lange ihre Kinder gamen, chatten oder allgemein ihre Handys nutzen. Sie tun Ihren Kindern damit einen großen Gefallen.«

Ihr eigenes Smartphone dürften Eltern dabei gerne zu Hilfe nehmen, denn es böte ungeahnte Chancen bei der Erziehungsarbeit.

Ich musste schmunzeln, wenn ich daran dachte, wie mein Mann und ich diese Chancen bislang nutzten. In den Ferien zum Beispiel, wenn die Kinder vormittags zu Hause ausschliefen und »chillten«, während wir in unseren Kölner Büros arbeiteten und versuchten, über unsere WhatsApp-Familiengruppe die täglichen Hausarbeiten zu delegieren.

Papa schreibt: »Kaninchen und Vögel gefüttert und Ställe gemistet?« Vögelchen-Emoji. Hasenkopf-Emoji. Lächelnder Smiley-mit-Kussmund-Emoji.

Lenni schreibt: »Nein. Macht Franzi.«

Franzi schreibt: »Nein, heute ist Sophie dran.« Genervter-Smiley-Emoji.

Sophie schreibt: »Bin gar nicht zu Hause, bin bei Mika.« Blonde-Frau-in-lila-Shirt-hebt-ratlos-die-Arme-seitlich-nach-oben-Emoji.

Mama schreibt: »Das ist echt arm. Eure Tiere tun mir leid.«
Passiv-aggressiv-guckender-Emoji.

Lennart schreibt: »Ich wollte die Vögel nicht.«

Papa schreibt: »Wird's bald?« Augenrollendes Emoji.

In so gut wie allen Fällen haben die Kaninchen und Vögel bis heute überlebt. Eines der drei Geschwister erbarmte sich meist doch noch. Oder sie waren den einen Tag ohne frisches Wasser und Futter durchgekommen.

In der Zwischenzeit hatte Herr Körner-Nitsche weitergesprochen und kam zum Schlusswort der heutigen Sitzung: Er gratulierte uns zu unserem Etappensieg, seine Augen waren freundlich. Dann wurde er ernst.

Als Hausaufgabe sollte Lennart weiter üben zu widerstehen. Und wir Eltern sollten herausfinden, wie wir die Mediennutzung unserer Kinder erfolgreich steuern konnten.

Herr Körner-Nitsche betonte erneut, es sei nicht sinnvoll, den Kindern die Begrenzung der Mediennutzungszeit selbst zu überlassen. Es überfordere sie maßlos. Denn Smartphones hätten aus mehreren – auch biologischen – Gründen eine unglaubliche Anziehungskraft auf uns Menschen.

Marc Körner-Nitsches Aussage, Smartphones seien auch aus biologischen Gründen unwiderstehlich, hatte mich neugierig gemacht. Dem würde ich in den kommenden Tagen auf den Grund gehen!

VIRTUELLE VERFÜHRUNG
Warum Smartphones so unwiderstehlich sind

Smartphones triggern gezielt uralte soziale Verhaltensweisen, die verankert sind in unseren Genen. Und die hat die Evolution geformt.

Man nehme zum Beispiel eine besonders nervige Eigenschaft: das Klingeln, Summen, Vibrieren, das eingehende Nachrichten ankündigt. Die Signaltöne zwingen uns förmlich, auf den Bildschirm zu starren, eine Art technische Abhängigkeit.

Ich persönlich werde ungern abgelenkt, mein Handy ist daher still wie ein Grab. Anders die Smartphones meiner Töchter. Ständig tönen, schnarren und piepen sie, wenn Sophie und Franzi Petitessen per Snapchat und Instagram mit ihren Freunden austauschen.

Die Mädchen erinnern mich dabei frappierend an die armen Zwingerhunde des russischen Mediziners und Nobelpreisträgers Iwan Petrowitsch Pawlow. Die Versuchshunde hatten gelernt, dass es nach einem bestimmten Klingelton Futter gab. Dieser Ton reichte nach kurzer Zeit aus, um ihnen das Wasser im Maul zusammenlaufen zu lassen. Der Forscher hatte den Hunden dafür extra einen Speichelauffangbehälter implantieren lassen.

Ich nehme an, dass Handyklingeltöne zwar nicht den Speichelfluss verändern. Aber ich beobachte bei meinen Töchtern regelmäßig andere körperliche Reaktionen, die sich anscheinend nicht ohne Weiteres steuern lassen:

Signalisiert ein metallisches »Ping« das Eintreffen einer Nachricht bei Snapchat oder Instagram, startet eine Kettenreaktion: Das Kind verstummt, die Mimik erstarrt. Die Augen suchen hektisch, die Halswirbelsäule wird ruckartig bewegt, der Greifreflex der rechten Hand wird aktiviert, die Augen fixieren das Display. Der Kopf beugt sich runter zum typischer »iNeck«, die Nachricht wird gelesen mit leicht geöffnetem Mund, starrem Augenausdruck, flacher Atmung und verharrender Körperstellung.

Eine Wiederaufnahme der Verarbeitung von Außenreizen ist frühestens nach 20 bis 40 Sekunden möglich.

Neulich hatte ich extra eine halbe Minute gewartet, in die grünblauen Augen von Franzi geschaut und gesagt: »Bitte stell deine Tasten- und Klingeltöne aus. Es ist nicht gut, wenn du immer wieder davon abgelenkt wirst. Gerade Mädchen sind gefährdet, sich zu stark von sozialen Medien beeinflussen zu lassen.«

Tatsächlich hatte Herr Körner-Nitsche erwähnt, dass Mädchen viel stärker gefährdet waren, ihr Chatten nicht mehr willentlich steuern zu können, also in diesem Fall ein höheres Suchtrisiko hatten als Jungen.

Mein Hinweis verhallte ungehört. Ich probierte es später mit einer anderen Taktik und fragte meine Tochter mit einer – ich gebe zu – etwas vergifteten Hilfsbereitschaft: »Soll ich dir zeigen, wo du in ›Einstellungen‹ die ›Töne bei Benachrichtigungen‹ ausstellen kannst?«

Meine Tochter verließ fauchend den Raum.

Heute weiß ich: Die Kids können nicht anders. Signaltöne und Vibrationsalarm sind für sie wichtige Zeichen, dass sie digital am Leben sind, am Puls der Zeit. Außerdem triggern die Töne uralte soziale Verhaltensweisen, die zum Überleben der Menschheit beigetragen haben.

Die Klingeltöne erregen dieselben Areale im Gehirn, die uns einst auf drohende Gefahren aufmerksam gemacht haben, wie zum Beispiel auf den Angriff eines Raubtiers.

»Dieselben Mechanismen, die uns einst beschützten und uns das Überleben ermöglichten, verführen uns jetzt dazu, uns mit den trivialsten Informationen zu beschäftigen«, erklären Erik Peper und Richard Harvey, zwei Professoren für Gesundheitserziehung an der San Francisco State University 2018 in einem Artikel der Fachzeitschrift *NeuroRegulation*.

Dies sei evolutionär begründet, fasst der amerikanische Psychologe David Sbarra der Wayne State University in Detroit 2019 in einem Fachartikel in *Perspectives on Psychological Science* zusammen: »Der Griff zum Smartphone ist mit alten Modulen im Gehirn verbunden, die … dazu beitragen, enge soziale Beziehungen aufzubauen und aufrechtzuerhalten.«

Für einen recht unbehaarten, leicht frierenden Primaten ohne nennenswerte körperliche Waffen wie Zähne oder Klauen ist der soziale Zusammenhalt in seiner Hood samt geselligem Feuerchen vor der gemeinsamen Schlafhöhle der einzige Garant zu überleben.

Will der Einzelne, wollen die Menschen als Art überleben, knüpfen sie besser enge Beziehungen zu Familienmitgliedern und Freunden. Der Trick dabei, so Sbarra: »Diese Beziehungen basieren auf Vertrauen und Kooperation, die aufgebaut werden, wenn Menschen persönliche Informationen über sich preisgeben und unmittelbar auf andere reagieren.«

Ich habe keine Ahnung, wie solch ein Analogchat bei Familie Feuerstein im Einzelnen klang oder aussah. Aber ich weiß jetzt: Die Beziehungen zu stärken, Fotos vom Mittagessen zu posten und innerhalb von Millisekunden ein »Daumen hoch« zu schicken, als Antwort auf ein Foto des Brennnessel-Smoothies der Freundin oder des Paleo-Burgers des Freundes, dürfen wir mit Fug und Recht für »primitiv« und evolutionär bedingt halten.

Samuel Veissière, ein kanadischer Anthropologe, erklärt in einem Artikel in *Frontiers in Psychology* 2018, dass die ausufernde Nutzung sozialer Medien dem tiefen Bedürfnis nach Kontakten entspringt. »Der Wunsch, andere zu beobachten und zu kontrollieren, aber auch von anderen gesehen und kontrolliert zu werden«, sei tief in unserer evolutionären Vergangenheit verwurzelt. Nur: Die Geschwindigkeit und »Hyperkonnektivität« des Internets überfordern das Belohnungssystem unserer Hirne und lassen sie heiß laufen.

Die unerschöpflichen Möglichkeiten – der Rund-um-die-Uhr-Zugriff auf Textnachrichten und soziale Medien, auf persönliche Fotos von Freunden und Feinden – lassen unser Hirn vor Aufregung fast durchdrehen.

Innerhalb von Sekunden lassen sich in den grenzenlosen Weiten des Webs neue Kontakte knüpfen – wenn es sein muss, rings um den Erdball. Das Internet ist ein Sehnsuchtsort, der Milliarden Menschen von Langeweile, Einsamkeit und Isolation erlöst. Selbstbewusste finden in Onlinechats die Bühne, die sie suchen. Und Schüchterne können endlich anderen Menschen nahekommen, ohne selbst zu viel von sich preisgeben zu müssen. Und das vom Sofa aus für lau.

Wenn eine meiner Töchter also mitten im Gespräch verstummt und ihren Blick mit leicht geöffnetem Mund auf ihr vibrierendes Handy richtet, schauen wir der Steinzeit in flagranti beim Arbeiten zu.

Einziger Haken an der Sache, so Studienleiter David Sbarra: »Entscheidend für den gewünschten Aufbau von Nähe und Vertrauen ist die unmittelbare Reaktion auf das Gegenüber. Diese Reaktion erfordert volle Aufmerksamkeit ...«

Und diese virtuelle Aufmerksamkeit fehlt für die analoge Beziehungspflege außerhalb des Internets, im Familienalltag, und schürt Konflikte – nicht nur bei uns. Die Sache ist so neu und ungewohnt, dass Kunstworte entwickelt werden mussten, um diese neuen Phänomene und Störungen zu beschreiben.

Eine US-amerikanische Studie untersuchte Paarkonflikte infolge von »Phubbing«, womit das Gefühl der Geringschätzung gemeint ist, wenn sich der Partner mitten im Gespräch von seinem Mobilgerät ablenken lässt. Das Kunstwort setzt sich zusammen aus dem englischen »phone« und »snubbing«, »jemanden vor den Kopf stoßen«.

Wir sind also echte digitale Misfits. Wir sitzen in einer Evolutionsfalle fest, und gewisse App-Entwickler machen damit lieber noch schnell Umsatz, bevor sich die Menschheit selbst abschafft.

Während ich noch diesem düsteren Gedanken nachhing, war der kanadische Forscher bereits einen Schritt weiter. Er postulierte: Kontrollverlust – etwa bei einer Sucht – sollte nicht als Sozialversagen stigmatisiert werden, da es sozial gemeint war. Er verstand die Sucht nach der Nutzung von sozialen Medien und interaktiven Computerspielen als eine missglückte Suche nach Bindung, getrieben von einem zutiefst menschlichen Wunsch, sich mit anderen Menschen zu verbinden.

Mir wurde warm ums Herz.

Das neue Wissen, dass die unfassbare Anziehungskraft der Smartphones biologische Gründe hatte, erleichterte mich.

Was nicht bedeutete, dass wir Eltern uns zur Ruhe setzen konnten. Im Gegenteil: Wir wissen jetzt, dass die meisten Kids von sich aus nicht ohne Weiteres verzichten können. Es ist wider ihre Natur! Ohne Kontrolle konsumieren die meisten von ihnen erheblich mehr, als ihnen guttut, ähnlich wie die Millionen fettleibiger Kinder, die den extra für sie gekauften zuckerreduzierten Ketchup empört vom Tisch fegen.

EIN VIRUS IM SYSTEM
Herausforderungen in der Corona-Krise

Ende 2019 hat die gute alte Evolution noch eins draufgesetzt und SARS-CoV-2 auf die Menschheit losgelassen, als ob wir Eltern nicht schon genug herausgefordert wären. Elternsein machte jetzt endgültig keinen Spaß mehr, Kindsein erst recht nicht.

Am 11. März 2020 stufte die WHO die Lage offiziell als Pandemie ein. Und auf einmal kämpften Eltern rund um den Erdball nicht nur gegen das Internet, sondern auch gegen einen zweiten ernst zu nehmenden evolutionären Risikofaktor, der den Familienalltag absurd und schwer machte: ein fieses Virus ohne Hirn, das noch nicht einmal allein aufs Klo gehen konnte. Was nicht schlimm war, weil das Virus ja nichts aß, verdaute oder ausschied. Streng genommen war das Coronavirus nicht mal ein echtes Lebewesen. Zudem so winzig, dass wir es nicht sehen und erst recht nicht begreifen konnten. Darin ähnelte es den digitalen Datenpaketen des Internets, die ebenfalls in unsere Wohnungen und Häuser eindrangen und unüberschaubare Gesundheitsrisiken mit sich brachten.

Als am 16. März 2020 die Schulen geschlossen und die Schulbusse geparkt wurden, verschanzten sich Sophie, Franzi und Lenni in ihren Zimmern, und mein Mann und ich beobachteten mit gemischten Gefühlen, dass die Bildschirmzeit unserer Kinder auf fast 10 Stunden pro Tag hochschnellte.

Wenn wir ehrlich sind, waren wir anfangs nicht sonderlich traurig darüber. Denn auch wir hingen den gesamten Tag vorm Rechner und digitalisierten unsere Arbeitsabläufe gefühlt in Lichtgeschwindigkeit. Zusätzlich zum normalen Arbeitspensum wollten Präsenzworkshops von heute auf morgen in tolle virtuelle Onlineformate umgewandelt werden. Und auch die Essecke im Wohnzimmer musste zu einer Art Fernsehstudio inklusive professioneller Licht- und Tontechnik umfunktioniert werden. In den ersten Tagen besuchten wir unsere Kinder in ihren Zimmern nicht, um zu fragen, wie es ihnen erging, sondern ob sie noch alte Schreibtischlampen und Stehleuchten übrig hätten, um die dunkle Essecke für die nächste Videokonferenz besser auszuleuchten.

Für meinen Mann und mich war es ein Segen, dass uns Lenni und die Mädels über Stunden in Ruhe arbeiten ließen. Wir waren dankbar, dass unsere Jobs nicht ruhten wie die von befreundeten Flugkapitänen und Messebauern. Wir strengten uns an, unsere Arbeit trotz des Lockdowns und der digitalen Herausforderungen zur bestmöglichen Zufriedenheit unserer Auftraggeber zu erfüllen.

Unterschwellig waren wir nonstop in Alarmbereitschaft. Der Lockdown hatte uns eiskalt erwischt – in der heißen Phase der Exposition. Schlimmer noch: unmittelbar nach Lennis zweitem Rückfall.

Als wir am Samstag, den 14. März, ins Kino geflüchtet waren, hatten mein Mann und ich Glück gehabt: Wir gehörten mit zu den letzten Gästen des Kölner Kinos. Es schloss kurz nach unserem Besuch für lange Zeit, ebenso wie alle anderen Kinos, Bars, Clubs, Diskotheken, Spielhallen, Theater und Museen im Land.

Aber war der Kinobesuch den hohen Preis wert gewesen, den wir dafür zahlen mussten? Lennart hatte der Versuchung des offenen App Stores in unserer Abwesenheit nicht widerstehen können. Für uns war klar: Lenni hatte seine Sucht noch nicht überwunden, wir mussten weiter wachsam bleiben, weitere Ausrutscher verhindern, um jeden Preis Erfolgserlebnisse schaffen, den Verzicht und die Eigenkontrolle weiter positiv verstärken.

Nur wie? Unsere Jobs verlangten mehr Aufmerksamkeit denn je. Gleichzeitig zwang uns das verordnete Homeschooling mit seinem »Lernen auf Distanz«, die FRITZ!Box-Einstellungen zu ändern und die WLAN-Verbindung für Lennart von 8:00 bis 15:00 Uhr zu öffnen.

Uns war es alles andere als lieb, dass Lenni durch das Homeschooling so viele Stunden am Tag am Rechner verbrachte. Der Elfjährige brauchte jede Woche aufs Neue mehrere Stunden, um seine Aufgaben und Abgabetermine in jedem Fach auf der hastig eingerichteten digitalen Lernplattform der Schule zu finden und seinen Wochenplan zu erstellen. Jede überflüssige Stunde im Web war eine zu viel. Es frustrierte uns, dass der Digitalisierungsrückstand der deutschen Schulen Lennis Therapie zusätzlich erschwerte.

Bislang lag Deutschland im internationalen Vergleich bei der Digitalisierung der Bildung weit hinten, wie die international vergleichende Schulleistungsuntersuchung *ICILS 2018 (International Computer and Information Literacy Study)* zeigte: Nur in Uruguay nutzen noch weniger Lehrkräfte täglich digitale Technologien als bei uns.

Dabei sahen selbst eingefleischte Digitalverweigerer auf einmal den persönlichen Vorteil des digitalen Lernens auf Distanz – erst recht, wenn sie älteren Semesters waren oder aus anderen Gründen zur Risikogruppe gehörten und eine Infektion mit dem neuartigen Coronavirus möglicherweise tödliche Folgen haben konnte. Auf einmal fragten sich nicht nur die frustrierten Pädagogen, wie sie das tägliche Unterrichten überleben sollten.

Wir hatten ein schlechtes Gewissen und ein ungutes Gefühl, dass Lennart nur zwei Tage nach seinem Rückfall so lange und unkontrolliert online war. Tagsüber verdrängte der berufliche Stress unsere Sorgen, abends drängten sie sich mit aller Macht in unser Bewusstsein. Wir wussten, dass die soziale Isolation, die explodierenden Onlinezeiten, der mangelnde sportliche Ausgleich mit Gleichaltrigen in der Corona-Krise gefährliche Risikofaktoren für Computerspiel- und Social-Media-Süchte waren. Der Lockdown und das Homeschooling gefährdeten unsere heikle Mission. Wir konnten nie hundertprozentig sicher sein, dass Lenni bei all den Stunden vor dem PC nicht doch wieder Schlupflöcher fand, um Brawl Stars zu spielen. Wir hofften inständig, dass unser technischer Jugendschutz – die Filter und Blacklists mit gesperrten Internetseiten auf Handys und der FRITZ!Box – ausreichten, um das Schlimmste zu verhindern: einen erneuten Rückfall.

Wir waren froh, wenn Lennart es schaffte, sich nachmittags »analog« zu entspannen. Mal 40 Minuten mit *Lustigen Taschenbüchern*, mal 60 Minuten mit einem der witzigen 1000-Teile-Comicpuzzle von Jan van Haasteren.

Oft klappte es nicht, Lenni zu einer Tätigkeit außerhalb des Internets zu motivieren. Wir verdonnerten ihn schließlich dazu, die Spülmaschine auszuräumen, die Handtücher aus dem Trockner zu nehmen und zu falten, die Kaninchen ins Außengehege zu setzen oder den Hund im Wald spazieren zu führen. Aus den »aber mindestens 30 Minuten« wurden meist 8 Minuten – »der Hund wollte nicht mehr«. Lenni fand das alles blöd, gleichzeitig hatte er Langeweile und keinen Bock auf Corona.

Binnen weniger Tage hatte die verordnete Onlinepräsenz zunichtegemacht, was wir in den letzten fünf Monaten erreicht hatten. Die unheilvolle Faszination des Internets, die seit dem Entzug nur geglommen hatte, loderte wieder auf wie ein außer Kontrolle geratenes Feuer.

Nachmittags, nach Ablauf seiner WLAN-Zeit um 15 Uhr, kroch Lennart trotz laufender Videokonferenz ins Zimmer, schmuggelte Zettelchen mit »Darf ich 30 min ins Internet?« auf unsere Tastatur oder starrte durchs Wohnzimmerfenster hinein, während wir gequält lächelnd versuchten, uns nichts anmerken zu lassen, gleichzeitig den schwierigen virtuellen Gruppenprozess zu steuern und pünktlich zu einem guten Sitzungsergebnis zu kommen.

Innerhalb kürzester Zeit war der digitale Druck unter deutschen Dächern so hoch geworden, dass die Bundesprüfstelle für jugendgefährdende Medien am 20. März 2020 eine Pressemitteilung herausgab mit Medientipps der Initiative *SCHAU HIN! Was Dein Kind mit Medien macht.* Die Medien-Coaches gaben Hilfestellung, wie Familien digitale Medien in dieser Zeit sinnvoll nutzen konnten, welche guten Angebote es gab und wie viel Zeit vor dem Bildschirm angemessen sei. Und das noch vor den ersten bundesweiten Ausgangsbeschränkungen.

Danach wurde es unerträglich.

Fast alle Eltern berichteten, dass ihre Kinder digitale Medien während des Lockdowns und der Kontaktbeschränkungen stärker nutzten als üblich. Die Ängste, ob das alles so klarging, wuchsen erst, als sich die Krise normalisierte und wir feststellten: Dies war kein Sprint, dies war ein Marathon, für den wir weder trainiert noch uns angemeldet hatten.

Zeitliche Regeln für die Mediennutzung stellte die Hälfte der Eltern trotzdem nicht auf. Dies ergab eine Studie an über tausend Eltern und ihren Kindern im Auftrag der DAK. Die Hälfte der Befragten einer anderen Studie im Auftrag der KKH-Krankenkasse sorgte sich, dass ihr Kind süchtig werden könnte. Diese Sorge teilten wir zwar nicht, weil wir es bereits wussten, aber trotzdem. Dass der Lockdown uns alle ins Virtuelle trieb, lag auf der Hand. Hinzu kamen soziale Isolation, Einsamkeit, Angst, Frust, Realitätsflucht, Mangel an anderen Freizeitmöglichkeiten: die klassischen Risikofaktoren für onlinegebundene Verhaltenssüchte.

Nahmen Süchte nach Onlinegames und sozialen Medien in der Corona-Pandemie also zu? Genau dieser Frage ging Prof. Rainer Thomasius vom Deutschen Zentrum für Suchtfragen des Kindes- und Jugendalters am renommierten Universitätsklinikum Eppendorf (UKE) in Hamburg in seiner Studie *Mediensucht 2020* nach.

Durch einen glücklichen Umstand hatten er und sein Team bereits im September 2019, also knapp vor dem spektakulären Auftritt von COVID-19, aus 1221 repräsentativ ausgewählten deutschen Haushalten je einen Elternteil und ein Kind oder einen Jugendlichen im Alter zwischen zehn und siebzehn Jahren zu ihrem Mediennutzungsverhalten befragt. Perfekte Voraussetzungen für einen Vorher-Nachher-Vergleich.

Die gleichen Teilnehmer wurden daher einen Monat nach Beginn des deutschen Lockdowns, in der Zeit vom 20. bis 30. April 2020, noch einmal befragt.

Die ersten Zwischenergebnisse wurden als »alarmierend« bewertet und deckten »Mängel bei der elterlichen Anleitung und Aufsicht der Kinder hinsichtlich der Verwendung von digitalen Spielen und sozialen Foren auf«. Überraschen tat dies niemanden.

Um satte 75 Prozent länger spielten Kinder und Jugendliche unter der Woche im April 2020 im Vergleich zu September 2019. Im Schnitt über 2 Stunden mehr pro Tag, am Wochenende sogar über 3 Stunden. Hauptsächlich, um Sorgen zu vergessen, der Realität zu entfliehen oder Stress abzubauen.

Tatsächlich bescheinigten Ärzte den digitalen Medien »entlastende Funktionen«, etwa um Gefühle von Einsamkeit und Kontrollverlust zu verringern. Kein Wunder, dass die Befragten noch länger zocken, chatten oder posten wollten, als sie es ohnehin schon taten.

Die starke Nutzung war mehr als verständlich, aber dennoch nicht gut. »Je länger und häufiger die Kinder und Jugendlichen online sind, desto höher ist das Suchtrisiko«, so Prof. Rainer Thomasius.

Schon im September 2019 war das Gaming-Verhalten von fast einer dreiviertel Million Kinder und Jugendlicher in Deutschland nicht mehr im grünen Bereich. Eine Zahl, die in etwa vergleichbar ist mit den Einwohnern von Frankfurt am Main.

Ärzte wissen, dass die Gefahr einer Abhängigkeit in Krisenzeiten steigt. Sie rechnen damit, dass die anhaltende Corona-Krise auch die Zahl der computerspielsüchtigen Kinder und Jugendlichen nach oben treiben könnte. Eine neue Längsschnittstudie soll hier für Klarheit sorgen. Erste Ergebnisse werden für 2021 erwartet.

Ähnlich problematisch wie das Gamen war die ausufernde Nutzung von Social-Media-Angeboten während der Shutdowns. Die Gründe sind nachvollziehbar: Eltern wie Kinder bekämpften so ihre Langeweile und hielten ihre sozialen Kontakte aufrecht. Für die meisten waren die sozialen Medien eine Erlösung. Man stelle sich nur vor, wie ein monatelanger Shutdown ohne Internet ausgesehen hätte …

Die stärkere Mediennutzung führte aber auch zu gesundheitlichen Schäden, wie Experten der Kaufmännischen Krankenkasse KKH warnen. Daten der KKH zeigen, dass immer mehr Kinder und Jugendliche unter Krankheiten leiden, die früher eher untypischer waren. Seit 2008, also etwa seit der Ära »Smartphone« wurden immer häufiger extremes Übergewicht bei Kindern und Jugendlichen (ein Plus von 27 Prozent) sowie ADHS (12 Prozent mehr) diagnostiziert. Besonders deutlich waren die Veränderungen bei älteren Jugendlichen ab 15 Jahren. Bei ihnen nahmen motorische Entwicklungsstörungen um rund 137 Prozent zu, Sprach- und Sprechstörungen um rund 157 Prozent und Schlafstörungen um 86 Prozent.

Sprach- und Sprechstörungen waren uns bei Lennart noch nicht aufgefallen, aber wir mussten ihn fast zwingen, sich von seinem Schreibtischstuhl zu erheben und zumindest winzige Waldläufe mit uns zu machen. Natürlich genervt, vor allem, wenn ich ihn auf die anderen Kinder hinwies, die im Wald mit gesünderer Gesichtsfarbe und trainierteren Körpern ihre Runden drehten.

Der Grund für Lennarts motorischen Stillstand war ein eigener PC, den er fürs Homeschooling bekommen hatte, samt eigener neuer Tastatur, die im Dunkeln in bunten Farben mit verschiedenen Effekten leuchtete, sowie einer hochsensiblen Maus mit einer Sensorauflösung von 1600 DPI (dots per inch). Mein Mann hatte Zweifel, ob wir uns damit nicht einen Bärendienst erwiesen. Ich hingegen argumentierte, dass Lennis Therapie ja keine Abkehr vom Digitalen zum Ziel hatte. Im Gegenteil: Lennart – und wir – sollten digital kompetenter werden. Seit dem Homeschooling war ich mir allerdings nicht mehr so sicher, ob ich da nicht doch falsch abgebogen war.

Lenni saß während des Lockdowns stundenlang wie festgewurzelt vor dem PC, bis ihm der Rücken und der Allerwerteste schmerzten. Kein Wunder. Bislang hatte sich sein Aufenthalt am Schreibtisch für Hausaufgaben zeitlich in Grenzen gehalten. Der von seinen Schwestern geerbte knallrote IKEA-Holzdrehstuhl hatte völlig ausgereicht.

Nun sollte etwas anderes her: am besten einer dieser »mega« Gaming Chairs, die er bei verschiedenen Spielern online gesehen hatte. Lennart fragte mich strahlend, ob ich schon ein Geschenk für seinen Geburtstag in vier Monaten hätte, was ich verneinte.

Daraufhin surfte er aufgeregt im Internet zu einem Anbieter von solch monströsen Stühlen, um mir etwas »ganz Tolles« zu zeigen.

Ich lachte laut und fragte: »Du wünschst dir einen Stuhl für 7000 Euro?«

»Wünschen darf ich mir alles, sagst du auch immer«, war seine Antwort.

Besonders fasziniert war er von einem extravaganten Modell, das aussah wie eine futuristische Wohnhöhle, in die Riesenbildschirm, 2.1-Audiosystem, Tastatur, Joysticks, aber auch Kühlschrank, Getränke- und Snackhalter integriert waren.

Weitere Benefits: Die geneigte Liegefläche erlaubte eine stundenlange Lagerung des Körpers in kreislaufschonender Haltung, die vermutlich einer Mangeldurchblutung des Gewebes am Popo entgegenwirkte, schmerzhaften Druckgeschwüren und Zelltod.

»Nur das Klo fehlt«, sagte Lenni strahlend.

Viel interessanter fand ich hingegen folgenden Hinweis in der Rubrik »Kaufberatung«:

»Achten Sie auf Ihr Gewicht!«

Es überraschte mich, dass ein Hersteller mit so viel Fürsorge an die Gesundheit und Lebenserwartung seiner oft übergewichtigen Kunden dachte, nicht umsonst hieß es doch »Daddeln im Speckmantel«.

In Wirklichkeit ging es dem Hersteller gar nicht um seine Kunden, sondern nur um sich selbst, wie ich beim Weiterlesen feststelle: Es ging gar nicht darum, das Gewicht der Kunden zu kontrollieren, sondern ihr Übergewicht mit der Maximallast des Stuhles in Einklang zu bringen.

Ich stellte mir vor, wie es zu Rechtsstreitigkeiten kam, weil ein Gaming Chair unter der Körpermasse eines dreizehnjährigen, schwer adipösen Gamers erst langsam nachgegeben hatte und dann mit Getöse zusammengebrochen war und die erboste Mutter den Stuhl vergeblich zu retournieren versuchte. Hersteller beschränkten daher die maximal zugelassene Gewichtsbelastung.

Ich fragte mich, wie viel Gamer in der Regel wogen: 100 kg? 110 kg? Interessiert und schockiert zugleich las ich, dass Gaming Stühle »in der Regel« mit einem Gewicht von 120 bis 150 Kilogramm zurechtkommen, spezielle Modelle sind sogar für Gamer bis zu 200 Kilogramm ausgelegt.

Sportlich ist anders!

ZWISCHEN DEN WELTEN
Von Cyber-Agenten und digitalen Immigranten

Auch wenn vielleicht so mancher Gamer nicht der Sportlichste ist: Gamer sind keine Loser. Im Gegenteil. Denn Computerspiele fordern und fördern die Hand-Auge-Koordination, Geschicklichkeit, Reaktionsfähigkeit, Kombinationsfähigkeit, Taktik, logisches Denken, kreative Problemlösung und vieles mehr.

Gamer sind sogar als potenzielle Geheimagenten im Cyber War ins Visier der Personalentwickler der Bundeswehr geraten, die für ihr »Kommando Cyber- und Informationsraum« dringend IT-Fachleute und »White-Hats«, suchten, also Hacker, die auf der hellen Seite der Macht stehen. Für sie gibt es viel zu tun: Der Cyberraum in Deutschland wird jeden Tag von über dreihunderttausend neuen Schadprogramm-Varianten angegriffen, an Spitzentagen von knapp einer halben Million. Beim Lesen der Lageberichte des Bundesamtes für Sicherheit in der Informationstechnik kann einem schlecht werden.

Begleitet von lautem Widerhall in den Medien, aber nur leisem Interesse bei den Gamern selbst, versucht die Bundeswehr seit einigen Jahren gezielt, Gamer auf Messen wie der Gamescom in Köln anzuwerben. Denn, so das Kalkül, Gamer kennen sich mit Computern aus und beschäftigen sich stunden- und tagelang mit nichts anderem als mit Gefechtstaktiken. Da ließ sich über den einen oder anderen Speckranzen oder Atemnot beim Treppensteigen hinwegsehen.

Kein Zufall wohl, dass die Bundeswehr seit nicht allzu langer Zeit bei ihren Bewerberinnen und Bewerbern von vornherein eine geringere körperliche Leistungsfähigkeit und Robustheit voraussetzt. Sie verlangt nicht mehr in allen Fällen das deutsche Sportabzeichen.

Seit 2014 müssen Bewerber im sogenannten Basis-Fitness-Test nur noch einen Sprinttest bewältigen, einen Klimmhang sowie einen Fahrrad-Ergometer-Test. Schnee von gestern waren Pendellauf, Sit-ups, Standweitsprung, Liegestütze und der 12-Minuten-Lauf.

Das ist zwar traurig, aber realistisch.

Was mir viel mehr missfällt, ist, dass sich andere Ressorts nicht ebenso ehrlich und lebensnah bei der Bewältigung des digitalen Wandels einbringen wie die Bundeswehr.

Allen ist klar: Digitale Spiele und soziale Plattformen gehören zum Lebensalltag von Kindern und Jugendlichen. Klar ist aber auch: Ihre Nutzung muss kontrolliert und die Kompetenz aller Beteiligten verbessert werden. Nur: Bislang sind Eltern bei der Bewältigung dieser gesellschaftlichen Aufgabe ziemlich auf sich allein gestellt.

Die wenigsten Eltern haben den Bogen raus, verschwindend wenige fühlen sich selbstwirksam und motiviert. Die Beratungsangebote erreichen Eltern offensichtlich nicht früh und umfassend genug. Viele Eltern geben erschöpft auf. Digital überfordert und genervt, weil sich keine Erfolgserlebnisse einstellen, weil ihnen die notwendigen Kenntnisse und Erfahrungen mit digitalen Games und der richtigen Medienerziehung fehlen.

Ähnlich ergeht es vielen Erziehern und Lehrern. Tatsächlich fühlt sich nur jeder siebte Lehrer fit im Umgang mit digitalen Medien, wie die Studie *Monitor Digitale Bildung – Die Schule im digitalen Zeitalter* der Bertelsmann-Stiftung im Jahr 2017 ergab. Das ernüchternde Fazit: »Viele Baustellen, keine Strategie«. Bisher hing es vor allem am persönlichen Einsatz der Lehrer, wie viel ihre Schüler digital lernten. Und so könnte es in den nächsten Jahren bleiben.

Bei einem »Schul-Check« des *Kölner Stadt-Anzeigers* Ende 2019 gaben zwei Drittel der im Bundesland Nordrhein-Westfalen befragten Lehrerinnen und Lehrer der Vorbereitung für digitales Unterrichten während ihres Studiums eine Sechs. Im Interview mit der Zeitung bestätigte Myrle Dziak-Mahler, Geschäftsführerin des Zentrums für LehrerInnenbildung der Kölner Universität: »Digitale Unterrichtskonzepte sind [in NRW] bislang nicht verbindlicher Teil der Ausbildung von Lehrerinnen und Lehrern. Erst seit Beginn der Corona-Krise hat das Ministerium seine Haltung geändert.«

Kurz darauf meldete sich die zuständige Landesministerin für Schule und Bildung, Yvonne Gebauer, zu Wort. »Lehren und Lernen mit digitalen Medien« sei nun verbindlicher Teil der Lehrerausbildung. Grundlage sei der Orientierungsrahmen *Lehrkräfte in der digitalisierten Welt*, Stand 2020.

Auf angehende Lehrkräfte warten in ihrer Ausbildung in NRW nun 20 digitale Themenfelder – von digitalen Lehrmaterialien, der Veränderung der Lernkultur bis hin zu gemeinsamen Regeln, Normen und Werten für einen kritischen und eigenverantwortlichen Umgang mit digitalen Medien –, die ihre digitale Kompetenz so weit erhöhen sollen, dass sie ihren Schülern das nötige digitale Rüstzeug mit auf den Lebensweg geben können.

Das klingt gut, doch ein Insider bremst meine Euphorie. Bis das alles in die Praxis umgesetzt sei, könnten noch Jahre vergehen.

Eine bislang ungelöste Herausforderung, so die Ministerin weiter, sei der nötige Wandel der Lernkultur in der Lehrerbildung und in der Schule. Voraussetzung sei, dass diejenigen, die die Lehrer aus- und fortbildeten, die nötigen Kompetenzen selbst besäßen. Das ergibt Sinn.

Grundsätzlich gewinne »die kontinuierliche und selbst gesteuerte Professionalisierung zunehmend an Relevanz«. Kurz gesagt: »Lebenslanges Lernen« ist auch für Lehrer angesagt. Zudem sind sie selbst verantwortlich für ihre eigene Professionalisierung im Bereich Medienkompetenz.

Die Lehrer tun mir leid, zumindest ein bisschen. An den Schulen fehlt es flächendeckend an umfassenden Konzepten, Weiterbildungen und Infrastruktur. Neben der unzuverlässigen Technik und der mangelnden Unterstützung bei technischen Fragen und Problemen bemängelten Lehrer in der Bertelsmann-Studie vor allem das schlechte WLAN an Deutschlands Schulen. Gehemmt werden sie auch durch Angst, viel Geld für Soft- und Hardware ausgeben zu müssen, und durch Bedenken wegen Ungereimtheiten bei Lizenzen oder Datenschutz.

Ihren Schulalltag haben sich viele Lehrer sicher auch anders vorgestellt.

Das Beunruhigende: Schon 2006 kam die *Potsdamer Studie zur Lehrerbelastung* zum Ergebnis, dass über die Hälfte der Lehrer gesundheitlich eingeschränkt sind und chronisch zu Selbstschonung und Resignation tendierten. Nur 17 Prozent der Lehrer hatten demnach ein gesundes Verhältnis zu ihrem Job. Und das, bevor es überhaupt Smartphones und den enormen Digitalisierungsdruck gab!

Bestimmt hadern einige Lehrer mit sich und ihrer Verantwortung, allen Schülern das nötige digitale Know-how zu vermitteln – laut Medienkompetenzrahmen der Landesregierung in 24 unterschiedlichen Schwerpunktfeldern. Manche Lehrer können gerade einmal bei den ersten beiden Kompetenzfeldern mit ihren Schülern mithalten (Hardware kennen und auswählen sowie digitale Werkzeuge kennen, auswählen und kreativ, reflektiert einsetzen). Wie sollen sie es schaffen, Jugendlichen überzeugend die restlichen – deutlich anspruchsvolleren – Medienkompetenzen zu vermitteln? Dabei klingt es großartig, was Schüler und Schülerinnen in NRW im Laufe ihrer Schulzeit lernen sollen: alles rund um Datenschutz, Privatsphäre, Informationssicherheit, Informationsbewertung und -kritik, Cyber-gewalt und -kriminalität. Die Schüler sollen außerdem verstehen lernen, wie sich Automatisierungen und Algorithmen auf die eigene Meinungsbildung auswirken können – sprich, wie Meinungsblasen entstehen und zum Platzen gebracht werden können – ein globales Zukunftsthema!

Mit einem farbenfrohen Ausdruck des Medienkompetenz-rahmens platzte ich in Sophies Zimmer und fragte beeindruckt, ob sie das tatsächlich alles wusste oder ihre Lehrer ihr das gerade beibrachten?

»Nur punktuell und längst nicht alles. Die meisten Lehrer sehe und spreche ich im Homeschooling ja schon seit Wochen nicht mehr richtig. Die wenigsten führen Videokonferenzen durch.«

Ein digitaler Kulturwandel an Schulen sah anders aus.

Etwas enttäuscht zog ich mich wieder ins Arbeitszimmer zurück. Meine Stimmung sank weiter, als ich einen Artikel auf *Spiegel Online* las: Die Studie dreier Sozial- und Bildungswissen-schaftler der Universität Oxford hatte ergeben, dass der »Online-unterricht während des Lockdowns größtenteils ineffektiv war«. Die Schülerinnen und Schüler hätten »wenig bis nichts« gelernt. Und das in den Niederlanden – dessen Bildungssystem deutlich besser war als in vielen anderen Staaten und daher eigentlich ein »Best-Case-Szenario«.

Ich mochte mir nicht ausmalen, dass unsere Anstrengungen, das Homeschooling parallel zur Suchttherapie und unseren Jobs zu bewältigen, auch noch für die Katz gewesen sein könnte. Die Kinder konnten einem leidtun. Sie waren es, die die fehlen-den Strategien ihrer Eltern und ihrer Lehrer und Schulen aus-badeten.

Zum Beispiel in der fünften Klasse, wenn die Beschimp-fungen im WhatsApp-Klassenchat nach den ersten drei Wochen so übel wurden, dass es schon beim ersten Elternabend an der weiterführenden Schule hoch herging und es zu erhobenen Stimmen bei einigen Beteiligten kam. Die aufgebrachten Eltern hielten die Klassenlehrerin für verantwortlich und baten sie etwas zu laut und fordernd, einzugreifen, den Klassenchat zu moderieren und die Streitigkeiten zu schlichten. Fassungslos sahen sie die Lehrerin entschuldigend, aber erleichtert lächeln. Die Verantwortung läge bei den Eltern. WhatsApp sei – wie im gesamten europäischen Wirtschaftsraum – erst ab sechzehn Jahren erlaubt, also etwa ab Klasse 10 und nicht schon in der Fünften. Sorry.

Unerfahrene Eltern mochten es kaum glauben, aber plötzlich waren sie es, die sich vor versammelter Mannschaft rechtfertigen mussten, dass sie so leichtfertig gegen die Allgemeinen Geschäftsbedingungen des Anbieters Facebook verstoßen hatten.

Hatten sie denn nicht bedacht, dass sie mit einem »Ja zu WhatsApp« die Datenkrake Facebook höchstpersönlich ermächtigten, bei der Installation sämtliche Daten aller Kontaktpersonen im Adressbuch – Oma Grete inklusive! – auf ihren Servern zu speichern? Datengold, mit denen Facebook schön viel Geld verdienen konnte …

Gewissensbisse und mitleidige Blicke bekamen auch diejenigen tapferen Eltern zu spüren, die sich zu einem »Nein zu WhatsApp« durchgerungen und ihren Kindern den wichtigsten Kommunikationskanal ihrer Peergroup verboten hatten.

Ihre Kinder mussten zwar keine verstörenden Kettenbriefe von *Momo* oder *Grusel-Goofy* entgegennehmen oder sich über fiese Nachrichten aus dem Klassen-Chat ärgern. Doch für sie war es noch schlimmer: Denn die datensicheren Dienste Threema, Telegram oder Signal, die ihnen ihre Eltern erlaubt hatten, nutzen fast nur Nerds und Außenseiter. Sie waren praktisch exkommuniziert und verpassten einen wichtigen Teil der heutigen Jugendmedienkultur. Dank der geänderten AGB von WhatsApp hat sich dies seit Anfang 2021 jedoch deutlich verschoben.

Keiner spricht viel darüber, aber Eltern sind heutzutage in ihrer Erziehungsarbeit sehr viel stärker herausgefordert als vor dem digitalen Zeitalter. Aus mehreren Gründen.

Allein ein einziger Bereich der Erziehungsarbeit, der Jugendmedienschutz, erfordert mehr Kompetenzen, Durchsetzungskraft und Zeit, als die meisten Eltern zur Verfügung haben. In der gegenwärtigen Übergangsphase des digitalen Wandels, in der sich vieles noch zurechtruckelt, scheitern nicht wenige Eltern daran, auf sich allein gestellt ihre minderjährigen Kinder vor schädlichen medialen Einflüssen aus der Erwachsenenwelt zu schützen. Und es ist ihnen nicht zu verübeln.

Welche Computerspiele Kinder zu Hause spielen dürfen, ist vom deutschen Staat nicht geregelt. Die Kinder sind zu 100 Prozent von der Urteilskraft und der Entscheidung ihrer Eltern abhängig, zum Beispiel ob sie Games spielen dürfen, für die sie laut Altersangabe auf den bunten Verpackungen noch zu jung sind.

Eine solche Eigenverantwortung wäre Eltern zuzumuten, wenn die Altersangaben eindeutig oder ausreichend für den individuellen Schutz unserer Kinder wären. Das sind sie aber nicht.

Es gibt – genau wie bei den vielen Bio-Zertifikaten bei Lebensmitteln im Supermarktregal – eine Vielzahl von Siegeln, die völlig unterschiedliche Auskunft über die Altersfreigabe geben, zum Beispiel die Kennzeichen der App Stores, der USK *(Unterhaltungssoftware Selbstkontrolle)* oder der PEGI *(Pan European Game Information)*.

Als mein Mann und ich uns viel zu spät Gedanken machten, ab welchem Alter Brawl Stars überhaupt empfohlen wurde, atmeten wir erleichtert auf, als der App Store von Apple das Spiel für Kinder ab 9 Jahren freigab, da das Spiel nur selten bzw. schwach ausgeprägte »Zeichentrick- oder Fantasy-Gewalt« enthielt.

Noch besser sah es im App Store für Android-Geräte aus: Er gab Brawl Stars bereits ab 6 Jahren frei.

Als mein Mann nach »Altersempfehlung Brawl Stars« googelte, spuckte auch Wikipedia ein »Freigegeben ab 6 Jahren« aus – angeblich ausgesprochen von der USK.

Doch auf der Website *Spielratgeber NRW* lasen wir, dass Brawl Stars überhaupt nicht von den Prüfgremien der USK eingestuft werden konnte, weil es nur online oder als App zur Verfügung stehe. Die USK prüft jedoch nur Computerspiele, die auf CD oder DVD in den Handel kommen.

Verwirrt surften wir zur Website der USK. Unsere Eingabe »Brawl Stars« in der Suchmaske führte tatsächlich zu »0 Treffern«.

Der finnische App-Hersteller Supercell wiederum schreibt für die deutsche Version ein Mindestalter von 14 Jahren vor – mit Einverständnis der Eltern, deren Zustimmung allerdings nicht aktiv abgefragt wird.

Was denn jetzt? War Brawl Stars nun empfohlen ab 14, 9 oder 6 Jahren? Und wie kommt es zu diesem Chaos?

Viele Eltern ahnen nicht: Handy- oder Browser-Spiele, die im Internet gespielt werden können, unterliegen zwar einer staatlichen Kontrolle durch die Kommission für Jugendmedienschutz. Doch bisher gibt es für die meisten Spiele im Internet keine gesetzliche Alterskennzeichnung. Eltern haben fast keine Chance, die Inhalte ohne Weiteres einzuschätzen.

Nicht sehr viel besser sieht es aus mit Computerspielen, die auf den bunt gestalteten CDs oder DVDs im Handel erhältlich sind. Solche Trägermedien werden von der USK und teils von

PEGI geprüft. Doch sind die Altersfreigaben beider Kennzeichen keine pädagogischen Empfehlungen. Beide Siegel vergeben Mitglieder der Gaming-Industrie selbst.

Die deutsche USK-Einstufung ist immerhin gesetzlich verbindlich. Auf Grundlage der Mindestanforderungen des deutschen Jugendschutzes vergibt die Gaming-Industrie nach eigener Einschätzung eine Altersbeschränkung. Es findet jedoch keine Zensur oder Indizierung statt. Die Kennzeichen sagen nicht viel über die Qualität des Inhalts und dessen pädagogische Eignung aus.

Immerhin: Verkauft ein Händler Spiele an Jugendliche, die nicht alt genug für einen Titel sind, riskiert er ein Bußgeld von bis zu 50 000 Euro.

Auch am PEGI-Siegel, das oft von der USK-Einschätzung abweicht, können sich Eltern kaum guten Gewissens orientieren. »Das PEGI-System wird von der belgischen Firma ISFE (Interaction Software Federation Europe) durchgeführt und vertritt die Interessen der europäischen Softwareindustrie mit Mitgliedern wie Nintendo, EA, Konami und Microsoft. Die Hersteller der Spiele füllen bei Markterscheinung des Spiels einfach einen PEGI-Fragebogen aus und bewerten somit selbstständig das Spiel, welches sie selbst entwickelt haben – ohne unabhängige Begutachtung«, wie wir beim *Spieleratgeber NRW* lasen.

Trotzdem lohnt sich für Eltern ein Blick auf die PEGI-Kennzeichnung. Zusätzlich zu Altersempfehlung zeigen eindrücklich gestaltete Icons die enthaltenen Risiken des Games an: sexuelle Handlungen oder Anspielungen, Nacktheit, Vulgärsprache, Glücksspiel, Verherrlichung oder Konsum von Drogen, Alkohol oder Tabak und Angst einflößenden Szenen.

Unsere einzige Rettung in all dem Wirrwarr war die Website des *Spieleratgebers NRW* mit den Einschätzungen verschiedener Medien-Coaches. Hier lasen wir, dass Brawl Stars aus pädagogischer Sicht ab zehn Jahren empfohlen werden kann. Diese Empfehlung entbindet Eltern aber nicht von ihrer Pflicht, genau hinzuschauen, was das Spiel mit ihrem Kind macht. Denn: Ausnahmen bestätigen die Regel, so wie bei Lenni.

Erst seit Lennarts Sucht uns wachgerüttelt hatte, suchten wir mit einem besseren Timing – nämlich bevor unsere Kinder ein neues Spiel ausprobierten – aktiv nach ausgewogenen Informationen und verlässlichen Quellen, die uns bei Fragen rund um die Medienerziehung weiterhalfen.

Noch vor anderthalb Jahren hätten wir dies vernachlässigt, wie so viele Eltern. In meinem Bekanntenkreis überließen viele Mütter den technischen Jugendschutz ihren Männern, dabei verbrachten sie oft weit mehr Zeit zu Hause mit ihren Kindern und konnten das digitale Wissen selbst gut gebrauchen.

Eltern sind nicht die Einzigen, die sich wegducken.

Experten fordern schon seit Längerem, dass Kindern und Jugendlichen außerhalb ihrer Familien mehr Raum geboten werden müsse, um sich kreativ und reflektiert mit digitalen Spielen auseinandersetzen zu können. Aber die Einrichtungen der Jugendhilfe wissen oft nicht, wie sie mit dem digitalen Hobby der Kinder und Jugendlichen kreativ umgehen sollen.

Das Problem in Deutschland ist auch ein strukturelles: Die meisten Menschen, die hierzulande Gesetze machen, fremdeln mit dem digitalen Wandel. Viele sind fünfzig Jahre und älter, also definitiv »digitale Immigranten«, wenn's hochkommt so etwas wie »digitale Siedler«, aber so gut wie nie »Digital Natives«. Denn meist braucht es eine langjährige, aufwendige Parteikarriere, um in den Deutschen Bundestag zu kommen.

In anderen Ländern übernimmt der Staat eine deutlich stärkere Schutzfunktion bei der Beschränkung der Verfügbarkeit von Onlinespielen. Südkorea, zum Beispiel, begrenzt die

Spielzeiten junger Gamer streng. Dafür achtet es weniger auf die konsumierten Inhalte.

Natürlich handelt Südkorea nicht ohne Grund. Das exzessive, oft nächtelange Spiel unter Schülern ist ein Massenphänomen und beeinträchtigte die Leistungsfähigkeit der gesamten Jugendgeneration massiv. Eine Million südkoreanischer Kinder und Jugendlicher gilt, konservativen Schätzungen nach, als computerspielsüchtig. Kritiker glauben, es könnten fünfmal so viele sein – dies wären 10 Prozent der gesamten südkoreanischen Bevölkerung.

So viel staatliche Einflussnahme hätte man eher Nordkorea zugetraut, aber tatsächlich trat im November 2011 in Südkorea das sogenannte *Cinderella-Gesetz* in Kraft. Von heute auf morgen wurden Jugendliche unter sechzehn Jahren zwischen Mitternacht und sechs Uhr morgens von Onlinespielen auf PCs oder Spielkonsolen durch ein Cut-off-System ausgeschlossen.

Dies klappte auch so weit gut, sah man von den zahlreichen unter Sechzehnjährigen ab, die fortan gezielt Einwohnermeldezettel von älteren Südkoreanern, zum Beispiel ihren Eltern, klauten, um sich unter falschem Namen einzuloggen und weiter zu zocken. Kurios: Seit 2014 können Eltern beantragen, ihre Kinder von dem Gesetz zu befreien. Was südkoreanische Eltern wohl dazu bewegen mochte?

Zwischenzeitlich war ein noch weitreichender Entwurf im Gespräch, eine sogenannten *Cooling-off-Regelung*, die Teenagern verbieten würde, mehr als 2 Stunden an einem Stück bzw. mehr als 4 Stunden am Tag zu spielen. Für diesen massiven Eingriff fand sich in der südkoreanischen Nationalversammlung dann aber doch keine Mehrheit.

Ein bisschen Südkorea-Flair, eine Prise Cinderella-Zauber können sich aber auch deutsche Eltern ohne Weiteres ins Haus holen: An ihrem Rooter können sie zentral den Zugang zu

Onlinespielen für jedes Familienmitglied und jedes Endgerät einzeln regeln und steuern, selbst wenn sie am anderen Ende der Welt wären. Denn die satellitengestützte Kommunikation eröffnet grenzenlose Möglichkeiten der elterlichen Erziehungsarbeit, die nicht nur das Herz jeder Helikoptermutter höherschlagen lassen, sondern auch von so mancher Digital Mum.

DIGITAL MUMS
Nachhilfe für Mutter

Helikoptermütter genießen den zweifelhaften Ruf, nicht davor zurückzuschrecken, ihre Kinder selbst im friedlichen Alltag und bei helllichtem Tag über Satellitenortung zu tracken und immer im Voraus zu wissen, dass ihre Kinder mittags keinen Hunger haben werden.

Helikoptermütter verfolgen die gefährliche Rückreise ihrer kleinen Stammhalter von der Schule mit dem Linienbus bis zur heimischen Bushaltestelle live und in Farbe auf ihrem Smartphone. Oder, genauer gesagt: Sie verfolgen die Rückreise des Smartphones ihres Kindes, das hoffentlich noch im Schulrucksack steckt, welcher sich hoffentlich noch im Besitz des Kindes befindet.

Helikoptermütter haben mit einem stirnrunzelnden Blick auf die Uhr genau registriert, dass sich der pulsierende blaue Punkt auf der virtuellen Karte 4 Minuten lang relativ reglos etwa 30 Meter nördlich der Bushaltestelle aufgehalten hat, genau dort, wo Google Maps eine rote, auf dem Kopf stehende Träne mit dem Text »Ital. Eis Gelato e Caffe Pianon« anzeigt.

Ob sich unter Helikopterkindern noch nicht herumgesprochen hatte, dass zwei ineinandergesteckte Chipstüten – am besten leer und sauber – als Cyber-Tarnkappe reichten, um den blauen Punkt zum Verschwinden und die arme Mutti zum Hyperventilieren zu bringen?

Wobei das Tracking der eigenen Kinder ja auch Vorteile mit sich brachte. Den Informationsvorsprung »Kind lungert in Eisdiele rum« hatte ich nie. Ich reimte mir immer erst beim nassen, eiskalten und nach Banane duftenden Begrüßungsküsschen zusammen, dass Lennart sein Taschengeld wieder einmal für einen doppelten Bananen-Milchshake auf den Kopf geschlagen hatte, anstatt pünktlich zum Linseneintopf zu kommen.

Ich war nie auf die Idee gekommen, Sophie, Franzi oder Lenni im normalen Alltag zu tracken – bis auf zwei Ausnahmen. Eine davon war ein emotionaler Notfall. (Randnotiz: Ich bin überzeugt, dass Helikoptereltern ebenfalls aus emotionaler Not handeln, nur eben rund um die Uhr.)

Im Sommer, als Lennart elf wurde, war unsere älteste Tochter Sophie nicht wie vereinbart um Mitternacht von einer Verabredung mit ihrem ersten Freund nach Hause gekommen. Ich war aufgebracht, dass die Sechzehnjährige nicht Wort gehalten hatte. Als sie um zwei Uhr morgens noch immer nicht da war, begann ich mir Sorgen zu machen. Denn das sah unserer Tochter nicht ähnlich. Dachte ich.

Zu nachtschlafender Zeit sprang ich aus dem Bett, schlich im Nachthemd durch das stille Haus, griff in der dunklen Küche mein Handy und wählte »iPhone suchen«. Der blaue Kreis, der Sophies Smartphone symbolisierte, blinkte friedlich in unmittelbarer Nähe des Hauses, in dem Mika wohnte, ihr Freund. Zumindest das Handy war also sicher und wohlbehalten, unsere Tochter vermutlich auch. Und jetzt?

Das Licht der Straßenlaterne fiel auf den nächtlichen Küchentresen. Ich erinnerte mich plötzlich an eine Nacht in den späten 80ern, in der ich in ähnlichem Alter ebenfalls unerklärbar spät nach Hause gekommen war. Mit meinem Tanzstundenpartner hatte ich kurz vor dem Abschlussball dringend noch ein paar Schritte und Formationen üben müssen. Ein Schmunzeln entspannte mein Gesicht. Grinsend ging ich zurück ins Bett und schlief endlich ein.

Am nächsten Morgen, als unsere Tochter bestens gelaunt und strahlend vor Glück pünktlich zum Frühstück erschien, fiel die Standpauke harmlos aus. Insgeheim kam ich mir schlecht vor, ihr hinterherspioniert zu haben. Dabei war sie selbst es gewesen, die ihre Mutter in diese hohe Kunst eingewiesen hatte.

In den Sommerferien, wenige Wochen zuvor, hatte ich Sophie von einem Auslandsaufenthalt in den USA abgeholt. In der Nähe des Flughafens hatten wir es uns mit einer Portion Take-away Thai-Food auf dem Ausziehsofa unserer Airbnb-Unterkunft gemütlich gemacht, als wir über Helikoptermütter sprachen.

Ich outete mich und gab zu, dass ich gar nicht genau wusste, wie ich auf dem Smartphone andere Familienmitglieder und ihre Endgeräte tracken konnte.

Sophie lachte und zeigte es mir. Für sie und ihre Freunde war es das Normalste der Welt, sich bei Snapchat zu tracken und sich spontan zu besuchen, wenn sie sahen, dass jemand in der Nähe war.

Auf der bunten Comic-Weltkarte von Snapchat führte mir meine älteste Tochter vor, wo ihre Freunde gerade waren. Sie scrollte nach rechts über den Atlantik hinüber nach Europa und zoomte näher.

»Siehst du, Benedict ist gerade auf Elba, Hanna in Schweden und Nico zu Hause.«

Sie zoomte weiter in die Karte, nach Deutschland, Nordrhein-Westfalen, Großraum Köln. In einzelnen Häusern saßen niedliche comicartige Avatare, die ihren menschlichen Ebenbildern so ähnlich waren, dass selbst ich sie erkannte.

»Ach was! Nico hat Besuch von Lisa! Was geht denn da ab?«

Meine Tochter verließ Snapchat wieder, tippte weiter auf ihrem Smartphone herum und öffnete eine andere App: »iPhone suchen«, die mein Mann heruntergeladen hatte.

»Hier ist es. Hier siehst du die verschiedenen Geräte, hier das Handy von Franzi, von Papa, unsere beiden Handys und das iPad.«

Das Handy ihres Bruders war da gerade konfisziert, ausgeschaltet und auf der App nicht sichtbar.

»Sollen wir mal gucken, ob Lenni gerade am iPad ist, und ihn erschrecken?«

Ungläubig schaute ich erst sie an, dann die Uhr. Wir hockten in Massachusetts an der Ostküste der USA, es war Samstagnachmittag kurz vor 16 Uhr. Ich rechnete sechs Stunden hinzu.

»Zu Hause haben wir jetzt kurz vor 22 Uhr, da wird er doch hoffentlich im Bett sein. Wie willst du ihn erschrecken?« Diebische Vorfreude stieg in mir auf.

Grinsend tippte Sophie auf das Gerät »iPad von Papa«. Ein neues Fenster mit der Option »Suchton abspielen« öffnete sich. Sie ließ den Ton probeweise bei uns im Zimmer laufen. Ein anschwellender Alarmton pulsierte durchs Zimmer und durchdrang die dünnen Wände der Airbnb-Unterkunft. Ich hob erschreckt den Kopf und lauschte. Nichts rührte sich. Die anderen Gäste schienen außer Haus zu sein.

Ich nickte, und meine Tochter aktivierte den Suchton auf dem iPad, das sich in diesem Moment exakt 5950 Kilometer Luftlinie von uns entfernt befand – vermutlich im Kinderzimmer unter der Bettdecke. Der Gedanke, dass Lennart genau in diesem Moment fassungslos auf das wie von Geisterhand lostutende iPad guckte, ließ mich in schallendes Gelächter ausbrechen.

Es dauerte keine zehn Sekunden, und jemand drückte in Deutschland den Aus-Knopf des Geräts. Wir bogen uns vor Lachen. Insgeheim fragte ich mich jedoch, wie meine Tochter wohl ihre eigenen Kinder erziehen würde?

Zurück in Deutschland, habe ich neben Rasenmäher-Eltern, die ihren Kindern wohlgemeint, aber schlecht beraten alle Hindernisse aus dem Weg räumten, und den bekannteren, überfürsorglichen Helikoptermüttern inzwischen einen neuen Mutter-Typus identifiziert: die »Drohnenmutter«.

Sie setzt das Smartphone in der Kindererziehung gezielt ein, aber schlauer als die Helikoptermutter: Denn die Drohnenmutter spioniert ihren Kindern weder 24/7 nach, noch wacht sie über jeden ihrer Schritte. Im Gegenteil: Die Drohnenmutter lässt sich und ihren Kindern gewisse Freiheiten.

Sie kann es sich erlauben, entspannt zu sein. Denn sie weiß, dass ihr jederzeit einige der 773 Satelliten zu Hilfe eilen, die die Erde für Kommunikationszwecke 35 000 Kilometer über unseren Köpfen umkreisen.

Wann immer die lieben Kleinen beim Surfen, Gamen oder Chatten die rote Linie überschreiten oder es Mutti aus anderen Gründen zu bunt wird, greift sie aus sicherer Distanz zu – ohne sich den üblen Gefahren des emotionalen Nahkampfs mit einem Teenie auszusetzen.

Die Macht dieser technisch versierten und beeindruckenden Mutter-Spezies erlebte ich während der Corona-Pandemie an einem sonnigen Spätnachmittag in einem idyllischen Biergarten an einem kleinen, klaren Fluss im Bergischen Land, wo ich mit Drohnenmutter Inken, unseren Hunden und einigen unserer Kinder den warmen Frühlingstag genoss.

Inken und ich ließen – mit Corona-Sicherheitsabstand von 1,50 m – am Steg unsere Beine ins Wasser baumeln und beobachteten die winzigen neugierigen, fast durchsichtigen Jungfische an unseren Zehen, schauten einem Graureiher zu, der majestätisch über den Fluss flog, nippten an einem Radler und amüsierten uns über die frechen WhatsApp-Nachrichten des ältesten Sohns von Inken, der trotz des tollen Wetters zu Hause geblieben war.

»Guck mal«, sagte Inken zu mir. »Der Jan ist echt so unverschämt. Vor knapp einer Viertelstunde um 17:12 Uhr schreibt er: *Mama, ich bin fertig mit den Hausarbeiten. Darf ich zocken?* Vier Minuten später, um 17:16 Uhr, schickt er mir, ohne meine

Antwort abzuwarten, einen lachenden Smiley und ein *Danke, Mama, hab dich lieb*. Steht hier was von *Keine Antwort = JA*, oder hab ich was übersehen?«

Mit Seelenruhe, die ich mit Bewunderung beobachtete, nippte Inken an ihrem Kaltgetränk, tippte und wischte zweimal auf ihrem Display und sagte: »So, aus die Maus, lieber Sohn. Game over.«

Sie streckte mir das Display ihres Smartphones mit der FRITZ!Box-App entgegen. Ich sah, dass sie binnen drei Sekunden über eine Entfernung von etwa 6,9 Kilometern den Internetzugang gesperrt und Jan aus Fortnite rausgekegelt hatte.

Achselzuckend sagte sie: »Er weiß, dass er freitags erst ab 18 Uhr zocken darf.« Inken lächelte mich an. »Ist das nicht herrlich? Keine Widerworte, kein Gequengel, kein Geschmolle. Zumindest hör ich nichts! Du?« Sie grinste.

Eins zu null für Mutter, dachte ich und fragte mich, warum zum Teufel ich mir mein Leben nicht ebenso einfach machte.

Nachdenklich hob ich meine Füße aus dem eiskalten Fluss.

Warum fiel es mir so schwer, eine coole Digital Mum zu werden – so wie Inken? Im Job klappte das doch einwandfrei, ich hing ja eh mehr als 6 Stunden täglich im Internet rum.

Inken war aufgestanden und warf den Hunden Stöckchen ins Wasser, denen sie laut bellend hinterherjagten.

Ich grübelte weiter. Es schien an mehreren Sachen zu liegen. Inken sah die fantastischen Chancen, die das Internet und die digitale Technik ihr für die Erziehungsarbeit boten, und ergriff sie ohne falsche Hemmungen. Mit Erfolg.

Inken liebte Technik, investierte aus persönlichem Interesse wöchentlich, wenn nicht täglich, einiges an Zeit, um digital am Ball zu bleiben und ihren beiden Söhnen immer ein paar Schritte voraus zu sein. Sie verlor nicht völlig die Nerven, sondern hielt durch, wenn eine Installation oder ein Update mehrere Stunden dauerte, ließ bei den Hotlines der Hersteller nicht locker, bis sie eine Lösung hatte.

War das der große Unterschied? Inken war digital positiv eingestellt, wusste, was sie wollte und wie sie es bekam.

Ich war nicht so technikaffin, aber das war nur die halbe Wahrheit. Mir fehlte bislang etwas anderes: der Weckruf, auf den Fahrersitz rüberzurutschen und die Kontrolle der Mediennutzung meiner Kinder selbst zu übernehmen, so wie in allen anderen Bereichen unseres Lebens auch.

Der Weckruf, eine Digital Mum zu werden, und die frohe Botschaft, dass ich eine solche werden konnte, auch ohne den Informatik-Leistungskurs belegt zu haben!

Ich hatte mir bislang einfach keine Zeit genommen, um mich in Ruhe in die sich ständig ändernde Technik einzuarbeiten und am Ball zu bleiben. Krass. Ich hatte also aufgegeben, bevor ich begonnen hatte? Das sah mir in anderen Lebensbereichen gar nicht ähnlich.

Keine Frage: Auch wenn ich viel surfte und so manche Apps nutzte – den digitalen Wandel hatte ich bislang nur äußerlich, nicht aber innerlich vollzogen. Halb so schlimm, wenn ich nur für mich allein verantwortlich gewesen wäre. Doch das war ich nicht als Mutter. Zum Muttersein gehörte mehr: Verantwortung und Kontrolle für sich selbst UND die Kinder zu übernehmen.

Es wurde dringend Zeit für Veränderung! Ein kühler Abendhauch zog den kleinen Fluss hinunter. Ich zog mir fröstelnd meine Turnschuhe an und stand auf.

Zeit für einen Aufbruch! Im wahrsten Sinne des Wortes.

Inken kam mit den nassen, fröhlich hechelnden Hunden zurück und schaute auf die Uhr: »Ready to go?«

Ich grinste sie an.

»Ja, das kann man wohl sagen!«

TEIL 6

AUF DEM FAHRERSITZ –
MEIN WEG ZUR DIGITAL MUM

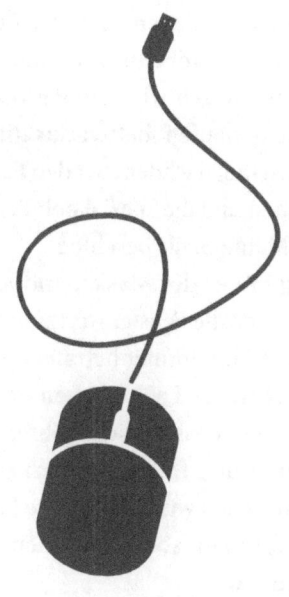

PLÖTZLICH AM ZIEL?
Abschluss der Suchttherapie

Vier Wochen waren seit unserem letzten Termin verstrichen. Am 6. Mai standen wir unserem Therapeuten erneut Rede und Antwort, wie wir mit unseren »Hausaufgaben« klargekommen waren.

Der Psychologe hatte beim letzten Mal den Glaubenssatz »Kann ich doch sowieso nicht ändern« umgewandelt in ein »Kann ich ändern« und Lennart und uns Eltern motiviert, dies weiter zu Hause in die Tat umzusetzen, jeder auf seine Weise.

Lennart hatte »Ich kann meine Abhängigkeit von Brawl Stars ändern!« trainiert, ich den Glaubenssatz: »Ich kann meine unterirdische digitale Medienerziehung ändern.«

Dies war der zweite Termin in Zeiten von Corona. Mit Mund-Nasen-Schutz waren wir vom Parkhaus zum Eingang des Klinikgebäudes gelaufen, hatten uns im Erdgeschoss die Hände desinfiziert, dann, nachdem wir den Fahrstuhl im vierten Stock verlassen hatten und die Spezialambulanz betreten hatten, ein weiteres Mal. Meine Brille beschlug.

Es war stickig hinter der Maske, und ich war froh, dass unser Therapeut gerade die Fenster weit zum Stoßlüften öffnete, als wir das Besprechungszimmer betraten.

Herr Körner-Nitsches Lachfältchen oberhalb seiner Gesichtsmaske verrieten, dass er sich freute, uns zu sehen. Er scherzte mit Lennart und fragte, wie sich seine Lehrer beim digitalen Lernen anstellen würden. Musste Lenni ihnen helfen, den Chatroom zu finden, so wie es einem anderen jungen Patienten ergangen war?

Aufmerksam erkundigte er sich bei Lenni – nachdem er mich kurz rausgeschickt hatte –, ob es beim Homeschooling in der Familie zu einer Zunahme an Konflikten, Aggressionen, Gewalt oder Suchtdruck gekommen war.

Lennart hatte verneint, was mir Herr Körner-Nitsche mitteilte, nachdem ich wieder im Zimmer war. Wir hatten es den Umständen entsprechend gut hinbekommen. Der Druck für uns Eltern war dennoch hoch. Es war für alle ungewohnt, 24/7 mit fünf Familienmitgliedern unter einem Dach zu leben und zu arbeiten – ohne viele Sport- und Freizeitmöglichkeiten. Allein neben Job und Homeschooling 3 x 5 Mahlzeiten täglich zuzubereiten und jedes Mal Besteck, Geschirr und Töpfe wieder zu säubern, zu trocknen und einzuräumen, bzw. den Rest der Familie dazu zu motivieren, war eine zeitliche und emotionale Herausforderung. Zweimal wöchentlich unterstützten wir daher den örtlichen Pizza-Lieferdienst unseres Vertrauens und waren froh, dass die Müllabfuhr uns nicht auf den schwankenden Stapeln an leeren Pizzakartons sitzen ließ, die nicht mehr in die Tonne gepasst hatten.

Wir erzählten von unserem kuriosen neuen Alltag und den lustigen Situationen, die sich ergaben. Einen weiteren Rückfall hatte es zum Glück nicht gegeben.

Herr Körner-Nitsche blätterte zufrieden in Lennarts Krankenakte und drehte sich zu seinem Wandkalender. Mit dem Zeigefinger deutete er auf den 14. März und zählte die Wochen.

»Fünf, sechs, siebeneinhalb Wochen seit dem letzten Rückfall, also fast zwei Monate. Das finde ich super!«

Er drehte sich strahlend um und gratulierte uns. Lennart hätte seit fast zwei Monaten die Kontrolle über sich und sein Spielen erlangt. Damit sei das Therapieziel erreicht! Aus seiner Sicht bräuchten wir jetzt erst einmal keine weiteren Sitzungen mehr.

Ich starrte ihn ungläubig an. Wir waren am Ziel angekommen? Die Suchttherapie war abgeschlossen? Jetzt, einfach so?

Seit sieben Monaten, oder 28 Wochen, um genau zu sein, hatte uns der leitende Psychologe ohne nennenswerte Pausen Schritt für Schritt über einen atemberaubenden und abenteuerlichen Parcours der kognitiven Verhaltenstherapie getrieben.

Erst sprangen wir gefühlt über Stöckchen, später über mannshohe Hindernisse. Er hatte uns nach jedem Sprung gelobt und uns für die jeweils nächste, höhere Hürde vorbereitet. Wir sprangen stets aus eigener Kraft, ohne seine Aufsicht und seine Rückendeckung bei uns daheim.

Hin und wieder hatte einer von uns verweigert oder die Stange eines besonders hohen Hindernisses gerissen. »Team Lenni« hatte sich dann im Springparcours den Sand aus den Klamotten geklopft, den Helm zurechtgerückt, war eine große Volte zurückgeritten, hatte sich kurz gesammelt und war dann wieder mit Karacho losgestürmt.

Und jetzt aus heiterem Himmel: Fertig, das war's mit der Suchttherapie?

Mitten im Corona-Stress fühlte sich das komisch an. Ich überlegte, was mich störte. Schufen die Masken eine emotionale Distanz? Sollten wir uns nicht vor Erleichterung oder Jubel in die Arme fallen wie nach einer erfolgreich bestandenen Prüfung?

Ich konnte auf einmal mitfühlen, wie enttäuscht und traurig die vielen Schülerinnen und Schüler waren, die dieses Jahr nach all den Anstrengungen und der Lernerei ohne Party oder Abiball leise und allein für immer die Schule verließen.

Ja, es stimmte: Lennart schaffte es seit fast acht Wochen, Brawl Stars nicht im App Store runterzuladen, ich hatte mich fast daran gewöhnt. Aber der Sog des Internets war dennoch zu spüren. Ich war immer noch jeden Tag mit Kontrollen beschäftigt.

Marc Körner-Nitsche meinte, dies sei normal und nicht unbedingt ein Anzeichen für Sucht. Es beunruhigte mich, wie überzeugt der Therapeut schien, dass wir ohne ihn klarkommen würden.

Die letzten beiden Monate hatte sich Lennart sehr gut geschlagen. Die anderthalb Jahre voller Abstürze, Ängste und Sorgen konnte ich jedoch nicht so leicht vergessen.

Wir hatten unser gegenseitiges Vertrauen wiedergefunden, aber mein Mann und ich hatten erlebt, in welch kurzer Zeit alles kippen konnte. Und die Pubertät stand uns erst noch bevor! Erwartete der Psychologe etwa, dass ich weiterhin alles so unfassbar konzentriert und konsequent umsetzen würde? Alleine ohne ihn? Das Homeschooling dauerte ja noch an, ein Ende der Corona-Pandemie war nicht in Sicht, und der digitale Druck war enorm …

Mein Mut sank. Ich war mir nicht sicher, ob ich das weiterhin ohne eine eigene Auszeit hinbekommen würde.

»Natürlich bekommen Sie das hin«, versicherte mir unser Therapeut. »Notfalls kann ich Ihnen eine sogenannte Booster-Sitzung anbieten zur Auffrischung.«

Ohne zu zögern, vereinbarte ich direkt einen Termin für September, in fünf Monaten. Lennart blickte mich fragend an.

»Keine Sorge. Der Termin ist für mich. Ich brauche ihn als Peilung, um auf Kurs zu bleiben und durchzuhalten«, presste ich hervor.

Mir brannte noch eine wichtige Frage unter den Nägeln: »Herr Körner-Nitsche, würden Sie als Therapeut sagen, dass Lennarts Sucht jetzt wirklich geheilt ist? Was verstehen Sie darunter eigentlich genau?«

Der Psychologe nickte und lächelte Lennart wertschätzend an: »Lennart hat sich bewiesen und hält Ihre Regeln ein. Er hat seine Sucht nach Brawl Stars überwunden. Er weiß, dass das Spielen Spaß macht, aber abhängiges, süchtiges Spielen viel zu viele Nachteile für ihn bringt. Er hat gelernt, sich zu bremsen und mit dem Spielen aufzuhören, bzw. es gar nicht erst anzufangen. Es ist diese eigene Entscheidung und Durchsetzungskraft gegen die Sucht, die aus psychologischer Sicht eine Heilung bedeutet. Natürlich heißt das nicht, dass Lennart für den Rest seines Lebens nie wieder Rückfälle haben wird. Sie alle müssen aufpassen und immer einen Schritt voraus sein. Wer einmal abhängig von einem Suchtmittel war, kann jederzeit wieder in alte Verhaltensmuster zurückfallen. Leider auch schnell, denn bei erneutem Konsum erinnert sich das Suchtgedächtnis wieder gut. Aber Lennart und Ihre ganze Familie haben gelernt, was zu tun ist, um stark zu sein und stark zu bleiben. Für den Moment kann ich nichts weiter für Sie tun. Im Notfall können Sie sich aber natürlich jederzeit an mich wenden.«

Als alles gesagt war, nickten wir uns über den Rand unserer Masken zu. Wortlos standen wir einander für einen Moment gegenüber. Ich zögerte, der Abschied fühlte sich schal an, unvollständig. Ich spürte das Bedürfnis, Marc Körner-Nitsche die Hand zu geben. Ihm zu danken, dass er uns aus der größten Krise unserer Familie gelotst hatte – stets gut gelaunt und souverän. Nicht auszudenken, wenn er uns unsympathisch gewesen wäre, so etwas kam vor. Oder wir keinen Therapieplatz bekommen hätten.

Während ich noch überlegte, ob ich »Auf Wiedersehen« sagen sollte oder besser nicht, zog mich Lennart am Ärmel und sagte: »Tschüss dann, Herr Körner-Nitsche, und vielen Dank!«

Und so entließ uns die Spezialambulanz für die Behandlung von Computerspielsucht bei Kindern und Jugendlichen ohne Umschweife mit Mund-Nasen-Schutz, aber laut Protokoll ohne Sucht in die Freiheit.

Vor dem Ausgang der kleinen Klinik am Nordrand der Eifel blieben wir für einen Augenblick etwas verloren stehen und blinzelten gegen das grelle Sonnenlicht. Die Gänseblümchen blühten noch immer auf den Rasenflächen zwischen den Gehwegen. Lennart griff meine Hand. Wir grinsten uns ungläubig an, fühlten vorsichtig nach, wie sich die »neue Freiheit« anfühlte, und schlenderten zum Parkhaus.

Auch Lenni schien noch ein wenig überrascht von der unerwarteten »Entlassung«.

> So richtig freuen konnte ich mich gar nicht. Klar, wir hatten uns angestrengt und Erfolg gehabt und so, aber so richtig befreit war ich nicht. Ich weiß genau, dass die Sucht wiederkommen kann. Ich hoffe, ich bin dann stark genug, wenn es so weit ist. Trotzdem habe ich mir eine Belohnung verdient.

Im Auto schaute ich auf die Uhr des Armaturenbretts: 17:10 Uhr. Normalerweise würde ich am 6. Mai nachmittags mit den Kindern einen Kuchen für den morgigen Geburtstag meines Mannes backen. Doch der Termin in der Ambulanz war wichtiger gewesen als die Geburtstagsvorbereitungen.

Zum ersten Mal seit fast 25 Jahren hatte ich keine Zeit gefunden, einen Kuchen für meinen Mann zu backen. Stattdessen fuhren wir zur besten Konditorei der kleinen Stadt und kauften eine saftige Fruchttorte, die die lange Fahrt nach Hause in einem feinen, weißen Karton neben Lennart auf der Rückbank unbeschadet überlebte.

Es war ein schöner Geburtstag, die Fruchttorte war köstlich und mein Mann überrascht, wie toll ich backen konnte. Das Gelächter war groß, als wir mit der Wahrheit rausrückten. Wir feierten ausgelassen: den Geburtstag von Papa und den erfolgreichen Abschluss der Therapie.

Mein Mann, Sophie und Franzi gratulierten Lennart und umarmten ihn. Sie waren genauso verblüfft wie wir: Was? Lennis Sucht war vorbei? Echt jetzt? Ihren skeptischen Blicken folgte ein verhaltenes »Toi, toi, toi« und »Das wäre ja schön!« und ein beherztes Zuprosten mit frischer Apfelsaftschorle.

Lennart sagte nicht viel. Er freute sich, ohne nervige Bewährungsproben zu zocken und sein Handy zu benutzen. Er übte die Normalität und nahm sein Handy stolz mit in die Schule.

DIE FRITZ!BOX UND ICH
Oder: »Hase und Igel«

Die neue Freiheit, die fehlende Kontrolle und Absicherung durch Herrn Körner-Nitsche machten mich vorsichtiger und vorausschauender. Der Therapeut war ein wichtiger Leitstern in der Dunkelheit der vergangenen Monate gewesen, für uns Eltern, aber auch für Lennart. Mein Mann und ich würden nun selbst Licht ins Dunkel bringen müssen, für Lenni und für uns selbst. Ich war gespannt, ob Lennart sich von uns genauso leiten lassen würde wie von Marc Körner-Nitsche, dem erfahrenen Gamer.

Noch am selben Abend, an dem wir aus der Klinik nach Hause gekommen waren, hatte ich die Einstellungen der FRITZ!Box und auf Lennarts Handy kontrolliert. Den App Store vorsorglich für ihn gesperrt. Dies hatte unser Therapeut weder vorgeschlagen noch gefordert. Es war meine eigene Vorsichtsmaßnahme – aus Sorge, dass Lennart leichtsinnig wurde oder die Versuchung zu groß und es wieder zu einem Rückfall kam.

Herr Körner-Nitsche hatte uns in der letzten Sitzung keine konkreten Anweisungen oder Hausaufgaben mehr gegeben. Ein ungewohntes und beunruhigendes Gefühl. Sieben Monate hatte der erfahrene Psychologe die Leitplanken für uns errichtet. Nun waren mein Mann und ich auf uns allein gestellt.

Wir hatten beide Respekt vor dem, was vor uns lag. Marc Körner-Nitsche hatte zugegeben, dass er nach 25 Berufsjahren immer wieder aufs Neue staunte, welche Kreativität bei Süchtigen frei wurde, welche überraschenden Wege Süchtige fanden, um sich ihren »Stoff« zu beschaffen. Das Fiese: Langeweile, Frust oder Stress reichten aus, um rückfällig zu werden.

241

Aus klinischer Sicht war Lennart nicht mehr süchtig, aber seine digitale Neugier sprudelte munter wie eine unversiegbare Quelle. Es würde sportlich werden, seinen digitalen Schaffensdrang im grünen Bereich zu halten. Aber ich fühlte mich halbwegs gewappnet und nahm die Herausforderung an.

Lennart schaffte es zwar gut, auf Brawl Stars zu verzichten, aber nicht aufs Internet, erst recht nicht jetzt in der Corona-Pandemie. Wir waren wie Hase und Igel, die sich ein Wettrennen ins Virtuelle lieferten. Immer war Lenni schon angekommen im Internet, bevor ich es überhaupt mitbekam oder mich, schlimmer noch, in trügerischer Sicherheit wog.

Auf Moralpredigten hatte ich verzichtet und meine Energie lieber in den technischen Jugendmedienschutz fließen lassen: Über die FRITZ!Box hatte ich alle WLAN-fähigen Geräte im Haus – von der Switch über Computer bis hin zu Tablets und fünf unterschiedliche Handys – mit individuellen Profilen versehen. Diese kontrollierten die täglich insgesamt verfügbare WLAN-Zeit ebenso wie die Uhrzeiten, zu denen das Internet »offen« war.

Ich stöhnte innerlich. Es war eine Wissenschaft für sich und eine zeitraubende Angelegenheit, denn leicht stellte ich mir mit unüberlegten Einstellungen selbst ein Bein. Ein falsches Häkchen unter »Bildschirmzeit« oder »Beschränkungen« auf dem Smartphone gesetzt, und Lennart freute sich diebisch über die »legal« ergaunerten Stunden im Web.

Mit der einmaligen Einrichtung der FRITZ!Box war es jedoch nicht getan, leider. Vor Klassenarbeiten bat Lennart immer wieder um zusätzliche Onlinezeit, um sich Lernvideos anzuschauen oder Englisch-Grammatik zu üben. »Online first«, war seine erklärte Lebensdevise. Das bedeutete im Alltag: Bevor er zu seinem Englischbuch griff, surfte er lieber freiwillig zu einem Englisch-Grammatik-Trainer im Internet. Ein Win-win-Deal, den ich unterstützte: Er lernte hoch motiviert und schnell allein, sammelte auf eigene Faust kleine Lernerfolge, und ich hatte Zeit für anderes. Herrlich.

Leider vergaß ich im Laufe der Tage und Wochen, die Beschränkungen über die FRITZ!Box wieder hochzustufen und den zusätzlichen Internetzugang nachmittags wieder zu versperren. Es klingt haarsträubend. Aber aus verlässlicher Quelle weiß ich: Dies passierte vielen Eltern nicht nur einmal.

Endlich waren die Klassenarbeiten geschrieben, es standen ruhigere Wochen ins Haus. Trotzdem quälte mich ein diffuses, ungutes Gefühl. Früher hätte ich die leise Vorahnung nicht so ernst genommen. Nun hörte ich bewusst hin. Die Therapie hatte mich verändert. Ich musste nicht nur auf Lenni achtgeben, sondern auch auf mich. Das neue Motto war: »Selbstfürsorge«. Ohne sie hatte ich keine Chance, durchzuhalten und die hohen Anforderungen als »Abstinenz-Managerin« und Digital Mum bis zur Pubertät und darüber hinaus zu meistern.

Ich zog mich vor dem abendlichen Familientrubel zurück und versuchte herauszufinden, was los war: War ich einfach nur müde und erschöpft? Oder warnte mich mein Unterbewusstsein vor etwas anderem?

Ich schnappte mir unseren Hund und ging mit ihm eine Runde spazieren, um nachzudenken. Die frische Abendluft tat gut, ich atmete tief ein. Es duftete nach frischen Fichtentrieben, dem süßen Nektar der kleinen Blümchen am Waldrand, feuchtem Moos – und Wildschwein. Eine Amsel sang im Wipfel einer hohen Buche ihr Abendlied. Unser Hund war nirgends zu sehen. Ich drehte mich um und rief ihn. Er schnüffelte an einem Grasbüschel zwischen den parkenden Autos am Straßenrand. Hinter ihm lag unser kleines weißes Haus friedlich am dämmrigen Waldrand, Licht strahlte warm aus den erleuchteten

Fenstern. Der mit bunten Kreppbändern geschmückte Maibaum lehnte etwas schief am Gartenzaun.

Nichts deutete darauf hin, dass in diesem Moment bunte Nachrichtenbilder, laute Fortnite-Kampfszenen und witzige Sitcom-Dialoge in nüchterne, seelenlose Zahlenfolgen verpackt, unsichtbar und unbegreiflich durch die Luft und durch die Kupferkabel im Erdreich in unser Haus eindrangen und an verschiedenen Endgeräten wieder umgewandelt wurden in Töne, Bilder und Videos, die mein Mann und meine Kinder gebannt aufsogen.

Ich stellte mir vor, wie Lennart gerade vor seinem Computer saß, als mir der Schreck in die Glieder fuhr. Jetzt fiel es mir wieder ein! Hatte er nicht vorgestern Nachmittag trotz gesperrten WLAN-Zugangs mit leuchtenden Augen und roten Ohren am PC gesessen, den Bildschirm geschickt von der geöffneten Kinderzimmertür weggedreht?

Zwei Tage zu spät fragte ich mich: Wie war Lenni trotz FRITZ!Box-Sperre zu dieser Uhrzeit unter der Woche ins Internet gekommen?

Siedend heiß fiel es mir ein: nix Sperre!

Ich hatte vergessen, nach den Klassenarbeiten vor zwei Wochen die FRITZ!Box-Profile wieder scharf zu stellen. Und Lennart hatte dies stillschweigend für gut befunden.

Ich ärgerte mich über mich selbst und über meinen Sohn. Konnte man von einem Elfjährigen nicht mehr Anstand erwarten? Nein, urteilte Herr Körner-Nitsche, den ich extra anrief. Selbst von einem Vierzehnjährigen konnte man dies nicht erwarten. Es war ähnlich »schlimm«, wie sich im Vorbeigehen ein Gummibärchen aus einer vollen Schale auf dem Esstisch zu stibitzen. Es war normal, dass Jugendliche in der Pubertät häufiger Regeln ignorierten und sich risikobereit, irrational und impulsiv verhielten. »Ihr Gehirn gleicht während der Pubertät einer Großbaustelle.« Zeitweise war mal die eine, mal die andere Hirnregion nicht einsatzbereit. Moralpredigten konnte man sich also sparen. Abgesehen davon, läge der Fehler in unserem Feld!

Scharf rief ich den verwunderten Hund zu mir und machte auf dem Absatz kehrt. Ohne ein Wort stapfte ich die Treppe zum Arbeitszimmer hoch, rief im Internet die Seite der FRITZ!Box auf und korrigierte die Einstellungen.

Das Hase-und-Igel-Spiel wiederholte sich in unterschiedlichen Varianten.

Im August feierte Lenni seinen zwölften Geburtstag und bekam ein neues Handy. Sein altes hatte ich aus Versehen in der Waschmaschine mitgewaschen. Es war ein älteres Modell, aber mit einem hohen Datenvolumen, das uns die Telekom aufgrund unserer Vertragssituation angeboten hatte. Wieder klingelten meine Alarmglocken viel zu spät.

Ich war gedanklich abgelenkt. Ein umfangreiches berufliches Projekt beanspruchte meine Aufmerksamkeit, und ich war erleichtert, wenn mich keines der Kinder unterbrach.

Nach zweieinhalb Wochen war das Projekt abgeschlossen, und ich tauchte wieder im Familienalltag auf. Ich saß an meinem Schreibtisch im Arbeitszimmer, schrieb die Abschlussrechnungen und machte klar Schiff. Im Haus war es still. Ich hob den Kopf und lauschte. Die verdächtige Ruhe im Kinderzimmer war förmlich zu hören.

Meine Unruhe wuchs. Ich klappte meinen Laptop wieder auf, fuhr ihn hoch und surfte zur Homepage der FRITZ!Box. Alles schien in Ordnung. Lennarts PC und sein Handy waren mit dem richtigen Kinderfilter versehen. In diesem Augenblick war sein WLAN »gesperrt«.

Auf Socken schlich ich die Treppe hinunter und ging leise zu Lennis Kinderzimmer. Ich kam mir vor wie in einem Martina-

Hill-Sketch, nur die Sturmhaube fehlte. Ich klopfte kurz, riss die Tür auf, stürmte zum PC und schaute rasch auf den Bildschirm. Blitzschnell klickte Lennart YouTube weg und drehte sich seelenruhig zu mir um.

»Hallo, Mama, konntest du schön ruhig arbeiten?«

Meine absurde Razzia brachte ihn nicht aus der Fassung. Die Einzige, die fassungslos war, war ich.

»Wie bist du ins Internet gekommen?«, fragte ich ihn.

Stolz erzählte er mir, dass er sich mit seinem Handy einen Hotspot gelegt hatte und so problemlos mit dem PC surfen konnte. Das würde er in der Schule auf Wunsch seiner Klassenlehrerin immer machen, um seinen Mitschüler Max per Face-Time in den Unterricht zu schalten. Der Unterricht fand inzwischen jede zweite Woche in kleinen Gruppen statt, aber Max durfte nicht zur Schule kommen, weil sein Vater zu einer Risikogruppe gehörte.

»Du machst WAS?« Ich war sprachlos, mal wieder.

Keine Frage, diese technische Möglichkeit hatte ich nicht in Betracht gezogen und deshalb nicht unterbunden. Auch wenn es schön war, dass Max auf diese Weise am Unterricht teilnehmen konnte, verbot ich Lennart ab sofort, Hotspots zu nutzen oder selbst einzurichten, ohne mich vorher zu fragen.

Ich war inzwischen ein großer Fan von technischen Beschränkungen geworden: Sie sparten mir viel Zeit und Nerven und waren um ein Vielfaches wirksamer als Gebote oder Verbote. Nur: Ich fand in den Einstellungen keine Möglichkeit, die Einrichtung von Hotspots zu verhindern.

Ich grübelte und kam zum Schluss: An die Moral appellieren brachte nichts. Das Datenvolumen des Handys musste so schnell wie möglich reduziert werden. Lennart durfte technisch gar nicht erst in die Lage kommen, einen Hotspot einrichten zu können. Ob die Telekom das ändern konnte?

Bislang hatte mein Mann die Telekom-Verträge abgeschlossen, und ich erinnerte mich daran, dass er bei Vertragsumstellungen stundenlang fluchend mit neuen SIM-Karten oder Geräten im Wohnzimmer saß, um Daten und Bilder von A nach B zu transferieren. Er steckte gerade in einem großen Projekt und würde noch mehrere Wochen wenig zu Hause sein. So lange wollte ich nicht warten. Kurz entschlossen googelte ich die Nummer der Telekom-Hotline und landete im Callcenter der Telekom Stralsund.

Die schöne alte Hansestadt an der Ostsee mochte ich sehr und grüßte die Frau am anderen Ende der Leitung freundlich. Ich bat sie, mir mitzuteilen, welche Optionen ich hatte, um einen unserer fünf Telekom-Verträge zu ändern. War es möglich, die große Datenmenge, die dem Handy unseres Sohnes zugeteilt war, auf einen unserer anderen vier Handyverträge zu übertragen?

»Nein. Geht nicht. Sie haben keine Optionen«, sagte sie lakonisch.

Oh, Mann, das konnte ja heiter werden. Warum hieß es immer, das Gespräch würde zu Trainingszwecken und zur Sicherung der Qualität aufgezeichnet? »Kundenfreundlichkeit« schien im Callcenter Stralsund nicht gerade oft trainiert worden zu sein …

Ich erklärte, dass es mir nicht darum ging, weniger zu zahlen, sondern darum, unseren Sohn besser zu schützen, dies sei eine Art medizinischer Notfall.

»Dann nehmen Sie Ihrem Sohn doch einfach das Handy weg, kann ja nicht so schwer sein. Der Vertrag läuft auf jeden Fall noch anderthalb Jahre, da kann die Telekom nichts machen.«

Die Frau hatte recht, und ich fühlte mich einfach nur komplett bescheuert. Ich merkte, dass ich nicht weiterkam, gleichzeitig brauchte ich eine technische Lösung, und zwar sofort.

Mir schossen Ohnmacht und »Keinen-Bock-mehr-auf-diesen-ganzen-Mist« durch die Adern.

Die Dame aus Stralsund hatte es schnodderig, aber korrekt auf den Punkt gebracht: Es konnte ja nicht so schwer sein, ein Kind vom Internet fernzuhalten. War es aber.

Ich stand so unter Strom, dass ich mich nicht zurückhalten konnte, und fragte: »Sie haben wohl keine eigenen Kinder, was?«

»Nö«, war die Antwort. Unglücklich klang sie nicht.

Ich atmete durch, entschuldigte mich, und wir schafften es, auf einer Sachebene zu einer Lösung zu kommen, die bei Lennart später Atemnot auslösen sollte.

Er würde einen neuen Prepaid-Vertrag mit 2 Gb im Monat für knapp unter zehn Euro bekommen sowie eine funkelnagelneue Handynummer. Seine ursprüngliche SIM-Karte mit dem hohen Datenvolumen steckte ich einfach in ein altes Gerät und nutzte es bis zum Vertragsende selbst als mobilen Hotspot, wenn unser WLAN am Waldrand mal wieder streikte, wie so oft. Meine virtuellen Arbeitskollegen freuten sich.

Ich war fast ein bisschen stolz, dass ich das technische Problem auf eigene Faust gelöst hatte, und freute mich, dass damit die Sache ein für alle Mal erledigt wäre, doch das Hase-und-Igel-Spiel ging weiter.

Bei einem Kaffee mit Inken, der technisch hochversierten Drohnenmutter, tauschten wir uns über coole Tricks aus, als Mutter die Kontrolle zu behalten, ohne viel Zeit und Nerven zu verlieren. Ich zeigte ihr den aktuellen Wochenplan der erlaubten Onlinezeiten in meiner FRITZ!Box-App. Inzwischen hatte die Schule wieder zu normalem Präsenzunterricht gewechselt.

»Boah«, meinte Inken. »Das ist ja kleinteilig. Und er kriegt jeden Nachmittag eine Stunde WLAN am PC? Glaubst du, er lernt jeden Tag eine Stunde am Computer für die Schule? Im Leben nicht. Außerdem musst du das immer wieder neu anpassen, wenn sich die Trainingszeiten beim Handball ändern oder so.«

Guter Punkt, dachte ich.

»Ich mache es mir einfach und blockiere das WLAN am PC die gesamte Woche bis auf die erlaubten Zock-Zeiten freitags und am Wochenende. Wenn meine Jungs dann mal was recherchieren oder lernen müssen für die Schule, gebe ich ihnen ein Onlineticket für 45 Minuten und fertig.«

Wenn man Inken zuhörte, klang alles so einfach. Wobei sie zugab, dass es viel Aufwand war, am Ball zu bleiben. Sie konnte es schwer beziffern, wie lange sie jeden Tag an Zeit investierte, aber eine Dreiviertelstunde konnte schon hinkommen.

Diese Onlinetickets, von denen sie sprach, waren sechsziffrige Codes, die auf der Website der FRITZ!Box zum Ausdrucken bereitstanden. Ich folgte Inkens Empfehlung, blockte das WLAN an Lennarts PC montags bis freitags spätnachmittags und druckte zehn Onlinetickets aus.

Sehr analog schnitt ich die Papierstreifen zurecht und steckte sie in ein Weckglas, das ich ins Regal in meinem Arbeitszimmer stellte. Es dauerte keine Woche, bis ich bei einem flüchtigen Blick auf das Glasgefäß bemerkte, dass erstaunlich wenige der weißen Papierstreifen übrig geblieben waren.

In den vergangenen Tagen war beruflich viel los gewesen, mein Mann und ich hatten uns die Klinke in die Hand gegeben. Unsere elterliche Absprache und Kontrolle hatten gelitten. Die Quittung kam prompt und frei Haus.

Lennart hatte sich, als nur mein Mann im Haus war, mehrere Zettelchen selbst genommen. Er musste eine Aufgabe für die Schule erledigen und hatte seinen Vater nach Tickets gefragt. Als dieser nichts davon wusste, nahm Lennart die Sache einfach selbst in die Hand.

Ich ärgerte mich über die Reibungsverluste, die wir selbst verursacht hatten. Die Abstinenz zu managen hieß, jeden Tag die Balance zu wahren. Schwammige Regeln, löchrige Kontrollen waren Gift für Lenni. Jeden Tag brauchten wir neue Erfolgserlebnisse bei der Kontrolle der Onlinenutzung. Gefühle der Stärke, die Lennis mentale Widerstandskraft nährten und ihn nicht auf dumme Gedanken brachten.

Wir mussten aufpassen. Immer häufiger lag der Ball in unserem Feld. Das merkte auch Lenni. Es würde nicht lang dauern und er würde testen, ob er sich unserer digitalen Führung anvertrauen konnte oder nicht.

Ich fragte mich, wie andere Familien dies im Alltag handhaben, wie andere Eltern dies aushandelten. Von einigen befreundeten Paaren wussten wir, dass sich die Mütter komplett raushielten. In Inkens Familie war sie es als Mutter, die die Führung übernahm, in anderen Familien kümmerte sich keiner der Elternteile so richtig.

Ich nahm mir vor, bei nächster Gelegenheit mit meinen Freundinnen darüber zu sprechen, und musste schmunzeln: Mütter waren in dieser Sache genau wie ihre Kinder. Sie orientierten sich am liebsten an ihrer Peer-Group, also an anderen Müttern. Was für ein Glück, wenn es im Bekanntenkreis digital fitte Freundinnen gab!

JEDER JECK IST ANDERS
Vom Austausch mit anderen Eltern

Noch vor fünf Jahren habe ich mit anderen Müttern über alles geredet, nur nicht über die Themen »Mediennutzung im Allgemeinen« oder »Technischer Jugendmedienschutz im Speziellen«. Diese Themen begannen erst vor ungefähr zwei Jahren zaghaft in unsere Gespräche zu sickern. Seit der Corona-Pandemie waren sie in den Mütter-Talk-Charts hochgeschossen auf Platz 1.

Diese Gespräche mit anderen Eltern waren aufschlussreich – oft lustig, manchmal schmerzhaft, wie zu Beginn des Homeschoolings.

Unsere schlechte Internet-Verbindung am Waldrand machte Probleme. Lag es nur an den fünf Personen, die gleichzeitig aufs WLAN zugriffen, oder lag es an etwas anderem? Ein sympathischer Techniker kam und prüfte den Rooter, aber fand die Ursache der Störung nicht. Spontan bat ich ihn, die Kinder- und Jugendsicherung an der FRITZ!Box zu prüfen, in die ich mich damals noch nicht eingefuchst hatte. Es entspann sich ein aufschlussreiches Gespräch, das mich erst traurig, dann wütend machte.

Der Techniker erzählte amüsiert, dass er einen Kunden habe, der sich seit Jahren ein Aufrüstungsduell mit seinem jugendlichen Sohn liefere, das den Kalten Krieg in den Schatten stellen würde. Alle zwei bis drei Monate müsse er wieder hin, um die Blacklists zu erweitern, neue Filter einzurichten und den siebzehnjährigen Sohn daran zu hindern, Pornos zu streamen oder Onlinecasinos zu besuchen. Er schüttelte den Kopf und meinte, das bringe doch alles nichts. Jugendliche, die es drauf anlegen würden, würden es sowieso schaffen, Sicherheitslücken zu finden und auszunutzen. Da sei doch eher gute Erziehung gefragt. Er selbst spiele begeistert Clash of Clans mit seinen Kindern. Strahlend fügte er hinzu: »Bei uns hat es noch nie Probleme gegeben!«

Das sagte er wirklich: »Noch nie.« Ich dachte an Lennarts Sucht und hätte heulen können. Mir gelang gerade noch ein »Das ist schön für Ihre Familie« und verabschiedete ihn hastig.

Unser Hund freute sich: Er durfte mich spontan auf einen längeren Waldspaziergang begleiten. Ich brauchte frische Luft und eine Auszeit, um Fakten und Gefühle wieder sauber und ordentlich in eine Reihe zu bringen.

Wie das so ist mit den Erfahrungen und Meinungen von Eltern: In eigenen Wahrheiten steckt immer ein wahrer Kern. Aber auch Erfahrungen, die nicht ohne Weiteres übertragbar sind auf andere Eltern, andere Kinder und andere Familien.

»Jeder Jeck es anders«, wie wir im Rheinland sagen. Und das gilt für Mütter, Väter und Kinder erst recht.

Jedes Kind hat ein anderes Risiko, süchtig zu werden. Dies lag auch, aber nicht nur an der Erziehung. Pauschale Regeln wie »3 Stunden Zocken am Tag sind ungefährlich« gibt es nicht. Genauso unsinnig und gefährlich sind die Schutzbehauptungen vieler Eltern: »Die spielen doch alle im Freundeskreis. Das wächst sich nach der Pubertät aus.«

Leider nicht immer. Diese Art der Argumentation dominierte auch ein anderes Elternthema: den Haschischkonsum von Minderjährigen.

Beim letzten Drogeninformationsabend an der Schule reichten die Eltern abends um 19:38 Uhr im Neonlicht des Klassenzimmers kichernd und etwas ehrfürchtig kleine Zip-Tütchen mit Drogen-Asservaten der hiesigen Kripo herum und taten so, als ob sie voll die Ahnung hätten.

Ein Vater gab sich besonders erfahren. Er schwadronierte, wie viel Haschisch er in seiner Jugend in den 1990ern abends heimlich auf dem Schulhof geraucht hätte, und das gehöre ja wohl zum Erwachsenwerden dazu und hätte niemandem geschadet.

Seine Tischnachbarin, deren ehemals blonde Haare von zahlreichen grauen Strähnen durchzogen waren, nickte beflissen. Auch dann noch, als der Kriminalkommissar, der die illustre Runde leitete, freudig zu den beiden trat und die Gruppe um Gehör bat. Er freue sich, diese wichtige Erfahrung aus der Elternschaft aufgreifen zu können, denn sie verdeutliche eine weitverbreitete und gefährliche Fehlannahme heutiger Eltern.

Ich war beeindruckt, wie positiv der Kriminalkommissar die Aussage vermittelte: »Was Sie sagen, ist totaler Bullshit!«, und tippte auf jahrelange Schulungserfahrung.

Interessiert blickte ich den Vater an, der säuerlich versuchte, sein Gesicht nicht entgleisen zu lassen.

Man könne, so der Kriminalkommissar weiter, den Stoff aus den 80ern und 90ern nicht mit dem vergleichen, der heute auf dem Markt war. Heutige Hanfpflanzen seien das Ergebnis langjähriger Züchtung und würden unter besonderen Bedingungen kultiviert. Das Harz der weiblichen Pflanzen enthielt 30 Mal so viel THC-Wirkstoff wie früher. Tatsächlich riskierten Teenager heutzutage viel eher, ihr Gehirn weich zu kiffen und Kiffer-Psychosen zu entwickeln, als noch zu unseren Zeiten.

Alle Eltern schauten betroffen drein. Meine Tischnachbarin notierte ordentlich »30x« in eine karierte Kladde.

Mir fiel ein banaler Spruch ein. Nicht Eltern machten Kinder. Kinder machten Eltern. Meist über Nacht.

Es ist sicherlich eine Leistung, ein Baby auf die Welt zu bringen und mehrere Jahre rund um die Uhr für den kleinen Menschen da zu sein – und Windeln zu wechseln im Akkord. Es ist nicht leicht, übermüdet nach schlafloser Nacht wegen eines zahnenden Säuglings Haltung zu bewahren, wenn die zickige Kollegin in der Morgenkonferenz auf einen zukommt, auf den Pullover an der linken Schulter deutet und ein bisschen zu laut fragt: »Ist das geronnene Milch?«

Viele Mütter und Väter leiten aus der Tatsache, dass sie einen MaxiCosi im Auto haben, den Anspruch ab, als lebenserfahrene Autorität angesehen zu werden, die über jede Kritik erhaben ist.

Es ist kein Wunder, dass viele Kinder ihre Eltern nicht richtig ernst nehmen, vor allem wenn diese laut juchzend mit Basecaps auf grünen Elektro-Rollern entgegen der Einbahnstraßen durch die Innenstädte brettern.

Ob Roller oder nicht. Viele Eltern haben das richtige Gefühl, dass sie von ihren Kindern nicht ernst genommen werden. Und sind genervt von der starken Handynutzung ihrer Kinder und den ständigen Diskussionen über Internetzeiten. Sich dem Thema stellen wollen jedoch längst nicht alle.

Im Gegenteil. Nicht wenige Eltern geben sich selbstbewusst und meinungsstark, um zu rechtfertigen, warum ihre Kinder mit gesenktem Kopf am Handy hängen, wann immer man sie zu Gesicht bekommt: Beim Aussteigen aus dem Auto, mit dem sie netterweise zum Sport gefahren wurden, oder sogar in der Halle auf den Bänken in den Pausen beim Handballturnier.

Dennoch: Jeder Austausch mit anderen Eltern zum Thema Mediennutzung hat mich berührt. Mal war der Austausch positiv und befruchtend wie mit Inken. Mal war er negativ und verunsichernd. Doch jedes einzelne Gespräch hat ein Nachdenken und eine Entwicklung angeregt.

Es bringt nicht viel, sich eins-zu-eins an anderen Familien zu orientieren. Am Ende muss jede Familie ihren eigenen Medienkompass suchen und aushandeln.

Vieles an unserem Kompass passte bereits, aber an manchen Stellen mussten wir nachjustieren, um unseren eigenen Weg für die ganze Familie noch sicherer zu machen.

NEUE REGELN
Schritt für Schritt zum verlässlichen Medienkompass

Die Konflikte mit Lennart waren seltener geworden. Reibungsverluste entstanden eher zwischen meinem Mann und mir. Ich trug selbst dazu bei.

Immer wieder passte ich die Einstellungen in der FRITZ!Box und auf Lennarts Handy an. Aus gutem Grund. Wie digitale Gezeiten nahmen die erlaubten Onlinezeiten zu und ebbten wieder ab – im Rhythmus der Klassenarbeiten, Ferienzeiten und Homeschooling-Phasen.

Mir fehlte die Kraft, jede Änderung auf dem WLAN-Wochenplan in der FRITZ!Box zeitnah und anschaulich zu dokumentieren und meinen Mann darüber in Kenntnis zu setzen. Er fragte aber auch nicht nach.

Teils verständnisvoll, teils besorgt registrierte ich: Mein Mann nahm sich nicht so viel Zeit wie ich, um sich zu einem Digital Parent weiterzuentwickeln. Aus beruflichen Gründen und ohne böse Absicht. Mir war es bis vor Kurzem genauso ergangen.

Trotzdem reagierte ich zunehmend gereizt. Es war anstrengend genug, mich selbst zu überlisten, mich selbst nicht ablenken zu lassen von meinem eigenen Smartphone – und ein Vorbild für Sophie, Franzi und Lennart zu sein.

Im Büro hielt ich meine digitale Diät gut durch, legte das Handy »mit dem Gesicht nach unten« auf den Schreibtisch, um den Lichtimpuls bei eingehenden Nachrichten zu verdecken. Mehrmals am Tag stellte ich einen Timer, um 60 Minuten durchzuarbeiten, ohne mein Handy zu berühren. Ich hatte mich ertappt, dass ich bei einer kreativen Durststrecke oder

Müdigkeit gerne zwischendrin die Twitter-Charts checkte, WhatsApp-Nachrichten meiner Freundinnen las oder ein paar schnuckelige Tiervideos snackte.

Im Privaten schaffte ich es nicht so gut. Vor allem bei einer bestimmten Gelegenheit wurde ich schwach, so wie Abermillionen anderer Mütter und Tanten auch. Kaum kam es zu seltenen, innigen Momenten zwischen den Geschwistern, zückte »Mamarazzi from hell« ihr Smartphone und produzierte Fotos oder Videos, an denen sich das einsame Mutterherz dann später – wenn die Kinder das Nest verlassen haben würden – in nostalgischer Verklärung wärmen konnte. Mein Verhalten war nervig und löschungsresistent.

Gleichzeitig regte ich mich auf, wenn mein Mann abends zu Hause noch stundenlang am Handy arbeitete. Er kam grundsätzlich mit ein paar Minuten Verspätung an den Abendbrottisch, während wir auf ihn warteten, das Essen abkühlte und er in der Küche an der Ladestation stand und E-Mails beantwortete. Seine Argumentation war geschickt.

»Wenn ich gegen 18 Uhr nach Hause komme, muss ich noch die eingehenden E-Mails abarbeiten. Die Alternative wäre, bis 19 oder 20 Uhr im Büro zu bleiben.«

Jahrelang hatte ich die Argumentation geschluckt, jetzt nicht mehr. Wir mussten alle an einem Strang ziehen. Unsere Kinder, aber auch wir selbst, brauchten überzeugende, klare Vorbilder.

Meinem Mann schlug ich vor, sich fürs Arbeiten ins Arbeitszimmer zurückzuziehen oder tatsächlich später nach Hause zu kommen. Scharfe Worte. Aber dieses Wischiwaschi mit dem Handy nonstop in der Hand war kein gutes Vorbild. Wenn er im Raum war, dann bitte ansprechbar.

Was ich nicht wusste: Millionen Menschen auf der Erde diskutierten miteinander, weil das Smartphone des einen die gemeinsamen Gespräche oder das Abendessen im Kreis der

Familie störte. Die Unterbrechung oder Störung einer Tätigkeit durch Technik war inzwischen ein eigenes Forschungsgebiet samt eigenem Fachbegriff: die Technoferenz.

Mein Mann war überrascht, dass ich ihn immer öfter aufforderte, mitzuziehen und seine digitale Vorbildfunktion zu verbessern. Eine wissenschaftliche Studie, die ich las, brachte das Fass schließlich zum Überlaufen.

Professor Paul Dolan, ein bekannter Verhaltensexperte der London School of Economics, bestätigte, was ich ahnte: Familienglück gab es vor allem für Männer. Männer profitierten deutlich stärker von einer Ehe als Frauen. Verheiratete Frauen mittleren Alters hatten sogar ein höheres Risiko, körperliche oder geistige Beschwerden zu entwickeln als alleinstehende Frauen.

Das wurde ja immer schöner! Ich machte mir die ganze Arbeit und starb auch noch früher?

Wir brauchten dringend Handyregeln, damit meine Lebenserwartung nicht zu stark sank. Mein Mann stimmte mir lachend zu.

Wir einigten uns im Familienrat auf drei wichtige Grundregeln:

Regel 1: People first! Menschen sind wichtiger als Smartphones.

Regel 2: Keine Handys während der Mahlzeiten und gemeinsamer Spieleabende.

Regel 3: Signaltöne bei Push-Nachrichten abstellen, zumindest wenn Mama anwesend ist.

Dabei weiß jede Mutter, dass das Einführen neuer Regeln nicht so ohne Weiteres funktionierte …

Hat nicht fast jede von uns, zwischen Selbstaufgabe und Zweckoptimismus schwankend, versucht, in anstrengenden Phasen neue Regeln einzuführen, die den Familienfrieden und die seelische Gesundheit der Eltern retten sollten? Und diese drei oder fünf Regeln – fast immer war es eine ungerade Anzahl! – mit Smileys und bunten Farben verziert, womöglich laminiert und gut sichtbar an die Wand des Esszimmers oder der Küche gepinnt? Bunte Denkzettel, die bereits nach zwei Tagen keiner mehr wahrnahm und deren Inhalte nach spätestens fünf Tagen sowieso niemand mehr erinnerte, geschweige denn umsetzte. Irgendwann waren die laminierten Regelzettel dann plötzlich weg, klammheimlich entsorgt von resigniert seufzenden Müttern, doch selbst das merkten weder die Ehepartner noch die Kinder.

Kein Wunder, neue Gewohnheiten kommen nicht über Nacht. Im Schnitt dauert es 66 Tage, wie ich in einer Studie von Phillippa Lally vom University College in London las.

Eine sensationelle Nachricht, die das Zeug hatte, auch Müttern endlich Familienglück zu bescheren! Der Mythos, es brauche nur 21 Tage für eine neue gute Gewohnheit, hatte die Menschheit jahrzehntelang in die Irre geführt. Uns abbrechen lassen, bevor das neue gewünschte Verhalten zu einer echten Gewohnheit geworden war!

Phillippa Lally und ihr Team fanden heraus: Egal, ob es um einfache Gewohnheiten ging wie »eine Flasche Wasser zum Mittagessen trinken« oder schwierigere Aufgaben wie »15 Minuten vor dem Abendessen zu laufen«: Im Durchschnitt dauert es nicht drei Wochen, sondern mehr als zwei Monate, bevor ein neues Verhalten in Fleisch und Blut übergeht und automatisch abläuft. Einzelne Studienteilnehmer brauchten 18 Tage, andere bis zu 254 Tage.

Oh, Mann! Alles, was uns fehlte, war eine realistische Erwartung und Planung sowie Geduld, mehr nicht? Millionen Mütter und Väter erwarteten zu schnell zu viel, oder überforderten sich selbst und scheiterten?

Keine gute Figur, die wir Eltern da abgaben … Ich fühlte, wie mein inneres Krönchen rutschte und auf halbmast hing. Sollte der 66-Tage-Trick wirklich das Ticket ins Glück sein? Es kam auf einen Versuch an!

Beherzt richtete ich das Krönchen wieder gerade und schaute mit frischem Blick auf unseren Familienalltag.

AN COMPUTERSPIELEN WACHSEN
Fortschritte und neue Interessen

Lennart und ich waren inzwischen keine kompletten Anfänger mehr, was digitale Kompetenz und Selbststeuerung betraf. Unser Blick auf Handynutzung und Onlinezeiten hatte sich geschärft. Wir registrierten genau, wenn mein Mann oder die Mädels ihre Smartphones gedankenlos nutzten, und guckten sie nachdenklich an.

Es war verblüffend! Hatte man verstanden, wie man die Kontrolle übernahm und davon profitierte, war es schaffbar. Die maßlose Smartphone-Nutzung derjenigen, die den Schalter im Kopf noch nicht umgelegt hatten, kam mir absurd vor. Dabei waren Lennart und ich vor Kurzem selbst noch auf dem »digitalen Idiotenhügel« unterwegs gewesen.

Im Frühsommer legte Lennart mit seiner Weiterentwicklung noch eins drauf. Auf einmal begann er, seine Computerspiele anders zu nutzen. Er spielte weniger Fortnite. Wir horchten auf und wunderten uns. Alles drehte sich auf einmal um LPs.

Wer bei LPs an seine alten Langspielplatten und den Soundtrack seiner Jugend in den 70ern und 80ern denkt, sollte dies im Gespräch mit seinen gamenden Kindern lieber für sich behalten. LP steht für »Let's Plays« – ein prominentes und relativ junges Medienphänomen der Unterhaltungskultur, das nicht nur die Herzen von Jugendlichen, sondern auch die Herzen von Medienforschern und Pädagogen weltweit höherschlagen lässt.

Wir schauten Lenni beim Schauen eines solchen Let's Plays-Videos auf YouTube über den Rücken. Begeistert fieberte er mit einem etwa siebzehnjährigen Gamer mit, der gerade eine besonders fiese Attacke bei Fortnite mit Fortgeschrittenen-Tricks konterte, was er in Echtzeit, teils mit Kraftausdrücken, selbst kommentierte. Dies löste eine Flut von mehr oder weniger fachmännischen Kommentaren aus und heizte leidenschaftliche Diskussionen seines Publikums untereinander und mit dem Let's Player an.

Was für eine Überraschung! War Lennart monatelang nicht komplett ins Game abgetaucht, hatte alles um sich herum vergessen, hatte sich mit Haut und Haar von den virtuellen Spielwelten aufsaugen lassen? Und nun nahm er freiwillig auf der Zuschauertribüne Platz und genoss es, anderen Zockern beim Spielen zuzugucken?

Richtig einordnen konnte ich die neue Entwicklung zunächst nicht, wertete sie aber als positiv. Lennart schien sich von dem eigentlichen Spielprozess lösen und emanzipieren zu können. Später las ich, dass bei Let's Plays ein Ausstieg aus dem eigentlichen Computergame stattfinde. Es kommt zu einer zeitlichen Verzögerung, einer Art Distanzierung vom eigenen Spielerlebnis, genau das, was wir in der Therapie angestrebt hatten.

Ich fühlte Aufbruchstimmung und ein Gefühl der Erleichterung. Lennart hatte auf seinem Weg in die Unabhängigkeit erfolgreich ein weiteres Stück Strecke zurückgelegt – auf eigene Faust! Welcher Ex-Raucher würde freiwillig – gar zum Vergnügen – in seiner Freizeit anderen Rauchern beim Rauchen zuschauen, die mit jedem Zug berichteten, wie gut der Tabak schmeckte?

Zuerst dachten wir, Let's Plays seien einzelne Lern-Videos zu einem beliebigen Computerspiel auf YouTube. In Wirklichkeit sind Let's Plays jedoch eine völlig neue Medienform. Selbst die renommierte Deutsche Forschungsgemeinschaft wollte wissen, was es damit auf sich hatte – war es ein Spiel oder nicht? Von »Kulturgut« ist in den Ergebnissen eines mit Millionen geförderten DFG-Graduiertenkollegs die Rede. Let's Plays seien kreative und dynamische Gruppenprozesse außerhalb des eigentlichen Games.

Ihre Faszination erschloss sich uns Eltern erst, als ein befreundeter Sohn sie mit der samstäglichen Liveberichterstattung eines Sportereignisses verglich. Nur: LPs waren besser, weil im Let's Play der Kommentator besonders riskante Spielsituationen auswählte, atemlos kommentierte und zeitgleich im Spiel mitkämpfte, was sehr, sehr spannend sein konnte.

Lennart guckte sich auf diese Weise einige Finessen und wichtige Details bei erfahrenen Gamern ab. Gleichzeitig war er Teil einer bestens gelaunten fachsimpelnden Gruppe, die richtig viel Spaß miteinander hatte – nicht anders als Mütter bei einer Thermomix-Vorführung im Vorort einer beliebigen deutschen Großstadt.

Lennarts Rückfälle lagen nun schon vier Monate zurück. Ein kleiner Etappensieg. Meine Sorge, die Therapie würde nicht lange vorhalten, begann, zaghaftem Optimismus zu weichen.

Ich klopfte auf Holz: Nach dem katastrophalen Fehlstart mit seinem Smartphone und dem digitalen Auffahrunfall mit Brawl Stars schien die Therapie Lennart die benötigte Starthilfe – und den Airbag – für seine virtuellen Spritztouren gegeben zu haben. Seine Bremsen funktionierten immer besser, seine verbesserte Eigenkontrolle führte ihn langsam, aber sicher in die digitale Unabhängigkeit.

Inzwischen war es Juli geworden. Die Ferien rückten in greifbare Nähe, was mir Unbehagen verursachte. Unsere Urlaubsplanungen hatten COVID19 und die Reisebeschränkungen kurzfristig zunichtegemacht. Aus Sicht berufstätiger Eltern würde es also ähnlich anstrengend weitergehen wie in den letzten Monaten des Homeschoolings. Fast schlimmer noch. Denn die Kinder hatten sechseinhalb Wochen Freizeit, aber wenig Pläne und noch weniger Freizeitmöglichkeiten. Es war brütend heiß, und die Freibäder hatten geschlossen. Langeweile war also vorprogrammiert.

Langeweile + unbegrenztes WLAN = keine gute Idee.

Als Erstes sperrte ich also den Onlinezugang auf der FRITZ!-Box bis spätnachmittags. Danach googelte ich, welche Abenteuer sich trotz Corona-Pandemie und Kontaktbeschränkungen für einen unternehmungslustigen »Fast-Zwölfjährigen« boten, der immer noch trainierte, die Kontrolle über seine Computergames zu bewahren.

Meine Recherche »Ferienprogramm Jungen 2020 Raum Köln« ergab: Eine Kölner Stiftung für Jugend und Medien bot trotz Corona-Pandemie Ferienkurse rund ums Gamen an. Es war noch ein Platz frei – für Lennart.

»Hältst du das für eine gute Idee?«, fragte mein Mann.

Zum ersten Mal sagte ich mit hundertprozentigem Vertrauen und Selbstbewusstsein: »Ja, das ist sogar eine sehr gute Idee.«

Ich vertraute Lennis Willen zur Unabhängigkeit. In dem Ferienkurs würde er eigene Games bauen und lernen, wie sie funktionierten. Ein weiterer Schritt hin zur digitalen Mündigkeit. Durchschaute er erst mal, wie Games funktionierten, würde er sich nicht mehr ohne Weiteres von ihnen manipulieren lassen, so meine Hoffnung.

Als ich Lennart im Kölner Mediapark bei seinem Workshop ablieferte, fiel mir eine Broschüre für Eltern in die Hände, die ich draußen am See mit einem Coffee-to-go durchlas. Tatsächlich empfehlen Medienpädagogen die professionelle Auseinandersetzung mit dem Aufbau und der Funktionsweise von Games, um Kritik- und Urteilsfähigkeit sowie Kompetenz der jungen Zocker – und ihrer Eltern – zu verbessern. In der Schweiz bietet der »Cyberculturist« Marc Bodmer sogar eigene Elternkurse an, um den »digital gap« bei Videospielen zu schließen – den immer größer werdenden Graben zwischen den Lebenswelten von Jugendlichen und Erwachsenen. Auch in der Schweiz haben viele Eltern das Gefühl, den Anschluss verpasst und den Kontakt zu ihren Kindern verloren zu haben. Marc Bodmer ermöglicht Eltern, ohne falsche Scheu, und vor allem ohne Zaungäste, selbst den Controller in die Hand zu nehmen und verschiedene Games auszuprobieren, um sich vertraut zu machen mit den Leitmedien der interaktiven digitalen Unterhaltungskultur.

Mich interessierte immer stärker, wie ein kleines buntes Computerspiel uns Eltern so den Rang ablaufen konnte. Ich merkte: Das wollte ich nicht auf mir sitzen lassen. Ich hatte noch eine persönliche Rechnung mit Brawl Stars offen. Ein bisschen Werkspionage bei der Konkurrenz konnte mir als Mutter nicht schaden …

Lässt man die Manipulation und die süchtig machenden Loot Boxes außen vor, ist Brawl Stars ein Kunstwerk des operanten Lernens. In Kürze lernen Kinder, freiwillig und begeistert bestimmte Abläufe in einer bestimmten Reihenfolge auszuüben. Nicht anders als Tauben oder Ratten in den sogenannten Skinner-Boxen, die wir alle noch aus dem Biounterricht der achten Klasse kennen.

In solchen Boxen hatte B. Frederic Skinner Tauben in wenigen Übungseinheiten dressiert, mit ihrem Schnabel gegen einen Schalter zu picken; Ratten, mit ihrer Pfote auf ein Pedal zu drücken, um Futter zu bekommen. Einzig und allein mit sofortigem Feedback und der richtigen Verstärkung. Sehr simpel. Einmal den richtigen Schalter gedrückt und es regnete Futterkörnchen.

Nichts anderes macht Brawl Stars und hatte Lennart innerhalb von Tagen dressiert, mit seinem Finger zum richtigen Moment auf die linke Maustaste oder das Handydisplay zu drücken und Juwelen zu erbeuten.

»Instant feedback«. Der Knaller!

Und wir schafften es nicht, ihn dazu zu bewegen, sein Bett morgens ohne Aufforderung zu machen?

Na wartet, ihr finnischen Entwickler von Brawl Stars! Was ihr könnt, kann ich schon lange!

Ich wollte es auf einmal wissen und startete am nächsten Morgen ein geheimes Einzelexperiment mit Lennart. Ich würde versuchen, ihm mit Brawl-Stars-Methoden anzutrainieren, sein Bett zu machen. Notfalls 66 Tage lang oder länger.

Ich war gespannt, ob es klappen würde. Meinen geheimen Plan verriet ich nur Anne. Mit ihr konnte ich über Mütter-Fails am besten lachen.

Aus meinem eigenen Studium erinnerte ich grob: Der Schlüssel zum Erfolg war die Steuerung des Verhaltens durch nahtlose Kontrolle, sofortiges Feedback und eine wirksame Belohnung (erst zuverlässig, später zufällig).

Das Computerspiel gab nach jedem Mausklick ein positives oder negatives Feedback. Meist lief im Bild ein Zähler mit, der genau anzeigte, wie man performte und wie viel Leben man noch hatte. Das Feedback »100 neue Juwelen«, »ein Level weiter« oder bei einem Schnitzer »nur noch ein Leben« und »Game over« kam so schnell, dass man kaum gucken konnte.

Warum das mit dem Bettenmachen nicht klappte, lag auf der Hand. Die Rückmeldung »Gut gemacht« oder »Dann eben noch kein Frühstück« erfolgte nicht jeden Morgen nach Millisekunden, sondern nach Minuten, Stunden oder gar nicht mehr, weil ich schon beim Hundespaziergang war oder auf dem Weg zur Arbeit. Ein »epic fail« bereits auf Level 1!

Die gute Nachricht: Nicht ganz optimales Verhalten – ob ungemachte Betten oder Computerspielsucht – ließ sich mit »instant feedback« und der richtigen Belohnung genauso gut auch wieder umändern. Und genau das hatten wir Anfang des

Jahres nach dem kalten Entzug durchgeführt. Wir hatten das gewünschte neue Verhalten »kontrolliertes Zocken« ausnahmslos JEDES MAL kontrolliert und positiv verstärkt. Mit Erfolg. Allerdings mithilfe unseres Therapeuten. Würde ich es auch allein schaffen, die Kontrolle so konsequent zu übernehmen?

Ich versuchte es und kontrollierte WIRKLICH JEDEN MORGEN vor dem Frühstück, ob Lenni sein Bett gemacht hatte. Erst dann durfte er sich sein Handy aus der Küche holen. Frühstück übrigens auch. Es klappte gut, aber noch waren die 66 Tage nicht um.

Das Thema »Kontrolle« begann mich zu interessieren. Auch, was mich bislang gehindert hatte, eine bessere Kontrolle zu ergreifen, zum Beispiel bei der Smartphone-Nutzung von Sophie, Franz und Lenni. Im Endeffekt hatte unsere mangelnde Kontrolle dazu geführt, dass Lenni selbst die Kontrolle verloren hatte – und den unbeschwerten Spaß am Gamen.

»Kontrolle« ist, wie ich erfuhr, ein psychologisches Grundbedürfnis, zu dem ich ein zwiegespaltenes Verhältnis habe. Ich fremdele mit Kontrollfreaks, die ihren Kindern ständig hinterherschnüffeln und ihnen jegliche Chance auf Eigeninitiative und Eigenkontrolle nehmen. Aber ich mag es, wenn ich mein Leben im Griff habe und alles glattläuft.

Dies geht allen Menschen so. Im *Online Lexikon für Psychologie und Pädagogik* von Stangle las ich: Je mehr Kontrolle ein Mensch besitzt, desto zufriedener, gesünder und stressfreier ist er.

Und genau das hatte sich für mich schlagartig geändert, als Lennart zum zehnten Geburtstag kurz vor seinem Schulstart in der fünften Klasse ein internetfähiges Smartphone geschenkt bekommen hatte. Das war es gewesen mit meinem zufriedenen, gesunden und stressfreien Leben!

»Zu wenig Kontrolle«, las ich weiter, kann »zu gelernter Hilflosigkeit führen« und einer Reihe unguter Folgen: zum

Beispiel der Überzeugung, dass man eine bestimmte Kontrolle nicht habe oder niemals erwerben könne. War es nicht genau das, was ich über meine digitale Medienerziehung gedacht hatte? Und hatte ich nicht festgestellt, dass diese gelernte digitale Hilflosigkeit langsam und unmerklich meine Handlungsinitiative und meinen Durchhaltewillen untergraben hatte? Schlechte Gefühle waren gefolgt wie Ärger, Trauer und Niedergeschlagenheit, die das Selbstwertgefühl beeinträchtigten! Check!

Studien belegen, dass Menschen, die das Gefühl haben, eine hohe Kontrolle über ihr Leben zu haben, eine höhere Zufriedenheit im Leben aufweisen, gesünder sind und beruflich erfolgreicher.

Zum zweiten Mal fühlte ich eine unbändige Aufbruchstimmung: Die Lösung lag auf der Hand! Take control! Rutsch rüber auf den Fahrersitz, ab hinters Steuer!

GLÜCKSMOMENTE
Von analogen Freu(n)den und Digital Wellbeing

Noch immer schränkten wir die digitalen Abenteuer ein, zeitgleich erhöhten wir die Abenteuer-Dichte im Analogen.

Herr Körner-Nitsche hatte erklärt, dass Jugendliche stärkere Auslöser als Erwachsene brauchten, um Spannung und Aufregung zu fühlen, weil ihnen noch so einige Rezeptoren für das Glückshormon Dopamin fehlten. Kein Wunder also, dass für sie all das sterbenslangweilig war, was wir Eltern cool fanden. Kein Wunder auch, dass sie sich etwas Stärkeres besorgten, um einen Kick zu spüren – notfalls auch Drogen, Alkohol und actionreiche Games.

Wir gaben uns Mühe, passende Angebote zu finden, aber es war nicht ganz einfach. Immerhin ritt Lennart immer noch freitags nachmittags auf den schwarz-weißen irischen Pferden bei Christina. Schon der Weg dorthin war ein kleines Abenteuer: Lenni fuhr allein mit dem Rad die sechs Kilometer den Berg zum Reitunterricht hinauf und wieder herunter, teils querfeldein auf steilen und kurvigen Schotterwegen.

Nach einem schweren Sommergewitter, das die Wege unterspült und die Bäche zum Überlaufen gebracht hatte, holte mein Mann Lennart mit dem Auto auf dem Fachwerkhof ab – mit unerwarteten Folgen.

Eine Böe hatte im Unwetter ein Bachstelzenküken aus seinem Nest auf das alte Kopfsteinplaster geweht. Mein Mann war schneller als die Hofkatzen und rettete das Küken.

Mein Einwand, ein Wildvogelküken großzuziehen sollte man Experten überlassen, die – anders als wir! – viel Zeit hatten und genügend frisch gefangene Insekten, wurde nicht gehört. Zudem waren alle Wildvogelauffangstationen im weiteren Umfeld überfüllt, sodass Lennart das Küken in einem ausgepolsterten alten Käfig auf seinem Schreibtisch neben dem PC großziehen durfte.

Mit einer langen Pinzette bewaffnet, strich er ums Haus, durch Keller, Garage und den Wald, um frische Insekten zu fangen, Weberknechte, Mücken, Schaben oder kleine Spinnen.

»Schmocki«, wie er das Bachstelzenküken nach einem mir unbekannten YouTuber taufte, entwickelte einen so großen Appetit, dass Lennart kaum noch dazu kam, etwas anderes zu tun, als Insekten zu fangen. An Zocken war kaum zu denken. Spätestens nach 20 Minuten Fortnite tönte ein erst zaghaftes, dann immer kräftigeres Piepsen aus dem Käfig rechts neben seinem PC.

Nach wenigen Tagen hatte das Küken mit seinen großen Augen, den lustigen Fusselfedern auf dem Kopf und dem weit aufgesperrten gelben Schnäbelchen den kleinen Vogel-Papa fest im Griff. Lenni gab das Gamen vorübergehend ganz auf.

Schmocki, die junge Bachstelzendame, wuchs und gedieh prächtig. Nach einer Woche unternahm sie wild mit den Flügeln schlagend die ersten Flugversuche. Der Holzboden und die Tastatur waren mit weißen Häufchen verziert.

Ich wurde unruhig. Die kleine Bachstelze war ein Wildvogel, der Artgenossen brauchte. Sie wäre besser in professionellen Händen aufgehoben, um fliegen zu lernen und ausgewildert zu werden.

Außerdem wollten wir zwei Tage später für ein verlängertes Wochenende zu fünft mit Hund auf einem Hausboot in Brandenburg über Kanäle und mehrere Schleusen Richtung Scharmützelsee schippern. Die elektronischen Revierkarten waren bereits heruntergeladen. Fünf Stirnlampen, ein aufblasbares Kanu und wasserdichte Hüllen für unsere Smartphones lagen in einer großen wasserdichten Tasche im Flur. Außerdem: eine funkelnagelneue gelbe Schwimmweste für den Hund – mit Henkel oben dran, falls wir ihn unterwegs aus dem Wasser an Bord ziehen mussten. Der Törn versprach abwechslungsreich und spannend zu werden – auch ohne Vogelkäfig und misslingende Flug- und Auswilderungsversuche des flüggen Jungvogels mitten im Wendemanöver!

In meiner Not sprach ich gleich zweimal auf den Anrufbeantworter der nächsten Wildvogelauffangstation, die etwa 25 Kilometer entfernt war. Beim dritten Anruf ging die Leiterin ans Telefon. Ein einziger Platz bei den »Stelzen« sei frei, Schmocki durfte kommen. Mir fiel ein Stein vom Herzen, nur Lennart trauert bis heute um seine junge Vogeldame.

Nach dem Familienurlaub half ein »Wildnis-Camp für Große« im Bergischen Land – für Jugendliche zwischen zwölf und sechzehn – Lennart, über seinen Verlust hinwegzukommen. Lenni fand den Zusatz »für Große« besonders gut und war froh, dass er mit zwölf endlich jugendlich war.

Fünf Tage ohne Duschen und Sockenwechseln kamen nah ran an seine Vorstellung vom Paradies. Untergebracht in einem alten Fachwerkhaus im Wald, verbrachte Lennart herrliche Tage und auch Nächte draußen in der Natur – mit Klettern, Löten, Schnitzen und überlebenswichtigen Lifehacks aus dem Dunstkreis einer US-Elitekampftruppe.

Angeblich hatte ein Navy Seal, den der Gruppenleiter aus dem Internet kannte, immer ein Tampon dabei – als wasserdicht verpackte Outdoor-Watte, die hervorragend als Feueranzünder herhalten konnte.

Lennart, der bis vor Kurzem noch schreiend vor Tampons seiner Schwestern im Badezimmer geflüchtet war, nahm jetzt cool eines in die Hand, packte es aus und entzündete damit eines späten Abends unter Aufsicht auf einer Lichtung vor einer alten Fledermaushöhle ein Lagerfeuer – ausgestattet nur mit einem Magnesiumstahlstift und einem alten Messer.

Das prasselnde Feuer erhellte ein Lager aus Fichtenstämmen und eine bunte Stofffahne, die das gegnerische Team versuchte zu klauen – bis zur Morgendämmerung, in der die ersten Waldvögel langsam ihr Morgenkonzert begannen. Lenni erzählte noch Wochen später vom Fahnenklau, dem Feuer und dem nächtlichen Anschleichen im stockfinsteren Wald – das waren echte Abenteuer mit großen Jungs und allemal besser als Brawl Stars!

Wir freuten uns mit ihm und setzten ihn gleich auf die Warteliste des nächsten Feriencamps. Meine Liste der besten analogen Abenteuer wurde immer länger, mein Netzwerk an engagierten Jugendarbeitern und Anbietern spannender Jugendfreizeiten immer größer.

Jeder gute Moment mit Gleichgesinnten, jedes gemeinsame Abenteuer verlieh der Welt außerhalb des Internets mehr Glanz, Anziehungskraft, Wärme und Geborgenheit und stärkte Lenni in seinem täglichen Kampf gegen die Verführungskraft der virtuellen Welten.

Das Ende der Ferien nahte. Noch waren wir »on track«, es hatte keine Rückfälle gegeben, aber eine unangenehme Überraschung: Aus scheinbar heiterem Himmel fragte Lennart mich, ob er Brawl Stars spielen dürfe. Er wolle uns und sich beweisen, dass er es schaffen würde. Herr Körner-Nitsche hätte gesagt, seine Sucht sei erst überwunden, wenn es keine verordnete Kontrolle oder verordnete Abstinenz mehr gäbe. Und deshalb wäre er ja noch nicht am Ziel.

Mir blieb die Luft weg. Eines wusste ich inzwischen über die Sucht: Für ein plötzliches Verlangen nach dem Suchtmittel gab es immer einen Grund, nur welchen?

Trotzdem hatte Lennart recht. So ähnlich hatte Marc Körner-Nitsche es formuliert. Aber hatte er nicht auch gesagt, dass sich das Gehirn besonders gut an das alte Suchtmittel erinnerte?

Meine Gedanken schwammen. War Brawl Stars jetzt grundsätzlich erlaubt oder bis ans Lebensende verboten? Warum wusste ich so etwas Wichtiges nicht? Hatte ich beim Abschlussgespräch nicht richtig zugehört? Ich spürte leichte Panik aufkommen.

»Puh, guter Punkt, Lenni. Ich werde Herrn Körner-Nitsche fragen, was jetzt am besten zu tun ist. Natürlich sollst du die Sucht komplett überwinden, das ist ja das Ziel!«

Bei unserer letzten Sitzung am 6. Mai hatte Herr Körner-Nitsche uns freudestrahlend entlassen. Über einen möglichen »Konsum« des Suchtmittels hatten wir nicht gesprochen. Ich schickte ihm eine E-Mail, die er glücklicherweise sofort beantwortete. Durfte Lenni unter Aufsicht Brawl Stars spielen?

Es sei eine heikle Frage und nicht ungefährlich. In seiner E-Mail sprach der Psychologe Lennart persönlich an: »Warum möchtest du gerade dieses Spiel konsumieren, das dir so viel Ärger bereitet hat? Warum reichen dir die anderen Games nicht, die du spielen darfst? Mit welchen Sicherungs- und Ankerstrategien stellst du sicher, dass du nicht scheiterst?« Ein Beispiel hierfür sei das Führen eines Tagebuchs.

Auch auf uns Eltern kämen starke zeitliche und emotionale Herausforderungen zu – ein »Ja!« zum kontrollierten Konsum, ein »Ja!« zum kontrollierten Brawl-Stars-Spielen erfordere eine lückenlose Fremdkontrolle auf Standby.

Marc Körner-Nitsche spielte den Ball geschickt in Lennis Feld zurück: »Vor dem Konsum würde ich eine reflektierte Argumentation von dir erwarten, Lennart.«

Gestärkt durch die vorgegebenen Fragen des Therapeuten, fragte ich Lennart weiter: »Welches Gefühl zieht dich im Moment zu Brawl Stars? Was genau möchtest du beweisen und wem?« Ich versicherte ihm: »Uns musst du nichts beweisen, Lenni. Wir lieben dich genau so, wie du bist.«

Ich strahlte ihn an und fügte hinzu, was Körner-Nitsche mir in seiner E-Mail souffliert hatte: »Du hast deine Sucht erst überwunden und bist unabhängig, wenn du die Kontrolle selbst in die Hand nimmst. Das kann aber auch bedeuten, dass du bestimmst, auf Brawl Stars freiwillig zu verzichten! Du würdest dann deine selbst gewählte Abstinenz kontrollieren. Aus sehr gutem Grund: Du weißt selbst, wie gefährlich es für dich ist, genau dieses Spiel zu spielen.«

Es brach aus Lennart heraus: »Es muss ja gar nicht unbedingt Brawl Stars sein. Es geht um was anderes. Ich möchte endlich frei von allem sein, von den Beschränkungen, von den Regeln. Ungestört im App Store stöbern. Auf YouTube.«

Mein Gesicht und meine Schultern entspannten – das klang ja schon völlig anders und völlig normal für einen Zwölfjährigen. Wie gut, dass Körner-Nitsches Fragen mich auf die richtige Fährte geführt hatten!

Gemeinsam durchstöberten wir die Bildschirmzeiten und Beschränkungen auf seinem Handy. Er bekam die Erlaubnis, den App Store nach neuen Spielen zu durchstöbern, was ihm völlig ausreichte. Der Wunsch, Brawl Stars zu spielen, war verflogen.

Es ging Lenni – wie wohl jedem von uns – um Freiheit, Unabhängigkeit, Stärke und gegenseitiges Vertrauen. Und um ein ehrliches Gespräch über seine innersten Bedürfnisse. Er wurde langsam groß.

Wir beide genossen unseren Austausch. Überhaupt hatte die Therapie zu unfassbar vielen guten Gesprächen geführt. Viele Bekannte, Freunde und Familienangehörige schienen den Kontakt förmlich zu suchen. Das Interesse bestärkte uns, unsere Geschichte zu erzählen und aufzuschreiben.

Selbst Jakob, unser früherer Babysitter und erwachsener Sohn einer guten Freundin, schaute nachmittags vorbei auf einen

Kaffee. Er erkundigte sich nach Lenni und seiner Therapie. Dessen Suchtdiagnose ging ihm sehr nah, er hatte früher selbst viel gezockt, woran ich mich noch gut erinnerte.

Inzwischen zockte er kaum noch, und »Digital Wellbeing« war zu seinem Lieblingsthema geworden. Ich kannte noch nicht mal den Begriff, aber er gefiel mir.

Lenni und ich hörten Jakob gespannt zu, wie er von seinen Freunden und Kommilitonen an der Universität Maastricht in den Niederlanden erzählte und ihren verzweifelten, teils lustigen Versuchen, sich vor Prüfungen nicht von ihren Smartphones ablenken zu lassen.

Amüsiert beschrieb der zweiundzwanzigjährige junge Mann, wie die anderen Studierenden aus Spanien, Frankreich, Italien und England in seinem internationalen Kurs freiwillig unter »Display-Anpassungen« und dem Menüpunkt »Farbfilter« den Regler auf »Schwarz-Weiß-Modus« schoben und sämtliche Farben rausdrehten.

»Echt? Zeig mal«, sagte Lennart. Er scrollte in den Einstellungen rum und schaffte es binnen kurzer Zeit, den Schwarz-Weiß-Modus auf seinem Smartphone zu aktivieren. Er zeigte mit feixendem Gesicht das farblose Display.

»Wie ätzend ist das denn?«

Ich gab ihm innerlich recht. Es war total unattraktiv! Ich nahm sein Handy, ging auf WhatsApp und starrte auf die grauen Emojis, die null Attraktivität versprühten. Ein Smartphone ohne Farben sagte mir überhaupt nicht zu. »Bunt« schien für mich echt wichtig zu sein.

Ich wusste nicht, ob ich die Studierenden und ihre Tricks für mediale Enthaltsamkeit bewundern sollte oder bedauern.

Jakob meinte, es gäbe eine ganze Reihe verschiedener Digital-Wellbeing-Tools, die endlich mal für Ruhe sorgten und jungen Menschen halfen, Auszeiten von ihrem Smartphone zu nehmen. Es schien ein größeres Thema zu sein, als ich gedacht hatte.

Ungläubig starrte ich Jakob an, der noch vor drei Jahren locker an die 5 Stunden pro Tag gezockt hatte.

Er fuhr fort: »Guck mal, hier steht's: Die App ZenMode ermöglicht uns, unser Smartphone für eine Weile in Ruhe zu lassen und Zeit in der realen Welt ohne Ablenkung zu verbringen.«

Er nahm mein Handy, lud die App herunter und gab es mir zurück: »So, jetzt ist dein Smartphone 20 Minuten tot.«

Entsetzt blickte ich auf das schwarze, leblose Display. »Und was, wenn es einen Notfall gibt?«

Jakob grinste mich an. »Was denn für einen Notfall?«

Etwas panisch dachte ich nach. Mir fiel kein realistischer Notfall ein, der meine Aufregung gerechtfertigt hätte und nicht über das Festnetz oder eines der anderen anwesenden Handys geregelt werden konnte.

»Sag mal, Jakob, du hast doch mit sechzehn noch so viel gezockt, dass deine Mutter manchmal echt verzweifelt war. Und jetzt hast du eine 180-Grad-Wende hingelegt? Wie das?«

Ich war neugierig, auch Lennart schaute Jakob gespannt an. Jakobs Mutter war bestimmt vier Jahre angespannt gewesen, wenn die Sprache auf ihren Sohn kam. Und heute führte er uns verständnisvoll vor, wie wir Mütter uns von unseren Handys um den Finger wickeln ließen?

Es war irritierend, aber gab Hoffnung. Ich versuchte, mir auch Lennart mit 22 Jahren als smarten Digital-Wellness-Guru vorzustellen, aber meine Fantasie reichte nicht ganz.

Jakob murmelte etwas von »im Auslandsjahr Verantwortung für mich übernehmen« und »erste feste Freundin, die nicht zockte«. Zudem habe er zur rechten Zeit das Buch *Das Café am Rande der Welt* gelesen. Darin machte John Strelecky eine Art Kassensturz des Lebens und rechnete vor, dass wir bei einer Lebenserwartung von 80 Jahren allein rund 24 Jahre mit Schlafen verbrachten, erzählte Jakob.

»Ich habe damals gut 4 oder 5 Stunden jeden Tag gezockt. Selbst in den Sommerferien, als alle anderen am Strand waren. Mir ist klar geworden: Wenn ich so weitermache, verbringe ich von meinem Leben über 16 Jahre mit Zocken. Das wollte ich nicht.

Ich stellte mir vor, wie ich mich bei besagtem Sommerurlaub als Mutter gefühlt hätte. Ziemlich unentspannt. »Und deine Eltern? Sag mal ehrlich: Hätten die irgendetwas anders machen können oder sollen?«

Jakob grinste. »Die haben genervt, oh, Mann. Aber von ihren Argumenten und Werten ist eine ganze Menge hängen geblieben. Sie haben halt die ganze Zeit versucht, mich zu motivieren. Das war im Nachhinein enorm wichtig! Ich konnte das damals einfach nur nicht von ihnen annehmen oder umsetzen.«

Lennart guckte mit großen Augen von Jakob zu mir und wieder zurück. Es war ein kostbarer Moment, der schnell verflog. Jakob hatte mein Handy gegriffen, das inzwischen wieder funktionsfähig war, und guckte unverfroren auf meine Medienzeit.

Es fühlte sich seltsam an, auf diese Weise kontrolliert zu werden, erst recht von einem jungen, gut aussehenden Mann, der bis vor Kurzem sämtliche Kriterien eines Risikogamers erfüllt hatte.

»Hier, wusstest du das? Du hast gestern anderthalb Stunden mit WhatsApp zugebracht.«

»Echt?«, stammelte ich und erinnerte mich an den stressigen, vollen Tag. Verwunderlich, dass ich mir trotzdem oder vielleicht gerade deshalb so viel Zeit für Chats genommen hatte.

»Insgesamt beträgt deine Medienzeit 3 Stunden, vermutlich mehr, als du gestern mit deinen Kindern oder deinem Mann verbracht hast, stimmt's? Wenn du das hochrechnest auf dein

Leben, würdest du nach 80 Jahren allein 10 Jahre bei WhatsApp und Co. verbracht haben für Nachrichten wie ...«

Er war kurz davor, die knallbunten WhatsApp-Nachrichten meiner Freundinnen zu durchforsten. Schnell beugte ich mich vor und schnappte mir mein Handy. Wenn er jetzt noch lesen würde, welchen Humor ich mit meinen Freundinnen, unter anderem mit seiner Mutter, pflegte, wäre ich vollends blamiert!

Stille breitete sich aus im Wohnzimmer. Lennart und ich hingen unseren Gedanken nach.

Jakob lebte genau das vor, was Experten empfahlen: Er nahm sich täglich analoge Freiräume. Er hatte analoge Selbst-fürsorge erlernt. Wusste, wie er sich vor digitaler Ablenkung schützen konnte.

Bekamen Erwachsene dies hin, war es auch für Kinder leichter, analoge Selbstfürsorge nachzuahmen und zu erlernen. Im Job wie zu Hause galt: »Maßvolle Internetnutzung ist eine Frage der Professionalität«, wie Prof. Bert te Wildt festgestellt hatte.

2021 werden voraussichtlich rund 4,14 Milliarden Menschen das Internet nutzen, mehr als die Hälfte der gesamten Mensch-heit. Das Internet zieht also mehr Menschen an als alle Christen (2,3 Milliarden), Muslime (1,6 Milliarden) und Juden (15 Millio-nen) auf dieser Welt zusammengerechnet.

Die meisten User werden weiterhin mehr Zeit am Tag mit ihrem Smartphone verbringen als mit ihrer Familie und ihren Freunden. Sie werden weiterhin in Summe mehr chatten, surfen, watchen und gamen, als zu lesen, ein Gesellschaftsspiel zu spielen, zu basteln, zu musizieren oder mit ihren Haustieren zu spielen.

Diesen Trend wird nichts und niemand umkehren. Wir selbst haben es in der Hand, das Internet mit klarem Bewusst-sein zu nutzen.

Was wohl Jakob und andere junge Erwachsene ihren eigenen Kindern vorleben werden?

Eine junge Mutter Anfang dreißig hatte mir anvertraut, dass sie nachts beim Stillen ihres Sohnes parallel amerikanische Serien streamte – stundenlang. Von einer anderen jungen Mutter Mitte zwanzig hörte ich, Handys wären nur erlaubt, wenn ihre kleine Tochter es nicht mitbekäme und tief schlafen würde, was dazu führte, dass befreundete Mütter aus der Krabbelgruppe nicht mehr zu ihr zu Besuch kommen wollten.

Ich weiß, dass es inzwischen nicht nur Fläschchenhalter für Buggys und Kinderwagen gibt, sondern auch Handyhalter.

Es ist spannend, wie der Goldstandard der Erziehung der »next generation« aussehen wird – der jungen Mütter und Väter, die YouTube und Smartphone als Kinder kennengelernt haben.

Wir selbst sind eine Übergangsgeneration, die erleichtert sein wird, die Phase der digitalen Medienerziehung hinter sich zu lassen.

Schon Anfang der 2000er war die Erziehung anspruchsvoller und zeitintensiver als noch vor dreißig Jahren, als Gehorsam mit Macht und Strenge durchgesetzt wurde, oft mit mehr oder weniger subtilen Demütigungen und Gewalt.

Heutige Erziehungsmethoden vermeiden Angst und sind sanfter, beanspruchen aber mehr Kompetenz, Zeit und Geduld, als die meisten haben.

Die unfassbare Anziehungskraft des Internets und der Smartphones macht Eltern seitdem die Erziehungsarbeit noch viel schwerer.

Doch neue Generationen werden neue Selbstverständlichkeiten und neue Routinen entwickeln, die ihnen guttun. Für sie hat sich digital gar nicht so viel gewandelt wie noch für uns.

Wir hingegen werden froh sein, wenn die eigenen Kinder die Digitalisierung halbwegs erfolgreich gemeistert haben und wir die Verantwortung für ihr »digitales Wohlbefinden« an sie abgeben dürfen, wenn sie das Elternhaus samt ihrer technischen Geräte verlassen und in ihr eigenes Leben aufbrechen.

Neue Unsicherheiten werden zurückkehren, wenn waschechte digitale Enkel mit winzigen Schrittchen übers Wochenende zu Besuch kommen, weil sich ihre erschöpften Eltern dringend in einem »Digital-Detox-Retreat« erholen müssen.

Wer weiß, ob die Kleinen so etwas wie analoge Auszeiten kennengelernt haben und nicht nach 20 Minuten wütend verlangen, zurück zu ihren Eltern, genauer gesagt, zu ihrer gewohnten digitalen Infrastruktur gefahren zu werden?

Wer weiß, ob ihre frischgebackenen Eltern gute Digital Parents geworden sind? Digitale Vorbilder, die während der Ausfahrt mit dem Kinderwagen auch Augen für ihr Kind haben?

Nicht ohne Grund untersuchen Forscher der Züricher Hochschule für Angewandte Psychologie, wie der ständige Blick der Eltern aufs Handy die Eltern-Kind-Bindung und das gegenseitige Vertrauen gefährden. Erschreckend viele junge Eltern können ihren Blick nicht von ihrem Smartphone lösen und laufen Gefahr, die suchenden Augen und das erste zaghafte Lächeln ihrer Säuglinge im Kinderwagen zu übersehen. Dabei ist gerade die erste zarte Kontaktaufnahme so wichtig für die gemeinsame Bindung ...

LIEBER LENNI
Was wir Eltern von dir gelernt haben

Ich gebe zu: Ich war viel zu lange eine digitale lahme Ente. Der digitale Wandel hat mich als Mutter eiskalt erwischt, und mein Sohn musste es ausbaden.

Wir Eltern hatten keine Lust verspürt, in den Kosmos von Clan-Kriegern, Rohstoff-Sammlern und Kampftruppen einzutauchen. Unsere mangelnde Kenntnis, unser Desinteresse und unsere Vorurteile haben uns wegschauen lassen. Und so haben wir den Kontakt zu Lenni ausgerechnet in dem Moment verloren, als er unsere Hilfe dringender benötigt hätte als je zuvor in seinem Leben.

Auf die harte Tour habe ich gelernt: Es ist wichtig und sinnvoll, als Elternteil auch in der digitalen Welt Verantwortung zu übernehmen. Und: Es fühlt sich großartig an, dabei selbst kompetenter, selbstbewusster und mündiger zu werden.

Meine eigene Reise zu einer besseren digitalen Medienerziehung war hart und steinig. Der Weg war das Ziel. Was mit meiner unterirdischen Einstellung: »Ich kann nicht und will nicht« begann, wurde Schritt für Schritt zu einem: »Ich will zwar, aber ich kann nicht«. Es dauerte mehrere Monate, bis ich sagen konnte: »Ich will UND ich kann!« Heute zählt für mich nur noch: Ich bin angekommen – auch ohne Informatik in der Schule!

Dennoch: Die emotionalen Störfeuer auf dem Weg waren heftig. Ich brauchte ein Vierteljahr, um den Schalter im Kopf in Richtung Digital Mum umzulegen, alte Denkweisen zu verabschieden und neue Wege einzuschlagen. Ich hatte Glück: Das Leben, Lennart und unser Therapeut haben unterwegs nicht lockergelassen.

Wir sind aus unserem Elternalbtraum erwacht, mit einem kleinen Happy End: Lennarts Computerspielsucht ist überwunden, fürs Erste. Und die Therapie hat sogar zu etwas Positivem geführt: einem guten Dutzend frischer Erkenntnisse, die mir und meiner Familie helfen, auf Kurs zu bleiben – und vielleicht auch andere Eltern inspirieren, Verantwortung zu übernehmen:

1. Kinder sollen auch im Internet Freiräume und Privatsphäre genießen können – allerdings innerhalb schützender Leitplanken und abhängig von ihrer Medienkompetenz: Wie und wie lange sie das Internet nutzen, ist aber nicht IHRE, sondern MEINE Eltern-Verantwortung.

2. Unsere Kinder werden immer online fitter, neugieriger und schneller sein als wir Eltern. Dennoch können wir mit ihnen über ihre Onlinestreifzüge und Abenteuer ins Gespräch kommen und die digitale Kluft überbrücken. Die falsche Scheu, mit der sich viele Erwachsene aus mangelndem technischem Verständnis zurückziehen, ist fatal. Denn: Es geht im Kern nicht um Technik. In Wahrheit dreht sich bei den Kids online alles um dasselbe wie bei unseren Gesprächen mit Freunden: um gute Beziehungen und Glücksgefühle, Freiheit, Spaß und Abenteuer.

3. Es ist essenziell, als Eltern mitfühlen zu können, was unsere Kinder im Internet suchen. Das bedeutet: hinschauen, was unsere Kinder im Internet treiben, aber auch begreifen, was das Internet für sie bedeutet und was sie vielleicht im Leben außerhalb des Internets vermissen. Meine Erfahrung hat mich gelehrt: Ich muss nicht zur waschechten Gamerin werden, um aus tiefstem Herzen mitfühlen zu können,

warum Lennart und all die Millionen anderer Kinder und Jugendlicher Computerspiele so sehr lieben.

4. Es reicht nicht aus, wenn Mütter und Väter nur in der analogen Welt Vorbild sind. Kinder brauchen gerade auch im Digitalen ernst zu nehmende Vorbilder, denen sie vertrauen können. Eignen wir uns selbst gute digitale Gewohnheiten an, haben wir gute Chancen, dass unsere Kinder diese unbewusst übernehmen. Zudem wächst dadurch sehr wahrscheinlich die Akzeptanz elterlicher Regeln zu Smartphone- und Onlinezeiten. Denn wer lässt sich schon von einem Elternteil, der selbst keinen Plan hat, das Smartphone entziehen?

5. Auch die Onlinenutzung von uns Eltern muss immer wieder kritisch auf den Prüfstand. Anstatt zwei Stunden pro Tag WhatsApps mit Freunden zu schreiben, sollten wir lieber eine Stunde in die Beziehung mit unseren Kindern oder in unsere digitale Medienkompetenz investieren! Denn auch wir schädigen uns selbst durch die Art und Dauer unseres Medienumgangs. Wir sind verantwortlich dafür, unsere Onlinenutzung in den Griff zu bekommen, erst recht als Erziehungsberechtigte.

6. Es gilt, analoge Auszeiten für die Familie zu schaffen, die auch von Mama und Papa nicht unterbrochen werden. Beim Frühstückstisch noch schnell eine berufliche E-Mail zu beantworten oder die Onlinenews zu lesen, inbegriffen. Denn woher sollen die Kids erkennen, dass Mama und Papa das Smartphone gerade zur Informationsbeschaffung nutzen und nicht Fortnite oder Candy Crush zocken? Eltern tun sich selbst einen großen Gefallen, ihre Onlinenutzung im Alltag verantwortungsbewusst zu kontrollieren!

7. Es lohnte sich für Eltern in jeder Hinsicht, die Mediennutzung der Kinder genau im Blick zu behalten, natürlich mit Augenmaß und passend für die Altersgruppe. Die Annahme, elterliche Kontrolle nerve oder schädige das Vertrauensverhältnis zum Kind, kann ich aus eigener Erfahrung nur verneinen: Das Gegenteil war der Fall: Lennart entspannte sich sichtlich, als ich die Einhaltung der neuen Nutzungsregeln kontrollierte und belohnte! Die Konflikte wurden weniger, wir sparten Zeit und Nerven.

8. Der Glaube »Handyentzug als Strafe bewirkt Wunder« ist komplett falsch. Strafen bewirken nie positive, nachhaltige Erfolge. Bei uns klappte die gesamte Medienerziehung besser, als wir begannen, mit einer falschen Denkweise unserer Kinder aufzuräumen: »Offline sein« ist keine Strafe, sondern für ein gesundes, glückliches Leben extrem wichtig! Das bedeutet im Umkehrschluss: »Online sein« ist keine Selbstverständlichkeit. Auch wenn Kinder das gerne anders sehen. Die Ressource »WLAN-Zeit« als Elternteil zu steuern, hat gute Gründe: Wir haben einen Schutzauftrag für unsere Kinder! In unserer Familie kamen alle zur Ruhe, als wir die WLAN-Dauer beschränkten und zu verlässlichen Uhrzeiten »Offlinemomente« schufen.

9. Dass Kinder und Jugendliche digitale Grenzen ausloten und nach Schlupflöchern ins Internet suchen, sollten Erziehungsberechtigte nicht persönlich oder gar emotional nehmen. Digitale Kreativität und Forscherdrang sind normal. Besser ist es, die eigene Energie in den technischen Jugendmedienschutz zu stecken, neue Schlupflöcher so schnell wie möglich zu stopfen und sinnvolle neue Regeln aufzustellen.

10. Es erfordert Zeit und gute Planung, dem Nachwuchs im technischen Jugendmedienschutz immer einen Schritt voraus zu sein. Aber es lohnt sich, die Kontrolle und Anpassung technischer Kindersicherungen auf Handy und FRITZ!Box zur tägliche Routine zu machen. Pro Woche investiere ich gut zwei Stunden in dieses Thema.

11. Es ist wichtig, Kindern immer wieder analoge Abenteuer zu bieten. Auch wenn es zugegebenermaßen nicht leicht ist, den pubertierenden Nachwuchs für etwas anderes als das Internet zu begeistern, für unsere Kinder ist »Offline-Glück« lebenswichtig. Für Lenni gab es nur diesen Ausweg. Natürlich brauchen Eltern dafür Nerven und Geduld, aber es lohnt sich sehr, Kindern außerhalb des Internets gute Beziehungen, Spaß und Abenteuer zu bieten.

12. Wer jetzt denkt: »Etwas im Familienalltag ändern zu wollen, bringt eh nichts, nach einer Woche ist wieder alles beim Alten« hat recht. Eine Woche bringt wirklich nichts! Im Schnitt dauert es über zwei Monate (66 Tage), um aus neuen Routinen richtige Gewohnheiten werden zu lassen. Auch hier lautet das Motto: Nerven bewahren und für Erfolgserlebnisse sorgen!

Es war für mich und meine Familie nicht leicht, all diese Punkte erkennen zu lernen und tatsächlich in unseren Familienalltag zu integrieren. Nach Monaten der Therapie haben wir aber festgestellt: Den Jugendmedienschutz selbst in die Hand zu nehmen fühlte sich großartig an. Meine tägliche Kontrollroutine schenkte uns allen Ruhe, Entspannung und Zeit für uns selbst. Das neu erwachsene Vertrauen tat unserer ganzen Familie gut.

Nach Abschluss der Therapie telefonierte ich noch hin und wieder mit unserem Therapeuten, aber meinen »Auffrisch-Termin« am ersten Mittwochnachmittag im September brauchte ich nicht mehr.

Stattdessen saßen wir an diesem Nachmittag auf Lennarts halbwegs gemachtem Bett. Ich konnte mir ein Schmunzeln nicht verkneifen, dass mein 66-Tage-Geheimexperiment funktioniert hatte: Eigenständiges Bettenmachen war tatsächlich seit anderthalb Monaten kein Thema mehr!

Wir hielten einen Farbausdruck des Coverentwurfs des Buches in den Händen, den der Verlag uns gemailt hatte.

Lenni sagte: »Toll, so ein eigenes Buch! Auch wenn die Geschichte schlimm ist, aber mit einem Happy End. Weißt du, was ich cool fände? Wenn die Geschichte anderen Kindern und Eltern hilft. Denn Kinder sollen zocken dürfen. Nur ohne Sucht. Das war echt der Horror. Aber weißt du, was für mich jetzt nicht mehr passt? Der Titel! Als ich den zum ersten Mal hörte, dachte ich, was für ein doofer Titel. Was soll das denn heißen: »Mein fremdes Kind«? Wir sehen uns doch seit zwölf Jahren so gut wie jeden Tag. Wieso schreibst du, dass ich ein fremdes Kind bin? Du hast gesagt, dass du das damals vor einem Jahr so gefühlt hast. Als mein vieles Zocken und das Lügen und so mich fremd für dich gemacht haben. Aber jetzt mal ehrlich: Du bist mir ja auch nicht fremd, nur weil du lieber den ganzen Tag draußen in der Natur Action machst und nicht zockst, so wie jeder andere heutzutage. Im Vergleich mit meinen Freunden bist du es, die anders und fremd ist.«

Ich schaute Lennart mit einem warmen Gefühl an.

»Stimmt. Und weißt du was? Du bist mir überhaupt nicht mehr fremd, Lenni.«

Ich fischte einen weißen Edding aus der Schreibtischschublade. Auffordernd schaute ich Lennart an: »Willst du oder ich?«

Er blickte auf den glänzenden Farbausdruck und zögerte.

»Komm! Nur für uns zwei, es sieht ja keiner«, ermunterte ich ihn. Gemeinsam fassten wir den Edding und strichen im Titel »Mein fremdes Kind« das zweite Wort mit einem dicken fetten weißen Strich durch.

»So passt's für uns jetzt besser, oder?«, fragte ich grinsend.

Lenni strahlte mich an und nickte.

»Besser geht's nicht!«

Übrigens: Drei Monate bevor »mein« Buch rauskam, habe ich Fortnite von meinem PC gelöscht. Hat eh kein Kumpel mehr gespielt. Und allein hat es keinen Spaß mehr gemacht ...

DANK

Mein Dank gilt meinem Mann für seine liebevolle Geduld und sein Vertrauen, unseren Töchtern für ihren Gemeinschaftsgeist, ihren Humor und ihre Unterstützung, unserem Therapeuten Marc Körner-Nitsche für seine großartige Hilfe, meinen Freundinnen und Freunden für ihr Mitgefühl und ihre Anregungen, meinen Agenten Peter Käfferlein und Olaf Köhne sowie – stellvertretend für das gesamte Team von BENEVENTO – Stefan Mayr und Julia Krug-Zickgraf für die professionelle Begleitung …

… und vor allem: unserem Sohn, ohne den es dieses Buch und ungezählte kostbare Erkenntnisse nicht geben würde!

NACHWORT

Ich erinnere mich sehr gut an die Therapie mit Lenni und empfinde tiefe Dankbarkeit, dass ich ihn und seine Familie als behandelnder Therapeut begleiten durfte. Was er und seine Eltern geleistet haben, ist beachtlich. Ihre Geschichte darf betroffenen Familien ein Vorbild sein und Hoffnung geben.

Der Behandlungserfolg einer internetbezogenen Störung wie der Computerspielsucht ist nicht selbstverständlich. Er hängt stark von der Motivation des Patienten ab, die Situation verändern zu wollen und eine Therapie zu durchlaufen, aber auch von der konstruktiven Mitarbeit seiner Begleitpersonen. Eine wichtige Rolle spielt zudem die Beziehung zwischen Patient und Therapeut, vor allem die gegenseitige Kompetenzerwartung. Was glaube ich, ist mein Gegenüber zu leisten in der Lage?

Psychotherapeuten und betroffenen Eltern bleibt also nichts anderes übrig, als sich mit dem Thema zu beschäftigen. Bleiben Sie dabei immer authentisch: Sie müssen Spiele oder Apps Ihrer Kinder bzw. Patienten nicht »toll« finden. Sie sollten sie aber in jedem Fall kennen bzw. kennenlernen.

Eltern sollten immer dann vorsichtig werden, wenn sie feststellen, dass sich das Leben ihrer Kinder nur noch um den Medienkonsum dreht. Es ist zwar durchaus normal, wenn Kinder stundenlang von irgendwelchen Spielen erzählen und den Eltern damit gehörig »auf die Nerven gehen«. Entscheidend ist jedoch, dass Eltern genau hinschauen, was ihre Kinder im Internet machen. Nehmen Sie Ihre Kinder jederzeit ernst und interessieren Sie sich für ihre Lebenswelten.

Sollten Kinder nur noch flüchtig an Familienritualen teilnehmen, Freizeitaktivitäten vernachlässigen oder nicht mehr aufhören können zu konsumieren, ist im schlimmsten Fall

Gefahr in Verzug – insbesondere wenn sie gereizt, ängstlich-bedrückt oder gar aggressiv auf Unterbrechungen oder Verbote des Konsums reagieren.

Haben Eltern den Verdacht, dass ihr Kind an einer internet-bezogenen Störung leidet, sollten sie sich rasch professionelle Unterstützung suchen. Rat und Hilfe bieten Drogen-, Familien- und Erziehungsberatungsstellen, ebenso wie kinder-/jugend-psychiatrische Institutsambulanzen und niedergelassene Psycho-therapeuten. Leider sind entsprechende Angebote noch nicht flächendeckend zu finden. Auch Wartezeiten sind nicht un-gewöhnlich, da es aufgrund der steigenden Nachfrage zu wenig Therapieplätze gibt.

Wie im vorliegenden Buch kann eine Internetrecherche hilf-reich sein, um passende professionelle Unterstützung zu finden. Eine umfassende Liste mit Beratungsstellen in Deutschland, Österreich, Luxemburg und der Schweiz bietet der Fachverband Medienabhängigkeit auf:

https://www.fv-medienabhaengigkeit.de/hilfe-finden/adressliste/

Nicht nur Eltern können und sollten aktiv werden. Aus gesamt-gesellschaftlicher Sicht mangelt es in Deutschland vielerorts an (Früh-)Präventionsangeboten, um internetbezogene Störungen bereits im Vorfeld zu vermeiden.

Kindern und Jugendlichen sowie deren Eltern, Erziehern, Lehrern und Kinderärzten fehlen zurzeit noch konkrete Hilfe-stellungen, wie sie mit dem Internet und sich entwickelnden Verhaltensstörungen umgehen sollen.

Die Wissenschaft wird noch viele zusätzliche Erkenntnisse sammeln (müssen), um dringend benötigte medienpädago-gische Konzepte für Kindergärten, Schulen und Familien-beratungsstellen zu prüfen.

Betroffene und ihre Bezugspersonen brauchen unkomplizierte, niederschwellige Angebote, um sich möglichst frühzeitig informieren zu können und Beratung zu finden. Erste Ansätze hierzu bietet das Portal OPEN.IU der Charité-Universitätsmedizin Berlin unter: www.open-iu.com.

Die Zeit zu handeln ist jetzt. Knapp 6 Prozent der Jugendlichen und 3 Prozent der jungen Erwachsenen leiden bereits unter internetbezogenen Störungen, Tendenz steigend.

Viele Patienten zeigen dabei Begleiterkrankungen wie Angststörungen, depressive Störungen, Aktivitäts- und Aufmerksamkeitsstörungen, oder einen zusätzlichen abhängigen Konsum legaler und/oder illegaler Drogen. Es ist notwendig, diese Begleiterkrankungen, die Ursache, aber auch Konsequenz der internetbezogenen Störung sein können, in die psychotherapeutischen Behandlungskonzepte miteinzubeziehen.

Hinzu kommt häufig ein ungesunder Lebensstil als »Nebenwirkung« des pathologischen Medienkonsums, wie etwa die Verschiebung des Schlaf-wach-Rhythmus, eine ungesunde Ernährung oder ein Mangel an körperlicher Aktivität.

Internetbezogene Störungen stellen uns damit vor enorme Herausforderungen, die in Zukunft noch deutlich zunehmen werden. Eine intensive Auseinandersetzung mit der Thematik auf allen gesellschaftlichen Ebenen ist daher unerlässlich.

Dipl. Psych. Marc Körner-Nitsche, im Februar 2021
Leitender Psychologe, Abt. für Kinder- und Jugendpsychiatrie, Psychosomatik und Psychotherapie, Sankt Marien Hospital Düren

Anzeichen für riskantes und pathologisches Computerspielen

1. **Gedankliche Vereinnahmung:** Der Spieler muss ständig an das Spielen denken, auch in Lebensphasen, in denen nicht gespielt wird (z. B. in der Schule oder am Arbeitsplatz).

2. **Entzugserscheinungen:** Der Spieler erlebt vegetative (nicht physische oder pharmakologische) Entzugssymptome, wie Gereiztheit, Unruhe, Traurigkeit, erhöhte Ängstlichkeit, oder Konzentrationsprobleme, wenn nicht gespielt werden kann.

3. **Toleranzentwicklung:** Der Spieler verspürt das Bedürfnis, mehr und mehr Zeit mit Computerspielen zu verbringen.

4. **Kontrollverlust:** Dem Spieler gelingt es nicht, die Häufigkeit und Dauer des Spielens zu begrenzen und die Aufnahme und Beendigung des Spielens selbstbestimmt zu regulieren.

5. **Fortsetzung trotz negativer Konsequenzen:** Der Spieler setzt sein Spielverhalten fort obwohl er weiß, dass dieses nachteilige psychosoziale Auswirkungen auf ihn hat.

6. **Verhaltensbezogene Vereinnahmung:** Der Spieler verliert das Interesse an früheren Hobbies und Freizeitaktivitäten und interessiert sich nur noch für das Computerspielen.

7. **Dysfunktionale Stressbewältigung:** Der Spieler setzt das Computerspielen ein, um damit negative Gefühle zu regulieren oder Probleme zu vergessen.

8. **Dissimulation:** Der Spieler belügt Familienmitglieder, Therapeuten oder andere Personen über das tatsächliche Ausmaß seines Spielverhaltens.

9. **Gefährdungen und Verluste:** Der Spieler hat wegen seines Computerspielens wichtige Beziehungen, Karrierechancen oder seinen Arbeitsplatz riskiert oder verloren oder seinen Werdegang in anderer Weise gefährdet.

Literatur

Adamou, Betty (2019): Games and gamification in market research. Increasing consumer engagement in research for business success. Kogan Page Limited, London, United Kingdom, New York, NY.

Anderson, Craig A.; Gentile, Douglas A.; Buckley, Katherine E. (2007): Violent Video Game Effects on Children and Adolescents. Theory, Research and Public Policy. Hg. v. Oxford University Press.

Bartens, Werner (2015): Computerspielsucht. Den ganzen Tag am Zocken. In: *Süddeutsche Zeitung*, 10.08.2015. Online verfügbar unter: https://www.sueddeutsche.de/gesundheit/kinder-am-bildschirm-da-hoert-der-spass-auf-1.2601349-2

Batra, Anil; Philipsen, Alexandra (Hg.) (2013): Computerspiel- und Internetsucht. Ein kognitiv-behaviorales Behandlungsmanual. Unter Mitarbeit von Klaus Wölfling, Christina Jo, Manfred E. Beutel, Kai W. Müller, Isabel Bengesser. Kohlhammer Verlag, Stuttgart.

Bilke-Hentsch, Oliver; Wölfling, Klaus; Batra, Anil (2014): Praxisbuch Verhaltenssucht. 1. Aufl. Thieme Verlag, Stuttgart.

Biryukov, Vladislav (2015): Zurück in die Zukunft: 10 zutreffende und weniger zutreffende Vorhersagen für das Jahr 2015. Kaspersky. Online verfügbar unter: https://www.kaspersky.de/blog/back-to-the-future-true-or-false/6289/

Brüggen, Niels; Dreyer, Stephan; Gebel, Christa; Lauber, Achim; Müller, Raphaela; Stecher, Sina: Gefährdungsatlas. Digitales Aufwachsen. Vom Kind aus denken. Zukunftssicher handeln. Online verfügbar unter: https://www.bundespruefstelle.de/blob/142084/2c81e8af0ea7cff94d1b688f360ba1d2/gefaehrdungsatlas-data.pdf

Bundesamt für Sicherheit in der Informationstechnik (BSI) (2020): Die Lage der IT-Sicherheit in Deutschland 2020. Hg. v. Bundesamt für Sicherheit in der Informationstechnik (BSI).

Bundesministerium für Familie, Senioren (Hg.) (2010): Computerspielsucht. Befunde der Forschung.

Bundesprüfstelle für jugendgefährdende Medien (2020): Zu Hause wegen Corona: Sinnvolle Mediennutzung für Kinder. Hg. v. Bundesprüfstelle für jugendgefährdende Medien. Online verfügbar unter: https://www.bundespruefstelle. de/bpjm/service/alle-meldungen/zu-hause-wegen-corona-sinnvolle-mediennutzung-fuer-kinder/153860

Bündnis gegen Cybermobbing (2020): Cyberlife III Spannungsfeld zwischen Faszination und Gefahr Cybermobbing bei Schülerinnen und Schülern. Dritte empirische Bestandsaufnahme bei Eltern, Lehrkräften und Schüler/-innen in Deutschland. Studie. Online verfügbar unter: https://www. tk.de/resource/blob/2095298/e576a0e34a8731c50c60d9e-dbb661ca7/studie-cybermobbing-2020-data.pdf

Büro für Technikfolgenabschätzung beim Deutschen Bundestag (TAB) (2016): Technikfolgenabschätzung (TA). Neue elektronische Medien und Suchtverhalten. Drucksache 18/8604.

Canan, Fatih; Ataoglu, Ahmet; Ozcetin, Adnan; Icmeli, Celalettin (2012): The association between Internet addiction and dissociation among Turkish college students. In: *Comprehensive psychiatry* 53 (5), S. 422–426. DOI: 10.1016/j. comppsych.2011.08.006

DAK Gesundheit und Deutsches Zentrum für Suchtfragen (2018): WhatsApp, Instagram und Co. – so süchtig macht Social Media. DAK-Studie: Befragung von Kindern und Jugendlichen zwischen 12 und 17 Jahren. Hamburg. Online

verfügbar unter: https://www.dak.de/dak/bundesthemen/
onlinesucht-studie-2106298.html

DAK Gesundheit und Deutsches Zentrum für Suchtfragen (2019):
Geld für Games – wenn Computerspiel zum Glücksspiel
wird. Ergebnisse einer repräsentativen Befragung von Kindern und Jugendlichen im Alter von 12 bis 17 Jahren. Unter
Mitarbeit von Prof. Dr. Rainer Thomasius. Hg. v. forsa Politik-
und Sozialforschung GmbH. DAK Gesundheit und Deutsches
Zentrum für Suchtfragen. Online verfügbar unter: https://
www.dak.de/dak/bundesthemen/computerspielsucht-
2103398.html#/

DAK Gesundheit und Deutsches Zentrum für Suchtfragen (2020):
Mediensucht 2020 – Gaming und Social Media in Zeiten
von Corona. DAK-Längsschnittstudie: Befragung von Kin-
dern, Jugendlichen (12 – 17 Jahre) und deren Eltern. Unter
Mitarbeit von Prof. Rainer Thomasius. Hg. v. forsa Politik-
und Sozialforschung GmbH. DAK und Dauber, Hanna;
Specht, Sara; Pfeiffer-Gerschel, Tim; Braun, Barbara (2019):
Suchthilfe in Deutschland 2018. Jahresbericht der Deutschen
Suchthilfestatistik (DSHS), München. IFT Institut für The-
rapieforschung. Online verfügbar unter: https://www.sucht-
hilfestatistik.de/fileadmin/user_upload_dshs/Publikationen/
Jahresberichte/DSHS_Jahresbericht_2018.pdf

Deutsch, Kim Lucia; Kuhn, Sebastian (2019): Das Märchen
der Digital Natives. Kollaboratives Arbeiten als Methode
zur Aneignung digitaler Kompetenzen. Kurzbeitrag. In:
*MedienPädagogik: Zeitschrift für Theorie und Praxis der
Medienbildung* (36 (Teilhabe)), S. 37–47. Online verfügbar
unter: https://doi.org/10.21240/mpaed/36/2019.11.11.X.

Deutsche Hauptstelle für Suchtfragen (DHS) e.V. (2020): DHS
Jahrbuch Sucht 2020. 1. Auflage. Pabst Science Publishers,
Lengerich.

Deutsche Hauptstelle für Suchtfragen e.V., DHS (2020): Problematisches Computerspielen und Computerspielstörung (Gaming Disorder). Online verfügbar unter: https://www.dhs.de/fileadmin/user_upload/pdf/news/Ergebnispapier_AG_Problematisches_Computerspielen_und_Gaming_Disorder.pdf

Deutscher Bundestag (2006): Führt die Nutzung gewalttätiger Computerspiele zu Aggressionen? Aktenzeichen: WD 9 – 223/06. Ausarbeitung Wissenschaftliche Dienste.

Deutscher Bundestag (21.08.2020, 19. Wahlperiode): Anforderungen an Bewerber für die Bundeswehr. Aktenzeichen: Drucksache 19/21801. Antwort der Bundesregierung auf Kleine Anfrage. Abgeordneten Jan Ralf Nolte, Dietmar Friedhoff, Berengar Elsner von Gronow.

Deutsches Zentrum für Suchtfragen (07/2020). Online verfügbar unter https://www.dak.de/dak/gesundheit/dak-studie-gaming-social-media-und-corona-2295548.html#/

Deutsches Zentrum für Suchtfragen des Kindes- und Jugendalters (Hg.): Gaming- und Social-Media-Sucht. Informationen für junge Menschen ab 12 Jahren, die viel gamen oder in sozialen Medien aktiv sind. *Computersuchthilfe* 2019.

Deutsches Zentrum für Suchtfragen des Kindes- und Jugendalters: Gaming- und Social-Media-Sucht. Informationen für Angehörige von Menschen, die viel gamen oder in sozialen Medien aktiv sind.

enigma Agentur (2020): Marketing und COVID-19: Auswirkung auf die Digitalisierung der Schweiz. Bern. Online verfügbar: unter https://enigma.swiss/de/blog/covid-19-marketing/

Fachverband Medienabhängigkeit (2019) (23.05.2019): Computerspielsucht als Erkrankung durch die WHO anerkannt! Der neue ICD-11 wurde nun verabschiedet und tritt 2022 in Kraft. Hannover.

Fachverband Medienabhängigkeit e.V. (2017): AICA-Sshort_ 2017_FVMA. Online verfügbar unter: http://www.fv-medienabhaengigkeit.de/fileadmin/images/Dateien/AICASshort_2017_FVMA.pdf

Fritz, Jürgen (2011): Wie Computerspieler ins Spiel kommen. Theorien und Modelle zur Nutzung und Wirkung virtueller Spielwelten. Berlin: Vistas (Schriftenreihe Medienforschung der Landesanstalt für Medien Nordrhein-Westfalen, 67). Online verfügbar unter: https://www.medienanstalt-nrw. de/fileadmin/lfm-nrw/Forschung/LfM-Band-67.pdf

FSM – Freiwillige Selbstkontrolle Multimedia-Diensteanbieter e.V. (Hg.) (2017): Jugendmedienschutzindex: Der Umgang mit onlinebezogenen Risiken. Ergebnisse der Befragung von Heranwachsenden und Eltern. Berlin/Hamburg/München.

Fux, Christiane (2019): Computerspielsucht: Anzeichen, Therapie, Tipps. Hg. v. NetDoktor. Online verfügbar unter: https:// www.netdoktor.de/krankheiten/psyche/computerspielsucht/

ICD-11 for Mortality and Morbidity Statistics (2019): Online verfügbar unter https://icd.who.int/browse11/l-m/en#/http:// id.who.int/icd/entity/1448597234.

Kappes, Andreas; Oettingen, Gabriele; Pak, Hyeonju (2012): Mental contrasting and the self-regulation of responding to negative feedback. In: *Personality & social psychology bulletin* 38 (7), S. 845–857. DOI: 10.1177/0146167212446833.

Kettemann, Matthias; Dreyer, Stephan (2019): Mythen des Internets. Hg. v. Leibniz-Institut für Medienforschung | Hans-Bredow-Institut (HBI), Hamburg. Deutsche Gesellschaft für die Vereinten Nationen e.V. Online verfügbar unter: https://www.internetmythen.de/

Kolip, Petra (1995): Wen hält die Ehe jung? Der Einfluß von Geschlecht und Familienstand auf Lebenserwartung und Sterblichkeit. Jahrbuch für kritische Medizin. Universität

Bielefeld. Online verfügbar unter: http://www.med.uni-magdeburg.de/jkmg/wp-content/uploads/2013/03/JKM_Band-24_Kapitel05_Kolip.pdf

Korfhage, Anke (2020): »Wir beerdigen Avatare«. Hg. v. Medienanstalt Hamburg/Schleswig-Holstein (MA HSH). Hamburger Jugend- und Suchthilfe Kö*schanze. Online verfügbar unter: https://www.scout-magazin.de/lleben-und-familie/artikel/wir-beerdigen-avatare.html

Künzel, Jutta; Specht, Sara; Braun, Barbara; Dauber, Hanna; Schwarzkopf, Larissa (2019): Hauptdiagnose-/Haupttätigkeit »Exzessive Mediennutzung«. Erste Ergebnisse aus der Suchthilfestatistik 2017 und 2018, München. IFT Institut für Therapieforschung. Online verfügbar unter: https://www.suchthilfestatistik.de/fileadmin/user_upload_dshs/Publikationen/Kurzberichte/DSHS_Kurzbericht_2019_2_Ueb_ExzMediennutzung.pdf

Medienpädagogischer Forschungsverbund Südwest: JIM-Studie 2018 Jugend Information Medien. Basisuntersuchung zum Medienumgang 12- bis 19-Jähriger. Online verfügbar unter: https://www.mpfs.de/fileadmin/files/Studien/JIM/2018/Studie/JIM2018_Gesamt.pdf

Medienpädagogischer Forschungsverbundes Südwest (2019): JIM-Studie 2019 Jugend Information Medien. Basisuntersuchung zum Medienumgang 12- bis 19-Jähriger. Stuttgart. Online verfügbar unter: https://www.mpfs.de/fileadmin/files/Studien/JIM/2019/JIM_2019.pdf

Müller, Kai W. (2017): Internetsucht. Wie man sie erkennt und was man dagegen tun kann. Hg. v. Springer Fachmedien. Ambulanz für Spielsucht, Klinik für Psychosomatische Medizin, Wiesbaden.

Natho, Frank (2013): Mythos Konsequenz. Zur Wirkungslosigkeit von Strafe, von Macht und Ohnmacht in der Erziehung.

In: *systhema* 27. Jahrgang (2/2013), Seite 114–124. Online verfügbar unter: https://www.dgsf.org/service/wissensportal/mythos-konsequenz-2013

Nauroth, Peter; Bender, Jens; Rothmund, Tobias; Gollwitzer, Mario: Die »Killerspiele«-Diskussion: Wie die Forschung zur Wirkung gewalthaltiger Bildschirmspiele in der Öffentlichkeit wahrgenommen wird. Researchgate.

Peper, E., & Harvey, R. (2018). Digital addiction: Increased loneliness, anxiety, and depression NeuroRegulation,5(1),3–8. http://dx.doi.org/10.15540/nr.5.1.3

Postman, Neil (1985): Wir amüsieren uns zu Tode. Urteilsbildung im Zeitalter der Unterhaltungsindustrie. 5. Aufl. S. Fischer, Frankfurt am Main.

Postman, Neil (1995): Keine Götter mehr. Das Ende der Erziehung. Berlin Verlag, Berlin.

Programm Polizeiliche Kriminalprävention der Länder und des Bundes (Hg.) (2016): Klicks-Momente. Sicherheit im Medienalltag. Informationen für Eltern und Erziehungsverantwortliche.

Psychiater im Netz (2016): Computersucht dominiert Gedanken und Handlungsfreiheit. Unter Mitarbeit von Berufsverbänden und Fachgesellschaften für Psychiatrie, Kinder- und Jugendpsychiatrie, Psychotherapie, Psychosomatik, Nervenheilkunde und Neurologie aus Deutschland und der Schweiz. Hg. v. Neurologen und Psychiater im Netz. Online verfügbar unter: https://www.neurologen-und-psychiater-im-netz.org/psychiatrie-psychosomatik-psychotherapie/ratgeber-archiv/meldungen/article/computersucht-dominiert-gedanken-und-handlungsfreiheit/

Rehbein, Florian; Kleimann, Matthias; Mößle, Thomas (2009): Computerspielabhängigkeit im Kindes- und Jugendalter. Empirische Befunde zu Ursachen, Diagnostik und Komorbiditäten unter besonderer Berücksichtigung spielimmanenter Abhängigkeitsmerkmale. Universität Hannover, Kriminologisches Forschungsinstitut Niedersachsen e.V. (KFN). Online verfügbar unter: https://kfn.de/wp-content/uploads/Forschungsberichte/FB_108.pdf

Rumpf, H.-J. et al. (2017): Empfehlungen der Expertengruppe zur Prävention von Internetbezogenen Störungen.

Sbarra DA, Briskin JL, Slatcher RB. Smartphones and Close Relationships: The Case for an Evolutionary Mismatch. *Perspectives on Psychological Science*. 2019;14(4):596–618. doi:10.1177/1745691619826535

Schaarschmidt, Uwe (2006): Potsdamer Lehrerstudie

SCHAU HIN! Initiative (2020): Ballerspiele, Egoshooter und Killergames. Online verfügbar unter: https://www.schau-hin.info/grundlagen/ballerspiele-egoshooter-und-killergames

Scholz, Linda (2019): Digitale Spiele – Faszination, Chancen, Risiken. Spieleratgeber-NRW, 27.02.2019. Online verfügbar unter: https://www.bdkj-muenster.de/fileadmin/user_upload/Service/FJP2019/Workshop_Scholz.pdf

Schulmeister, Rolf (2009): Gibt es eine »Net Generation«? Online verfügbar unter: https://epub.sub.uni-hamburg.de/epub/volltexte/2013/19651/pdf/schulmeister_net_generation_v3.pdf

Spieleratgeber NRW (2020): Ego-Shooter sind keine auffälligen Risikofaktoren bei Amokläufen in Schulen. Online verfügbar unter: https://www.spieleratgeber-nrw.de/Ego-Shooter-sind-keine-auffalligen-Risikofaktoren-bei-Amoklaufen-in-Schulen.4296.de.1.html

Starmayr, Birgit (2019): Medienverhalten der Jugendlichen aus dem Blickwinkel der Eltern. Online verfügbar unter: https://www.edugroup.at/fileadmin/DAM/Innovation/Forschung/Dateien/PDF_ZR2550_Education_Group_Eltern_2019_kontrolliert_PORTAL.pdf

Statista (2020): Digital Media Report 2019. Video Games. Online verfügbar unter: https://de.statista.com/statistik/studie/id/39309/dokument/digital-media-report/

Stiftung Warentest (Hg.) (2009): Kindheit 2.0. So können Eltern Medienkompetenz vermitteln.

Sucht- und Jugendhilfe e.V. (Hg.) (2020): Suchthilfe (8). Lübeck

Sucht- und Jugendhilfe e.V. (Hg.) (2020): Suchthilfe (9). Lübeck.

te Wildt, Bert (Hg.) (2015): Digital Junkies. Internetabhängigkeit und ihre Folgen für uns und unsere Kinder. Droemer Verlag, München.

Tinnappel, Friederike (2014): Letzte Ruhestätte für Avatare. In: *Frankfurter Rundschau*, 14.12.2014. Online verfügbar unter: https://www.fr.de/frankfurt/letzte-ruhestaette-avatare-11178210.html

Veissière, S.;. P. L., & Stendel, M. (2018). »Hypernatural monitoring: A social rehearsal account of smartphone addiction«: Corrigendum. *Frontiers in Psychology, 9,* Article 1118. https://doi.org/10.3389/fpsyg.2018.01118

Waller, Gregor (2018): JAMES 2018 Ergebnisbericht. Online verfügbar unter: https://www.zhaw.ch/storage/psychologie/upload/forschung/medienpsychologie/james/2018/Ergebnisbericht_JAMES_2018.pdf

Zimmermann, Olaf; Geissler, Theo (Hg.) (2008): Streitfall Computerspiele. Computerspiele zwischen kultureller Bildung, Kunstfreiheit und Jugendschutz. 2. erweiterte Auflage. Berlin: Deutscher Kulturrat. Online verfügbar unter: http://www.kulturrat.de/wp-content/uploads/2016/05/PK-1-Streitfall-Computerspiele.pdf

Alle angegeben Internetquellen wurden zuletzt am 10.2.2021 geprüft.